新版
基礎から学ぶ学校保健〔第2版〕

瀧澤利行　編著

青柳明子
入浜正美
小松和戸
小後洲光
宍戸博弘
柴若晴文
勝二　文
高橋　寿
中垣　義
七木　正
花澤　子
横田寿美子
吉田

共著（五十音順）

建帛社
KENPAKUSHA

刊行にあたって

　本書は，杉浦正輝・成田功編『新しい学校保健』，杉浦正輝監修・野原忠博・瀧澤利行編『学校保健』に続き，建帛社から刊行される「学校保健」に関する書籍である。

　『新しい学校保健』は長く読まれた学校保健の概説書であり，広範な内容を縦横に論じた意欲的な著作であった。社会学的な内容にまで及んだ書籍から，刊行当時に大学院で学んでいた私は多くのことを修得した。しかしながら，教科書的に活用するには内容がやや高度であること，ページ数が多いことなどから，やがて改訂的に新版を組むことが求められるようになった。

　当時，同書の執筆者のお一人であった国際武道大学教授の田邉信太郎先生から，新版の編集に参加するようにご要請をいただき，杉浦正輝先生のご監修を得ながら，杏林大学の野原忠博先生と編集作業に従事した。この編集作業は，私にとっては初めて学校保健を体系的に見直すことにもつながった。企画の段階でまず大学や短期大学，専門学校等での授業に活用されることを想定し，授業始めのガイダンスとまとめや授業に試験を行う場合を想定し，10回程度の授業でほぼ1章ずつを講義にあてられるように内容を構成し，初学者に向けて用語は側注にするという体裁方式をとったが，その結果，好評を得て刷りを重ねることができた。

　しかし，そうはいうものの，初版からほぼ6年が経過し，制度的にも多くの変更がなされたため，全体を見直した結果，思いきって新著として刊行することを建帛社編集部より勧めていただいた。ついては，前著『学校保健』を授業等で活用してくださった先生方に執筆にご参加いただくことによって，さらに読者に理解しやすい書籍となることを目ざした。

　そのような理念のもと，それぞれ鋭意執筆していただいたが，編集中にほぼ60年ぶりに教育基本法が改正され，これに伴って学校教育法も改正された。そこで，その内容を本書に反映させるため，刊行時期を当初の予定より延ばさざるを得なくなった。早々に原稿をいただいた先生方には待たせ続けてしまったことを深くお詫びしたい。

　しかし逆に，本書は現下における最新の学校保健に関する内容をほぼ反映させることができたと思っている。執筆いただいた先生方には多大な努力をお願

いしたが，おかげで充実した内容になったと考えている。とくに，本書の読者である多くの養護教諭をめざして学習している学生諸氏に，現象や制度の表面的な事項にとどまらず，その基本的な考え方を理解してほしいと願いながら編集したため，各章の執筆者の先生方には，いわゆる「教科書的」な記述にとどまらず，本質的な概念や考え方，あるいは歴史などの理論的側面を多く取り入れた記述を随所で心がけていただいた。その点ではいくぶん難解な面もないとはいえないが，しかしながら，その分，データなどが多少古くなったとしても本書が廃棄される運命からは逃れるだけの生命は吹き込めたと思う。

　折しも，編集の最終段階で，中央教育審議会答申，小学校および中学校の学習指導要領改訂が行われ，さらに50年ぶりの学校保健法改正が審議中となっている。高等学校の学習指導要領改訂も目前である。本書の内容が部分的に書き改められる日も遠くはあるまい。しかしながら，それもまた文化変容と社会変動の常である。いまは，本書の執筆に全力を傾けられた執筆者各位と，出版事情厳しき折に本書の刊行を決意された建帛社の筑紫恒男社長，編集部，営業部の方々，とりわけ編集の労をとられた岡田恵子氏に衷心より感謝するばかりである。

　　　2008年4月

　2008年に発刊した本書の前版『基礎から学ぶ学校保健』では，書名にも示したように，「基礎的な内容」を厳選して編集することを心がけたが，読者の方々からは「このような内容をさらに充実してほしい」との要望も多く受けた。

　また，大学・短期大学・専門学校等での教科書として多くの読者を得てから5年余りが経過したころ，学校保健安全法施行令および施行規則の改正や，学校感染症での出席停止の基準の改正などが行われた。

　そこで，法改正への対応を機会として，前版で及ばなかった内容を補筆し，他方で重複する内容や力説を意図した強調などは簡素化して，改版を行うこととした。各章の著述も一部は気鋭の研究者に委ね，総体的に執筆陣の若年化がなされた。これによって前版の目的やねらいなどを損なわずに，内容の更新が図れたと考える。また，若い読者に向けて各章のイメージをわかりやすく示すべく，イラストを章扉に配した。学校保健の学習のおよその心象を視覚的に感じてもらえれば幸甚である。イラストを描いてくださった渡邉彩さんにこの場を借りてお礼申し上げたい。

　末筆ながら，このような作業を短期間で行っていただいた各執筆者や建帛社編集部の岡田恵子氏に深く感謝して，新版を世に送り出したい。

　　　2014年4月

　　　　　　　　　　　　　　　　　　　　　　　　瀧　澤　利　行

目　次

第1章　学校保健の考え方 （瀧澤利行・柴若光昭）

§1．教育と学校保健 ……………………………………………………2
　　1．発達と教育における健康の重要性 ……………………………2
　　2．学校保健の歴史 …………………………………………………2
§2．学校保健の概念と構造 ……………………………………………4
　　1．学校保健管理 ……………………………………………………4
　　2．学校保健教育 ……………………………………………………4
　　3．学校保健組織活動 ………………………………………………4
§3．現代社会における学校保健の役割 ………………………………6
　　1．健康な社会づくりにおける学校保健 …………………………6
　　2．学校づくりと学校保健 …………………………………………7

第2章　学校保健の対象としての子ども・青年 （後和美朝）

§1．子ども・青年の発育・発達の概観 ………………………………12
§2．児童期の発育と発達 ………………………………………………13
　　1．児童期の発育と発達の特徴 ……………………………………13
　　2．身体発育の概況と運動機能の発達 ……………………………14
§3．思春期の発育と発達 ………………………………………………15
　　1．思春期発育スパート ……………………………………………15
　　2．二 次 性 徴 ………………………………………………………16
§4．思春期のからだとこころの発達 …………………………………18
　　1．思春期の発育と発達の課題 ……………………………………18
　　2．思春期のこころの発達課題 ……………………………………19
§5．青年期の健康課題 …………………………………………………20
　　1．青年期のからだとこころ ………………………………………20
　　2．青年期の健康課題 ………………………………………………20

第3章　学校での疾病予防と健康増進　（小松正子・吉田寿美子・小浜明・中垣晴男）

§1．学校でみられる疾病と健康問題・・・・・・・・・・・・・・・・・・・・・・・・・（小松）・・・・・・・・23
　　1．学校でみられる疾病とからだの異常・・・・・・・・・・・・・・・・・・・・・・・23
　　2．学校でみられるこころの健康問題・・・・・・・・・・・・・・・・・・（吉田）・・25
§2．学校でみられる生活習慣病・・・・・・・・・・・・・・・・・・・・・・・・・・・・・・（小松）・・・・・・・・27
　　1．糖　尿　病・・27
　　2．高　血　圧・・27
　　3．脂質異常症・・28
§3．子どもの慢性疾患・・・・・・・・・・・・・・・・・・・・・・・・・・・・・・・・・・・・・・（小松）・・・・・・・・28
　　1．心　疾　患・・28
　　2．腎　疾　患・・28
　　3．過敏性腸症候群，腹痛・・・・・・・・・・・・・・・・・・・・・・・・・・・・・・・・28
§4．学校での感染症・・（小浜）・・・・・・・・31
　　1．第　一　種・・31
　　2．第　二　種・・31
　　3．第　三　種・・34
　　4．そ　の　他・・34
§5．感染症予防の原則・・・・・・・・・・・・・・・・・・・・・・・・・・・・・・・・・・・・・・（小浜）・・・・・・・・35
　　1．学校での感染源対策・・・・・・・・・・・・・・・・・・・・・・・・・・・・・・・・・・35
　　2．学校での感染経路対策・・・・・・・・・・・・・・・・・・・・・・・・・・・・・・・・35
　　3．学校での感受性者対策・・・・・・・・・・・・・・・・・・・・・・・・・・・・・・・・36
§6．学校における歯科保健・・・・・・・・・・・・・・・・・・・・・・・・・・・・・・・・・・（中垣）・・・・・・・・36
　　1．学校歯科保健の現状・・・・・・・・・・・・・・・・・・・・・・・・・・・・・・・・・・36
　　2．学校歯科保健教育・・・・・・・・・・・・・・・・・・・・・・・・・・・・・・・・・・・・37
　　3．学校歯科保健管理・・・・・・・・・・・・・・・・・・・・・・・・・・・・・・・・・・・・38
　　4．歯科（口腔）保健の課題・・・・・・・・・・・・・・・・・・・・・・・・・・・・・・41

第4章　学校保健管理　　　　　　　　　　　　　　　　　　（高橋弘彦・横田正義）

§1．学校保健管理の目的と達成・・・・・・・・・・・・・・・・・・・・・・・・・・・・・・（髙橋）・・・・・・・・44
§2．健　康　診　断・・（髙橋）・・・・・・・・45
　　1．就学時の健康診断・・・・・・・・・・・・・・・・・・・・・・・・・・・・・・・・・・・・45
　　2．児童生徒，学生，幼児の健康診断・・・・・・・・・・・・・・・・・・・・・・45
　　3．職員の健康診断・・・・・・・・・・・・・・・・・・・・・・・・・・・・・・・・・・・・・・47
　　4．臨時健康診断・・47

§3．事 後 指 導 ························(髙橋)········47
　　1．就学時の健康診断·························· *47*
　　2．児童生徒，学生，幼児の健康診断 ·········· *48*
　　3．職員の健康診断·························· *48*
　　4．健 康 相 談 ·························· *48*
§4．子どもの生活管理·························(髙橋)········50
　　1．規則的生活の重要性 ·························· *50*
　　2．食生活の課題と対応 ·························· *51*
§5．学校生活での管理と指導 ·····················(髙橋)········52
　　1．健康診断結果の評価と活用 ·················· *52*
　　2．日常健康観察·························· *53*
　　3．日課の構成 ·························· *53*
　　4．学校給食の役割と問題点 ·················· *53*
　　5．学校給食の衛生管理と食中毒·················· *55*
§6．学校環境衛生 ···························(横田)·······56
　　1．学校環境衛生の考え方 ·························· *56*
　　2．学校環境衛生と学校環境衛生基準 ·········· *56*
　　3．学校環境衛生活動·························· *58*
　　4．学校環境衛生の評価 ·························· *59*

第5章　学校保健教育

(七木田文彦)

§1．学校保健教育の構造 ··································61
§2．保健教育（体育科，保健体育科）の内容 ··················63
　　1．「保健」教科と担当教師 ·························· *63*
　　2．保健教育の内容·························· *63*
§3．特別活動における保健の指導と日常生活における指導及び
　　子供の実態に応じた個別指導の内容 ··················75
　　1．集団的な保健の指導（特別活動）·············· *75*
　　2．個別的な保健の指導
　　　（日常生活における指導及び子供の実態に応じた個別指導）····· *76*
§4．関連する教科，総合的な学習の時間の保健教育活動 ·················77
§5．学校保健教育の計画と実践 ··························79
　　1．年間計画を立てる·························· *79*
　　2．指導案（授業案）を作成する·················· *79*
　　3．授業の評価 ·························· *81*

第6章　学校での健康づくり

（青柳直子）

§1．学校におけるヘルスプロモーションの展開 ······························84
　　　1．学校におけるヘルスプロモーションの考え方 ·················· 84
　　　2．児童生徒の生活習慣と主体的能力の形成 ····················· 84
　　　3．喫煙防止，飲酒・薬物乱用防止とスキル形成 ················· 85
　　　4．性　教　育 ··· 85
　　　5．がん教育 ··· 86
§2．学校における体力づくり ···87
　　　1．子どもの体力の考え方 ······································ 87
　　　2．学校生活のなかでの体力づくり ······························ 89
　　　3．登下校，家庭での体力づくり ································· 90

第7章　学校安全

（小浜明・入澤裕樹）

§1．安全の考え方と学校安全 ··93
　　　1．安全の考え方 ·· 93
　　　2．安全の理論 ··· 93
　　　3．災害と事故 ··· 94
　　　4．学　校　安　全 ··· 95
§2．学校安全活動の概要（3領域について） ···························96
　　　1．学校安全管理 ·· 96
　　　2．学校安全教育 ·· 97
　　　3．学校安全組織活動 ·· 97

第8章　養護教諭と保健室

（宍戸洲美）

§1．養護と養護活動 ··· 100
　　　1．養護教諭の歴史 ·· 100
　　　2．養護の概念をめぐって ······································ 102
　　　3．養護教諭と養護活動 ·· 102
§2．保健室の教育的意義 ·· 103
　　　1．保健室の歴史と法的根拠 ···································· 103
　　　2．保健室の教育的機能 ·· 104
　　　3．保健室の構造 ··· 105

　　　　4．保健室での養護教諭の実践 ························· *107*
　　§3．養護教諭の養成と研修制度 ························· **111**
　　　　1．これからの養護教諭に求められる資質と力量 ··········· *111*
　　　　2．養護教諭と研究活動 ······························· *112*

第9章　学校精神保健 　　　　　　　　　　　　　　　　　　　　（花澤寿）

　　§1．児童生徒の精神疾患とこころの問題 ··············· **114**
　　§2．子どものこころの危機サイン ····················· **114**
　　　　1．心因性の問題 ··································· *114*
　　　　2．統合失調症，気分障害 ························· *117*
　　§3．健康相談とカウンセリング ······················· **118**
　　　　1．学校医による健康相談 ························· *118*
　　　　2．養護教諭による健康相談活動 ··················· *118*
　　　　3．カウンセラーによる学校カウンセリング ··········· *120*
　　§4．精神保健活動 ································· **120**
　　　　1．児童相談所による精神保健活動 ················· *121*
　　　　2．地域における精神保健活動 ····················· *121*

第10章　特別な支援を要する子どもと学校保健 　　　　　　（勝二博亮）

　　§1．特別な支援を要する子どもとは ··················· **124**
　　　　1．特別支援教育への転換 ························· *124*
　　　　2．特別支援教育の対象となる子どもたち ············· *124*
　　§2．特別支援学校における学校保健 ··················· **125**
　　　　1．感覚機能評価 ··································· *125*
　　　　2．健康管理 ····································· *127*
　　§3．通常の学級に在籍する発達障害児における学校保健 ······ **130**
　　　　1．通常の学級に在籍する発達障害児 ··············· *130*
　　　　2．発達障害児における学校保健 ··················· *130*
　　§4．重い障害の子どもと学校保健 ····················· **132**
　　　　1．医療的ケア ··································· *132*
　　　　2．超重症児 ····································· *134*
　　　　3．医療的ケアにおける養護教諭の役割 ············· *134*

第11章 学校保健の組織と運営および学校保健組織活動 （瀧澤利行）

§1．学校保健行政と学校保健組織活動 ································· 137
1．教育基本法および学校教育法と学校保健 ····················· *137*
2．学校保健安全法と学校保健組織活動 ························ *138*
3．学校保健行政 ··· *139*

§2．学校保健組織活動の展開 ·································· 139
1．学校保健計画・学校安全計画の意義 ························ *139*
2．学校保健計画・学校安全計画の立案と運営 ··················· *140*
3．学校保健委員会の役割 ······························· *141*
4．児童生徒保健委員会，PTA 保健委員会，教職員保健委員会 ··· *142*
5．「チーム学校」体制における学校保健組織活動 ··············· *143*

§3．学校保健の関係職員 ································· 144
1．学校保健の関係職員の職種と役割 ······················· *144*
2．学校保健安全と校務分掌 ····························· *146*

§4．学校における教職員の組織的活動の原理 ······················· 147
1．マクロ組織論からみた学校 ····························· *147*
2．ミクロ組織論 ··································· *149*

資　料　関係法規および付表 ································· 155
1．学校保健安全法（抄） ······························· *155*
2．学校保健安全法施行令（抄） ························· *158*
3．学校保健安全法施行規則（抄） ······················· *159*
付表　学校環境衛生基準 ····························· *164*

さ く い ん ··· 169

第1章

学校保健の考え方

> ❖ ポイント
>
> 1. 学校保健とは，幼児，児童生徒，学生および学校に勤務する教職員の健康を保持増進し，健康を通じて豊かな人間形成をはかるために主として学校でなされる活動の総体をいう。
> 2. 学校保健活動は，学校保健管理と学校保健教育の2つの領域に分けられ，さらに学校保健に関する企画・調整を行う学校保健組織活動を加えた3領域によって構成される。
> 3. 学校保健は，児童生徒，学生の心身の健康を保持増進する機能（公衆衛生的機能）と集団の健康を保持増進する過程を通じて自己あるいは集団が自立的存在として主体形成・集団形成していく機能（教育保健的機能）を統合的に果たす必要がある。
> 4. 学校保健は，公衆衛生活動と市民の自己形成を統合する点からみて，生涯保健としてのヘルスプロモーションの基盤となる活動である。

§1. 教育と学校保健

1. 発達と教育における健康の重要性

　1947（昭和22）年に制定され，2006（平成18）年に改正された**教育基本法**では，新法・旧法ともに「心身ともに健康な国民の育成」（第1条）を教育の目的のひとつとして掲げている。学校において心身両面の健康への十分な配慮により「**教育の目的としての健康**」を実現する学校保健は，国民すべての生涯にわたる健康の基礎を形成するうえで不可欠である。

　とはいえ，教育，とりわけ学校教育において健康の問題が重要な課題として常に意識され，対応されてきたわけではない。1872（明治5）年の「学制」以来，150年にわたる日本の学校教育のなかで，教育の主要な関心は，いかに知識と技術を習得させ，学力を向上させるかであった。子どもや青年の人格的発達の基礎として，学校教育全体において健康の重要性が認識され出したのはごく最近のことである。

　それは，不登校やいじめ，校内暴力，家庭内暴力，引きこもり，「朝食をとらない」，「夜ふかし」，「朝起きられない」など近年の児童生徒にみられる生活上のさまざまな現象など，学校や教育をめぐるさまざまな社会現象が国民的関心となり，その根底には子どもや青年のからだとこころにかかわる見逃しがたいゆがみや乱れが指摘されるようになったからである。

　学校保健は，子ども・青年の健康と教育にかかわる活動としては，大きく分けて2つの機能を有している。一方で，国民の「健康で文化的な」生活を営む権利を保障するうえで国に課せられた責務である「公衆衛生の向上および増進」の一環として幼児，児童生徒，学生の心身の健康を保持増進する機能（公衆衛生的機能）をもつ。もう一方では，その学校において集団の健康を保持増進する過程を通じて，自己あるいは集団が自立的存在として主体形成・集団形成していく機能（教育保健的機能）を有する。学校保健活動の展開は，この2つの機能を統合的に果たしていかなければならない。

2. 学校保健の歴史

1）西欧近代における学校保健（学校衛生）

　近代の学校において，一般的な意味で衛生的な配慮がなされた時期は，18世紀末以降である。世界で初めて衛生行政について体系的に記述したフランク（J. P. Frank；1745-1821）の大著『完全なる医事行政体系（System einer volständigen medicinischen Polizey）』（1779〜1827）の第2巻には，「学校衛生および体罰」が設けられている。

　一方，生活困難者・就学困難者への保健福祉的配慮としての学校衛生が，19世紀後半より徐々に組織化される。19世紀半ば，ナイチンゲール（F. Nightingale；1820-1910）らの努力により科学的看護へと変貌し始めたイギリスの看護では，各地区の看護団体が訪問看護を推進するようになった。訪問看護の対象者は，貧困や健康上の障害のために学校に登校できない児童へと拡大し，学校巡回型の学校看護婦制度となり，欧米での学校看護のあ

り方として一般化した。

　このような国家の管理行政的観点からの学校衛生と福祉的観点からの学校看護とが，近代学校衛生の基礎を形成したとみられる。さらに，19世紀中葉以降には，主にドイツにおいてバギンスキー（A. Baginsky）の『学校衛生ハンドブック（Handbuch der Schul-Hygiene)』(1877) をはじめとする学校衛生に関する論説や著書が多く刊行されるようになり，日本にも影響を与えた。

2）近代日本における学校保健の展開

　日本の学校保健は，1872（明治5）年の**学制**の下での「小学教則」中の科目「養生口授」の設置と各地の小学校を用いての種痘実施に端を発する。その後，1891（明治24）年に**三島通良**に学校衛生事項の取り調べが命じられた。この調査結果は，「学校衛生事項取調復命書」として文部省（当時）に報告された。これを受けて，明治20年代後半より日本の学校衛生は急速に整備されていく。その概略は，以下のとおりである。

1894（明治27）年：「小学校ニ於ル体育及衛生ニ関スル件」
1896（明治29）年：学校衛生顧問および学校衛生主事制度の創設
1897（明治30）年：「学校清潔方法」「学生生徒身体検査規程」
1898（明治31）年：「公立学校ニ学校医ヲ置クノ件」「学校医職務規程」「学校伝染病予防及消毒方法」
1900（明治33）年：文部省官房に学校衛生課，初代課長に三島通良が就任

　大正期には各道府県に学校衛生主事が置かれ，地方における学校衛生の振興がはかられるようになり，文部省内でも1916（大正5）年には学校衛生官が置かれて学校衛生を統括するようになった。また，1920（大正9）年には「帝国学校衛生会」が設立され，学校衛生を官民あげて推進する体制ができた。

　こうした大正期の学校衛生の興隆期を経て，昭和期に入ると，1936（昭和11）年には，当時の健康教育研究の中心人物であった**ターナー**（C. E. Turner；1890-1974）が来日し，日本の健康教育に大きな影響を与えた。1941（昭和16）年に第二次世界大戦・太平洋戦争に及ぶと，同年に制度化された「国民学校」には，教科「体錬科」の科目「衛生」において，錬成を基調とする健康指導が実施された。

　敗戦によって，**連合国軍総指令部**（GHQ/SCAP）の指導のもとで，戦後教育改革の一環として学校衛生の改革が行われた。1947（昭和22）年には学校体育指導要綱が出され，このなかに，保健に関する事項が取り上げられた。さらに1949（昭和24）年には中等学校保健計画実施要領（試案），1951（昭和26）年には小学校保健計画実施要領（試案），そして1958（昭和33）年には**学校保健法**が制定され，今日の学校保健行政の基本体制が確立した。2008（平成20）年には，50年ぶりに学校保健法が改正され，学校保健安全法として公布された。

§2．学校保健の概念と構造

　学校保健とは，幼児，児童生徒，学生および学校に勤務する教職員の健康を保持増進するとともに，健康を通じて豊かな人間形成をはかるために主として学校でなされる活動の総体をいう。

　学校保健活動は，「学校保健管理」と「学校保健教育」の２領域に分けられ，さらに学校保健に関する企画・調整を行う「学校保健組織活動」を加えた３領域による理解が定着している（図1-1）。

1．学校保健管理

　学校保健管理は，児童生徒の健康状態を総合的に管理する活動である。日本ではこれを主体管理，生活管理，環境管理の３つの活動によって構成されると考えることが多い。主体管理は健康管理，生活管理は行動管理と称する場合もある。学校保健管理の内容および方法は，学校保健安全法および文部科学省令その他の関連法規によって規定されている。

2．学校保健教育

　学校での健康教育は，学校保健教育と呼ばれる。保健教育は大きく「保健授業（保健学習）」と「保健指導」に分けられる。保健授業は，主に健康に関する系統的な知的内容を講義や演習，体験活動などの多様な方法を通じて身につけていく学習過程である。保健学習は，医学や保健学などの健康関連科学の学問的体系とその内容を系統的に教授する必要とともに，児童生徒の発達上の健康課題に関して実践的で具体的に適用可能な内容をも含みながら多面的に指導される必要がある（保健教育の区分に関しては，第５章を参照）。

　一方，保健指導は，主として教科外の特別活動や学校外の活動のなかで，健康の保持増進のための主体的な問題解決能力や判断力，そしてそれらを支える基本的な行動の習得を目的として集団的あるいは個別的に実施されている。保健指導においては，保健学習の内容と関連しながら，児童生徒の健康に関する自己管理能力を高めるとともに，仲間と協働しながら共通の健康課題を解決できる保健的自治能力の形成をはかることが重要である。

3．学校保健組織活動

　学校保健組織活動は，学校における保健管理と保健教育を統合的に運営していくために，学校保健活動の計画化と体系的運営，一般管理活動や教授―学習活動，学校保健管理と学校保健教育の両活動の円滑化，学校外活動との連絡調整などの活動の総称である。その中核は，学校保健委員会および学校保健計画の立案と推進である。そして，この学校保健組織活動は，教職員はもとより，学校医，学校歯科医，学校薬剤師などの学校保健専門職，保護者，地域の保健関係機関，地域住民，そして何よりも児童生徒自身が主体的にかかわることによって推進される必要がある。

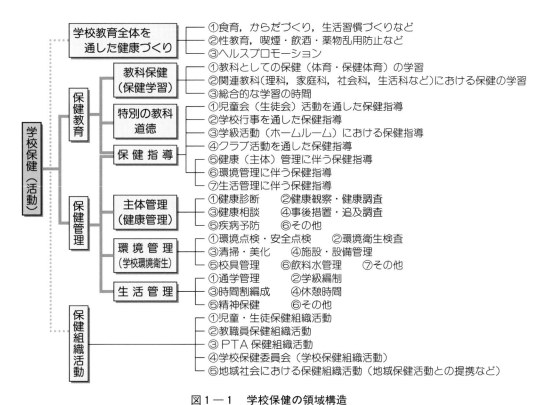

図1—1　学校保健の領域構造
(髙石昌弘・出井美智子編：学校保健マニュアル, 南山堂, 1998, p. 21 より一部改変)

　2015（平成27）年12月21日に中央教育審議会は，「**チームとしての学校の在り方と今後の改善方策について**」（答申）を提出した。この答申の骨子のなかでは，「社会や経済の変化に伴い，子供や家庭，地域社会も変容し，生徒指導や特別支援教育等に関わる課題が複雑化・多様化しており，学校や教員だけが課題を抱えて対応するのでは，十分に解決することができない課題も増えている。また，我が国の子供の貧困の状況が先進国の中でも厳しいということも明らかとなっており，学校における対応が求められている」として，これまでの学校教育を担ってきた校長をはじめとする教員集団と少数の事務職員（これらをしばしば教職員集団と称する）だけでは今日の多様化し，複雑化する児童生徒の課題や地域からの学校への期待には対応しきれないという認識が示されている。

　さらに教育の内容的変化として「これからの教育課程には，教育が普遍的に目指す根幹を堅持しつつ，社会の変化に目を向け，柔軟に受け止めていく「社会に開かれた教育課程」としての役割が期待されている。この理念を実現していくためには，各学校において，「アクティブ・ラーニング」の視点を踏まえた不断の授業方法の見直し等による授業改善と，「カリキュラム・マネジメント」を通した組織運営の改善に一体的に取り組むことが重要である」として，教育内容・方法面での改革を不断に進めていく必要を論じている。

　他方で「学校が，複雑化・多様化した課題を解決し，子供に必要な資質・能力を育んで

§2. 学校保健の概念と構造

いくためには，学校のマネジメントを強化し，組織として教育活動に取り組む体制を創り上げるとともに，必要な指導体制を整備することが必要である」（答申骨子）とされるなかで，学校保健もまたこれまでの学校長，保健主事，養護教諭，学校三師という限られたスタッフでの運営から，まさしくチーム型の学校保健運営に転換していく必要に迫られている。同答申では，専門性に基づくチーム体制として心理や福祉に関する専門スタッフ（スクールカウンセラーやスクールソーシャルワーカー）を学校等において必要とされる標準的な職として，職務内容等を法令上，明確化することを検討するとしている。また養護教諭についても「養護教諭は，学校保健活動の中心となる保健室を運営し，専門家や専門機関との連携のコーディネーター的な役割を担って」（答申本文）いるとの現状認識のもとでさらなる専門スタッフとの協働が求められている。

§3．現代社会における学校保健の役割

1．健康な社会づくりにおける学校保健

1）公衆衛生としての学校保健

日本国憲法第 25 条では，基本的人権としての生存権を「健康で文化的な最低限度の生活を営む権利」とし，その第 2 項において「国は，すべての生活部面について，社会福祉，社会保障及び公衆衛生の向上及び増進に努めなければならない」と規定している。この条文の重要な点は社会福祉，社会保障および公衆衛生の向上および増進を国民が属するすべての生活部面において実現しなければならないとしている点である。この点からみても，発達の途上にある青少年の学習と生活の場として重要な意義を有する学校において**公衆衛生活動**を展開することは，国民の生存権の保障として実現されなければならないといえる。小学校への就学時，各学校段階における学年ごとに定期的に健康診断を受けられること，感染症をはじめとする疾病予防活動を展開すること，学習環境を整備するために学校環境衛生管理を行うことなどは，すべての子どもや青年がその個人の発達の過程で健康を保持増進して，生存権を確立するとともに，豊かな人間性を形成していくうえでの基本的な発達権保障の営みである。

とりわけ，2020 年 2 月以降に世界的パンデミックとなっている Covid-19（新型コロナウイルス感染症）は，世界各国の社会生活に多大な影響を及ぼしている。学校生活においても，一斉休校などの感染拡大防止を意図した対策がとられ，修学旅行や文化祭・体育祭，運動会などの中止・延期，入学式や卒業式の縮小など，児童生徒の教育経験に計り知れない結果をもたらした。

一方で，学校では，オンラインによる遠隔授業，分散登校などの対応によって，児童生徒の学習経験の確保を可能な限り追求している。この状況は，まさに学校保健の公衆衛生的機能と発達保障としての学校の教育的機能の統一的展開への模索であるといってよい。

2）教育としての学校保健―教育保健―

学校は，教科教育や教科外の特別活動や生活指導を通して，子ども・青年の教養形成と人格形成を実現する場所であり，家庭とならぶ子ども・青年にとってのもうひとつの共同体である。ここで，子どもや青年は，教師たちから提示された教材や課題に向き合い，これに応えながら，知識を獲得し，認識を形成し，技能を習得し，感性を豊かにしていく。社会は，学校を通して人間が築き上げてきた文化を伝達し，その文化の内容によって児童生徒を社会の一員としてふさわしい人間にするとともに，さらに自分たちがつくってきた社会を乗り越える新しい社会をつくることができる創造性を育むことを期している。

健康に関する社会的課題もまた学校のなかでさまざまに伝達され，児童生徒に内在化され，そして新たな創造の営みに結びつけられる。からだやこころにかかわる多様な知識や行為の様式を習得しながら，疾病や傷害を防ぎ，環境を整えて自らが暮らしやすい条件をつくり出すことを考えていく過程で，子どもや青年は人間とは何か，生命とは何か，環境とは何か，そして社会とは何かをも考え，それに向かって自らが，あるいは他の人々と力を合わせて模索しながら行為していく。

こうした活動の側面は，公衆衛生としての学校保健と密接に関連しながらも，子どもや青年の発達と人間形成それ自体を担う活動としての学校保健の側面として考えることができる。これを**教育としての学校保健**，あるいは**教育保健**と呼ぶことができる。

「教育保健」の概念は，元来は教育現象を衛生学的あるいは保健学的方法を用いて分析することにより，よりよい学習と生活の条件を整備することを通して健康な発達を保障することをめざして提唱された。今日の課題は，そのような条件整備に関しても，子ども・青年が教職員や保護者の適切な指導の下で主体的に参加し，そうした「参加と学習」の下で子どもや青年がおとなたちとともに健康と教育の課題に取り組みながら，自らの健康に関する自己管理能力と自治能力を高めていき，同時に集団として協働し連帯することができる資質を形成していくことにある。したがって，教育保健とは，おとなの側からの健康な発達保障のための支援的取り組みと，子ども・青年の健康に関する主体的自己形成のための活動が統合された概念である。

2．学校づくりと学校保健
1）ヘルスプロモーションと学校保健

公衆衛生としての学校保健と教育としての学校保健（教育保健）の考え方は，対向する考え方ではなく，相補い合う考え方として理解される必要がある。近年，国際的な健康推進の理念として普及しつつある**ヘルスプロモーション**の理念の核心は，公衆衛生活動と市民の自己形成の統合にあるということを考え合わせると，学校保健は，生涯保健としてのヘルスプロモーションの基盤となる活動でもある。

1986（昭和61）年11月21日にカナダのオタワ市で開催された The first international conference on health promotion（第1回ヘルスプロモーション国際会議）で採択された**オタワ憲章**でヘルスプロモーションの概念が明示され，国際的規模で健康政策の動向に影響を与えるようになった。

そこでは，人々をして自らの健康をコントロールし，改善することを可能にするプロセスであると定義されている。そのためには，

①　健康（WHO（世界保健機関）の定義による）を自分自身でコントロールできるように住民一人ひとりの能力を高めること
②　そのために，個々人の努力にのみゆだねるのではなく，健康を支援する種々の環境を整備していくこと

を２本の柱として，展開する公衆衛生戦略であるとの理解が一般化している。

　ヘルスプロモーションは，一方では医学的な研究成果に基づいた保健医療的側面での条件整備をはじめ，それを受容する側の人々の自己形成や自然環境・人工環境の充実を含む。いま一方では，このような条件を具体的に実現するための政策的合意やそれを支える経済的基盤などが反映された一種の社会活動でもある。ヘルスプロモーションは，個人の健康実現をめざす個人の主体的な努力を促すとともに，それを可能にする公共的な健康政策の決定を含めた社会的対応を推進することによってその個人が属する地域社会そのものを変革し，より充実させていくことを目的とした社会・文化的運動にほかならない。

2）ヘルスプロモーションの展開

　日本においては，ヘルスプロモーションの理念・方法論を，先進工業国における主要な健康課題である生活習慣病に限らず，地域保健・医療・福祉活動，学校保健，産業保健（労働安全衛生）の理念および方法的原理として適用することができると考えられている。これらの領域において，国民一人ひとりが主体的および共同的に健康をコントロールできるように最適な社会的支援を行うことが，ヘルスプロモーションの使命である。この一連の動きは，国際的には**新公衆衛生運動**（new public health movement）と呼ばれている。

　新しい公衆衛生戦略としてのヘルスプロモーションは，その理念とともに方法論が重要な構成要素となっている。憲章のなかではヘルスプロモーションの具体的な活動原則として５項目が示されているが，内容を概括すれば以下のようになる。

　①健康を重視した公共政策の確立，②支援的環境の創造，③地域活動の強化，④個人の技術の向上，⑤ヘルスサービスの方向転換

　また，この活動を展開していくためのプロセスとして，「唱道（導）advocate」「能力付与 enable」「調停 mediate」の３つを掲げる。ここでの最も重要な点は，個々人の健康を向上するには，個人の主体的・自律的な取り組みが基本であり，不可欠であるという考え方である。それとともに，個人を孤立した個とするのではなく，周囲の人々と課題を共有し合いながら状況に対応し，変革していく集団的能力を高める**コミュニティ・エンパワメント**（community empowerment）の概念が地域活動を強化する手法として提唱されている。これは，住民参加から住民主体へと，より積極的な関与を可能にするような取り組みで，健康学習機会の確保から，保健計画・まちづくり計画の策定や個別事業の自主的運営などへの住民の参画を推進するものである。こうした取り組みを通して，個人の健康を形成していく諸能力を高めながら，同時に集団の健康水準を共同して向上させていく組織的学習と地域の参画力を向上させていくことが期待される。

3）社会のなかの学校保健

　国際社会における学校保健の現状としては，1980年代以降の先進諸国で深刻化してきた喫煙，飲酒，薬物乱用，性行動の逸脱と早期妊娠，そしてHIV（ヒト免疫不全ウイルス）感染をはじめとする性感染症の増加，肥満・栄養問題などの青少年の健康問題の多様化と，発展途上国における栄養状態の改善や感染症の予防などといった課題に対応することが急務とされている。1990年代に入り，WHOを中心として，**ヘルスプロモーティングスクール**（HPS：health promoting school，日本では健康教育推進学校）のプロジェクトが推進されるようになった。この活動は，ヘルスプロモーションの理念に基づいて，子どもたちの主体的な健康づくりを学校がその教育計画のなかに組み込んでいくものである。HPSは，健康増進・健康教育および健康管理に学校のカリキュラム運営の基本を置いた課題研究型学校経営のあり方をさす。

　日本でも，第二次世界大戦後における教育改革の流れのなかで，地域教育計画と呼ばれる地域住民が主体となって学校を中心とした地域の教育計画を立案し，実践する営みがなされた。海後宗臣を中心として進められた埼玉県川口市の川口プラン，大田堯を中心として展開された広島県本郷町の本郷プランなどがその代表例である。また，新しいカリキュラム運動として海後宗臣の実弟である海後勝雄らによって推進された千葉県館山市の北条プラン，浜田陽太郎らによって進められた神奈川県の福澤プラン，東京都港区の桜田プランなどが同じころに推進された。

　とくに，本郷プランや川口プランでは，地域の実態調査をもとに，その地域課題に対応する教育内容をカリキュラム化する社会科学的な方法がとられており，そのなかに健康課題とその学習が内容の一角を占めている。当時，文部省学校保健課にいた湯浅謹而は，川口市立青木中学校においてアメリカの学校保健活動から得た学校保健計画と学校保健委員会活動を中心とした学校保健と健康教育を推進し，モデル校的な存在となった。

　このように，学校づくりと教育課程研究の戦後史においては，学校保健はその黎明期において主要な内容の一角を占めていた。

　また，1951（昭和26）年から1996（平成8）年まで実施された朝日新聞社主催，文部省（当時）・厚生省（当時）後援の全日本健康推進学校（優良学校）表彰事業では，全国の小学校を学校保健の推進の観点から活動を評価し，優秀校を表彰してきた。この事業は1930（昭和5）年から実施されてきた同社主催の健康優良児表彰事業とならぶ事業として教育表彰事業のなかでは最も著名な活動のひとつであった。

　さらに，2002（平成14）年からは，朝日新聞社の表彰事業を参照しつつ，公益財団法人日本学校保健会が実施する健康教育推進学校表彰が小学校から高等学校，さらに障害児教育諸学校までを含む全校種を対象として健康教育の推進を積極的に行っている学校活動を表彰し，その活動の普及啓発に努めている。

4）学校保健の課題

　学校におけるヘルスプロモーションの展開を，ヘルスプロモーションの理念やHPSおよび健康教育推進学校の実績に照らして検討すると，以下の視点と特徴を指摘することが

できる。

　第1は，学校保健の推進を生涯保健の一環ととらえ，切れ目のない健康管理と健康教育の継続的展開の中核として位置づけている点である。とくに，学童期から思春期，青年期，成人前期にかけての健康管理と健康教育は，短期間にもかかわらず生涯の健康づくりの基盤となる。

　第2は，学校保健の理念の実現にあたっては，地域のさまざまな資源と支援を最大限に活用するとともに，地域住民を学校保健の推進主体として参画と支援を日常化している点である。学校保健委員会活動やPTA活動の重要性とともに，多くの機会を通じて学校教育に地域の人々が参加し，ともに考え活動する基盤を形成していることは豊かなHPSの実現の要件である。

　第3は，保健管理と保健教育の両面にわたって児童生徒が主体的にその活動に参画し，その推進の原動力となっている点である。これは，健康実現能力のみならず人格形成の目的にも沿うものである。

　そして第4は，健康の身体的側面のみならず，精神的，社会的側面を具体的な教育活動を通して児童生徒に経験させ，理解させようとする点である。

　こうした課題は，ヘルスプロモーション理念の提唱によって次第に明確になってきた。ただし，歴史的には第二次世界大戦後の教育改革に触発された地域教育計画による種々の教育プランや戦後の保健婦活動や公民館活動にその思想的萌芽があることも銘記する必要がある。

　このように学校と社会が健康を課題として協働していくことは，児童生徒にとっては健康形成への主体的参加を通じた新たな学習観と世界観と人間観の形成をもたらすことになるだろう。一方で，その学校を抱える地域社会にとっては，学校を通したコミュニティの再生と新しい地域文化の創造に連結していくことにつながる。

●参考文献●
- Means, R. K.：A History of Health Education in the United States, Lea & Fibiger, Philadelphia, 1962
- Creswel, Jr, W. H., Newman, I. M. & Anderson, C. L.：School Health Practice 8th edition, Times Miror/Mosby, St. Louis, 1985
- 森　昭三：健康教育学，逍遥書院，1967
- 日本学校保健会編：学校保健百年史，第一法規，1973
- 髙石昌弘：健康と教育（教育学大全集20），第一法規，1982
- 小倉　学：学校保健，光生館，1983
- 髙石昌弘：新版・学校保健概説，同文書院，1994
- 日本学校保健会編：日本学校保健会八十年史，日本学校保健会，2005
- 衛藤　隆・岡田加奈子編：学校保健マニュアル・第9版，南山堂，2017

第2章

学校保健の対象としての子ども・青年

❖ ポイント

1. 学校保健活動のなかで，理解しておかなければならない子どもの形態的変化である"発育"と機能的変化である"発達"について学ぶ。
2. 発育・発達のそれぞれの場面には性差，個人差があることを理解する。
3. 身体の発育とこころの発達のあり方について理解する。

§1. 子ども・青年の発育・発達の概観

　一般に，**発育**（growth）とは，身長が伸びる，体重が増えるなど形態的身体変化を客観的に数値化したものである。また，**発達**（development）とは，組織の機能的な向上や特殊な方向に沿った細胞分化などの生物学的な意味合いだけでなく，言語の獲得や社会性の発達など行動的な意味をも含んでいる。

　生後1年の乳児期には発育量の急激な増加がみられ，この時期は**第一発育急進期**とも呼ばれている。生後1年以後の幼児期の発育は乳児期に比べてその速度は緩やかであるが，二足歩行を身につけ，走る，蹴る，跳ぶ，投げるなど運動機能を獲得する。また，コミュニケーション手段としての言語機能の発達によって，その地域に使用されている言語（話し言葉）を獲得し，社会生活を営むうえで基本となる生活習慣を身につける。

　乳幼児期以後の児童期の発育は比較的緩やかな安定したプロセスを遂げる。思春期は幼児期と同じように発育量に急激な増加がみられる時期であることから，**第二発育急進期**とも呼ばれている。しかし，思春期は乳幼児期にみられる身体的な変化だけでなく，性的成熟などの機能的な変化も起こるために，第一発育急進期よりその期間は長くなる。その結果，体格は男女でそれぞれより成人に近い体型となり，生殖機能も獲得する。

　とくに，このような生後の発育・発達のプロセスを，成人の状態を基準にして表現したものとして**スキャモンの発育曲線**[1]がよく知られている（図2-1）。スキャモンの発育曲線は，からだの各部分や組織がさまざまな時期に起こっている発育現象を4つの発育パターンに分け，それぞれを発育曲線で表したものである。それぞれの発育パターンは，20歳のときを100％として，出生時から20歳に至るまでの全増加量に対して百分率で示されている。

　一般型は，骨格筋系，呼吸器官系，心臓血管系，消化器官系などのそれぞれの組織，器

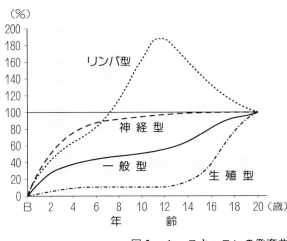

図2-1　スキャモンの発育曲線
(Scamon, C. H. : The measurement of man, Univ. Minesota Press, 1930)

官の発育だけでなく，身長，体重などの身体全体の発育を表している。発育パターンはS字状を示しており，とくに出生直後と思春期に急進期がみられる。

神経型は，脳・神経系の構造的な変化だけでなく，視覚，聴覚などの知覚神経や運動神経などの神経系全般の機能的な発達を表している。発育パターンは，運動機能を獲得する時期に急激な上昇がみられ，ほぼ6歳までに成人の90％程度まで到達し，その後は安定した増加を示している。

リンパ型は，リンパ節，胸腺，扁桃などの免疫系にかかわる組織，器官の発育を表している。リンパ組織は他の発育パターンとは異なる推移を示し，乳幼児期から急激な増加を示し，およそ11〜13歳にかけて成人の約2倍程度まで達し，その後は免疫力の獲得とともに減少している。

生殖型は，生殖機能の発達と成熟を表すものであり，思春期にみられる二次性徴の時期に急激な増加がみられる。

このように，生後の生理学的な発育・発達の変化はスキャモンの発育曲線をみることで，おおむね理解できる。しかし，人間は社会的な動物であり，その後の環境要因によって発育・発達は影響される。タナー（J. M. Tanner）は，「発育は，遺伝と環境の連続的で，しかも複雑な相互作用の産物である」[2] と指摘している。すなわち，発育・発達・成熟は遺伝によって決められた道筋を進むが，進むべき道筋は内分泌系によって導かれ，社会的，文化的，経済的な，さらに栄養も含めた環境がそれらの変化をその地域の固有なものに変えていく。当然，遺伝的要因はその人種で特有なものであり，たとえば，両親が日本人であればアメリカで生まれてもその子は日本人の顔つきや体型をしている。しかし，生まれ育った環境がアメリカであれば，流 暢 な英語を話すようになり，体格においても同年齢の日本で生まれ育った子どもよりも大きくなる場合がある。

§2. 児童期の発育と発達

1. 児童期の発育と発達の特徴

児童期は，身体発育の面からみると，乳幼児期や思春期に比べて劇的な変化は少なく，比較的安定した緩やかな発育がみられる。この時期は骨格や骨格を支える骨格筋，心臓，肝臓，腎臓などの実質臓器の発達もみられ，体格形成が緩やかに進む時期である。年齢でみると，スキャモンの一般型の発育曲線でみられる5歳から12歳にかけての時期である。

図2-2には，平均的な男女の小学校入学から高等学校卒業までの身長の発育曲線を示した。9歳までは男女とも類似した推移を示していたが，10歳から12歳までは女子が男子を上まわって推移し，13歳以後は男子が女子を上まわって推移していた。すべての子どもたちにあてはまるわけではないが，小学校高学年ごろに同年齢の女子が男子に比べ大きくなるケースをだれもが見かけているであろう。このような現象は**発育交叉現象**と呼ばれ，男子と女子で発育のプロセスが異なっていることの証である。詳細については，後節の思春期発育スパートで述べる。

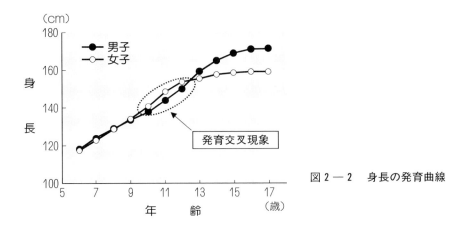

図2－2　身長の発育曲線

その他，児童期にしかみられない特徴的な身体発育の変化として，乳歯の脱落と永久歯の萌出がある。子どもたち自身も"おとなへの一歩"として感じとることができる大きな出来事である。そのため，この時期は歯科保健教育にとって大切な時期であり，その一環としてむし歯（う歯）予防のための歯磨き指導などが行われている。

2．身体発育の概況と運動機能の発達

スキャモンの発育曲線をみると，児童期には，神経型は十分な発達がみられるが，体格や骨格筋などの発達を示す一般型では成人の半分程度となっている。児童期は体格の向上とともに，日常の遊びや運動をとおして神経系と骨格筋の連携をよりスムーズにし，運動に必要な筋力だけでなく，ねばり強さや素早い動きがなどの運動機能のさらなる向上がみられる時期でもある。図2-3には2011（平成23）年度体力・運動能力調査報告書（文部科学省スポーツ・青少年局)[3]より求めた年齢別にみた運動能力の推移を示した。

なお，示した運動能力は握力（上肢の筋力），上体起こし（体幹部の筋力），反復横とび（全身の敏捷性），20mシャトルラン（全身持久力）である。握力は思春期以降男女差がみられ，とくに男子に急激な変化がみられたが，児童期では男女とも緩やかな発達であった。上体起こしは児童期のはじめから徐々に男女差がみられたものの，握力の男女差ほどの違いはなく，緩やかに発達しながら思春期までにはある程度のレベルに到達していることが理解できる。このような傾向は，反復横とびや20mシャトルランにもみられ，全身にかかわる運動能力では思春期に入るまでにある程度のレベルに到達するものと考えられる。このように，小学校高学年のころから体力の向上がみられ，またこのころから子どもたちがからだや体力に強い関心をもち始めることから[4]，将来の健康の保持増進のための体力づくりの最初の動機づけとしては，小学校高学年が適当であると考えられる。

ところで，最近の子どもたちの体力低下はさまざまな研究で報告されている。体力水準の高かった1985（昭和60）年ごろに比べて依然低い水準にある。最近の体力・運動能力調査報告書においても，近年の子どもたちの体力は緩やかに改善する方向に向かっていることが報告されているが，その一方で「運動離れ」も指摘されている。とくに，その傾向は女子に顕著であり，女子に対して運動習慣を身につける取り組みが急務である。

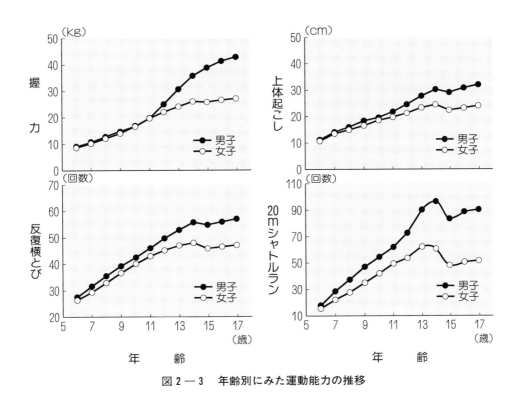

図2—3 年齢別にみた運動能力の推移

§3. 思春期の発育と発達

1. 思春期発育スパート

思春期は，安定した発育がみられた児童期以降にみられる特徴的な身体発育，機能的な発達などの変化や成熟がみられる時期をさす。思春期では身体的により成人に近い体型になるよう特徴的な発育・発達・成熟が起こる。とくに，思春期前期では身長や体重に急激な増加がみられ，このような急激な増加は，**思春期発育スパート**（adolescent spurt）と呼ばれている。思春期発育スパートは一生涯を通した身体発育のなかで著しい増加量がみられる時期でもあり，この変化は毎年測定されている身長の身体計測値から読み取ることができる。ここで，まず言葉の定義を説明するが，毎年健康診断などで測定されている身長や体重の計測値は**現量値**と呼ばれ，それぞれを連続量で示したものを**発育曲線**と呼ぶ。また，ある年の現量値から前年の現量値を差し引いたもの，すなわちその1年間の増加量を**年間増加量**と呼ぶが，年間増加量は"量"を"時間単位（年）"で除したものなので，**発育速度**とも呼ばれ，それを連続量で示したものが**発育速度曲線**と呼ばれている。

図2-4には，図2-2に示した男女の身長の発育速度曲線を示した。発育速度曲線をみると，男女とも**最大発育**を迎えるまでは徐々に年間増加量が多くなり，最大発育後は漸減していた。また，身長の最大発育は女子が10.5歳，男子が12.5歳で，男子に比べて女子が2年早く最大発育を迎えていた。このような思春期発育スパートの時期の男女差（性差）

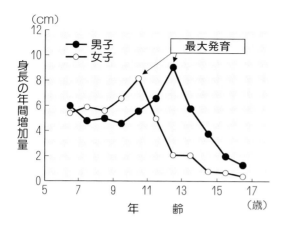

図2−4　身長の発育速度曲線

が先の図2-2で示した発育交叉現象として表れている。

　さらに，この2年の違いは成人時の体型に大きな違いをもたらす。日本人の場合，身長は最大発育を迎えたあとの増加量はそれほど大きくない。これは男女とも共通であり，したがって2年早く最大発育を迎える女子では男子に比べて2年間の増加量が少ないことになり，成人時の最終身長は男子より女子が低くなる。なお，このような現象は男女の性差としてのみみられる現象ではなく，同じ性別であっても思春期発育スパートが遅い傾向にある者（**晩熟**）は早い傾向にある者（**早熟**）に比べて最終身長が高くなる傾向にある。

2．二次性徴

　思春期中期では，思春期前期での身体発育の成熟を受けたかたちで性機能の発達，成熟へと進む。身体発育の変化と性成熟は異なるメカニズムによるものと考えられているが，女子の性成熟の代表である初経発来にみても，ある程度の身体発育状況でないと初経発来がみられない[5),6)]。この時期の性機能の最も特徴的な変化は，女子では初経発来，男子では精通がみられることである。このような性成熟は性ホルモンの作用によって起こるが，そのほかに陰毛の発生，声変わり，乳房の発達などがあり，これらを含めて**二次性徴**と呼ばれている。とくに，思春期中期にみられる二次性徴が思春期の特徴を最もよく表していることから，一般的にはこの時期を"思春期"と呼ぶことが多い。思春期後期では二次性徴もほぼ終わりに近づき，性機能は成熟した状態に近づき，体格も成人に近い体型となる。

　このような思春期発育スパートや二次性徴は偶然発生するものではなく，遺伝的なプログラムによって順序づけられている。表2-1には思春期にみられる主な出来事を示した。思春期にはいくつかの出来事があるが，それぞれの機序をすべて観察することは容易ではない。そのなかで比較的容易に観察でき，すでに多くの研究によって報告されているのが，思春期発育スパートの指標として用いられる，身長発育のピークを示す時点の年齢である**PHV年齢**（peak height of velocity）や女子の二次性徴の最も特徴的な指標である**初経発来**などである。

表 2 ― 1　思春期にみられる特徴的な身体発育と二次性徴

身　体　発　育	二　次　性　徴
思春期発育スパート（adolescent spurt），筋量の増大（男子），脂肪量の増大（女子），骨成熟（peak bone mass の獲得）	・女子：陰毛の発生，初経発来，乳房の隆起，骨盤の発達 ・男子：陰毛の発生，精通，睾丸の増大，声変わり

表 2 ― 2　身長と体重の最大発育年齢と初経年齢

	平均値	SD	最大値	最小値
男子（702 例）				
身長の最大発育年齢（a）	12.87	1.00	16.03	10.34
体重の最大発育年齢（b）	13.26	1.28	16.33	9.32
女子（1810 例）				
身長の最大発育年齢（a）	10.84	1.10	14.46	7.28
体重の最大発育年齢（b）	11.73	1.31	16.41	7.11
初　経　年　齢　（c）	12.45	1.02	16.47	9.22

（注）　身体発育資料は 1974～1980 年生まれ。

　このような思春期にみられる特徴的な変化についてその機序をみると，表 2-2 のとおりである。なお，思春期発育スパートの指標としては算出式により比較的容易に求めることができる**最大発育年齢**（**MIA**：maximal incremental age）[7]を用いて比較した。身体発育資料は，小学校入学から高等学校卒業までの 12 年間の身体計測値がそろっていた男子 702 例，女子については**初経年齢**（menarcheal age）も明らかであった 1,810 例の計 2,512 例のものである。男子の身長と体重の最大発育年齢はそれぞれ 12.87 歳と 13.26 歳であった。女子の身長と体重の最大発育年齢および初経年齢は，それぞれ 10.84 歳，11.73 歳，12.45 歳であった。女子の身長の最大発育は男子に比べて早く，その時差は 2.0 年であった。また，男女とも体重増加のピークは身長より遅く，その時差は男子では 0.4 年，女子では 0.9 年であった。さらに，女子では体重増加のピークの 0.7 年後に初経を迎えていた。これらはあくまでも平均値であり，個々人でみるとこれらの生理的機序が異なる場合もあるが，思春期にみられる身体発育・発達の生理的機序は身長発育のピーク後に体重増加のピークがみられ，女子では体重増加のピークの後に性的成熟を迎えることが理解できる。

　ところで，表 2-2 に示した**最大発育年齢**や**初経年齢**，**PHV 年齢**は**生理的年齢**（physiological age, development age）と呼ばれるもので，そのほかに歯の発育状況から求める**歯牙年齢**（dental age），骨の発育状況から判断する**骨年齢**（skeletal age）などがある。私たちが日常的に使っている年齢は，いわゆる**暦年齢**（calendar age）と呼ばれるもので，生まれてから現在までの時間的経過を示すものである。とくに，身体発育の個人差が著しい時期には暦年齢を基準にして発育を評価するのではなく，生理的年齢を用いて個々人の発育のテンポを考慮して評価する必要がある。

§4. 思春期のからだとこころの発達

1. 思春期の発育と発達の課題

　思春期には著しい身体発育と劇的な出来事である**二次性徴**を経験し，まわりの変化と自分自身の変化の違いにも驚き，戸惑いを感じる時期でもある。また，このような変化はだれもが体験することであるが，その時期には大きな個人差ある。

　身長発育の個人差を観察するために，毎年4月に測定されている身体計測値を用いて男女それぞれ25例の身長の発育曲線と発育速度曲線を図2-5に示した。なお，それぞれの発育曲線のスタート時点，すなわち6歳時点（小学校1年の計測時）が個々人で異なっているのは，それぞれの生年月日より4月の測定時の年齢を算出し，正確に発育曲線を描いたためである。

　身長の発育曲線をみると，6歳時点にみられる個々人の差がそのまま17歳時まで到達するのではなく，異なる動きを示している。これが個人差であり，発育曲線には個々人の発育のプロセスの違いが表れている。また，毎年の発育量も個人によって大きなばらつきがあることも観察できる。

　身長発育に不安をもつ子どもに対してはこのような発育速度曲線や発育曲線を描き，自分自身の形態的な変化を理解させる工夫が必要であろう。とくに，成熟度の違いを不安に感じる子どもに対する教育的指導を行う場合には，身体発育の生理的年齢や先に示した生理的機序を利用することによって適切な指導を行うことができる。

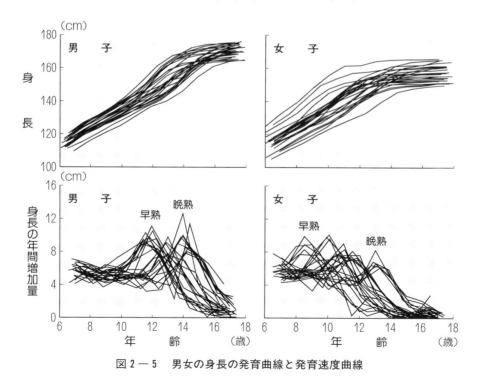

図2-5　男女の身長の発育曲線と発育速度曲線

また，スポーツの現場においても身体発育の成熟度を考慮する必要性が指摘されている[8]。最大発育が出現する時期は**スポーツ障害**の危険性が高くなる時期でもある。トレーニングによる筋力の増大に骨成熟が追いつかない状態になり，結果として**オーバーユース症候群**に陥る可能性が高くなるためである。指導者は発育速度曲線から個々の選手の最大発育期を把握するとともに，この時期の選手に対して十分なウォーミングアップとクールダウンを行わせ，積極的なストレッチングや，過度にならない運動強度に重点を置いたトレーニングを勧める必要がある[9]。

2．思春期のこころの発達課題

思春期のこころの発達課題は**自我同一性の確立**である。"自我同一性の確立"は自立ともいえるが，思春期ではあくまでも精神的な自立が課題である。思春期では乳幼児期から形成されてきた親に対する依存や愛着が喪失し，自我の目覚めとともに内的な自己の感覚の発達によって親の知らない自我意識が芽生え始める。しかし，自我意識の芽生えなどの精神的発達と著しい身体発育や性成熟などの身体的成熟とのリズムにズレが生じやすく，思春期は精神的に不安定な時期でもある。また，家庭や学校などで起こるいろいろな出来事のなかでの悩みや葛藤を多く抱える時期でもある。

小さな出来事から親子関係や友人関係のこじれ，その結果としていじめ，不登校や引きこもり，摂食障害，非行などのケースも起こりやすい時期でもある。このようなケースはきめ細かく個別に，具体的に対応することが重要であり，教師や親は子どもたちの小さな変化も見逃さず，早期に対応し，不登校・引きこもりやその他の問題行動を未然に防がなければならない。

そのためには，学校現場では一教員だけで対応するのではなく，養護教諭やスクールカウンセラーなどと連携を密にできるように，学校長は教頭や学年主任などと協議しながら適切な対応ができる組織づくりに努めなければならない。

ところで，戦後みられた日本経済の高度成長とともに，栄養状態の改善，生活様式の欧米化などによって，思春期発育スパートを迎える時期の若年化，いわゆる**発育促進現象**によってわが国の子どもたちの体格は大型化してきた[10]。また，初経発来時期の若年化にみられるように性成熟も早まり，その結果，現在の子どもたちは長い思春期を過ごさなければならないようになった。関根[11]は「大人になるための準備期間である思春期に起こった問題は，思春期にとどまらず，その後長い期間にわたって後々までも影響が残るという観点からも，思春期における適切な対応が求められる」と指摘しており，親世代が経験していない長い思春期の過ごし方が子どもたちのその後の人生に大きくかかわってくることを理解しておかなければならない。

§5．青年期の健康課題

1．青年期のからだとこころ

　青年期は思春期後期ともいえる時期であるが，内分泌系の働きによって男子では骨格と骨格筋の発達によって筋肉質で男性的な体型，女子では骨盤の発達とともに乳房や臀部などの部位に脂肪が蓄積し，丸みのある女性的な体型となる。さらに，青年期では精神的な自立がみられる時期であり，それは親に対する依存と独立の葛藤をくり返しながら段階的に達成される。

　子どもたちはこのような経験を通して身体的にも精神的にもよりおとなに近づき，社会とのかかわりから自分の役割や自分自身の価値について確信し，自我が確立される。学生の場合は経済的な自立には猶予期間があったとしても，自身の将来を見すえ，進路を決め，社会の一員としての意識が芽生え始める時期でもある。

　このようなこころの成長を支えてくれる存在が友人や仲間，先生や指導者などの親以外の存在である。これまでの親の評価だけでなく，他者の評価によって自分自身の能力や適性に気づき，自信をもつようになる。また，友人や仲間たちとの成功体験や失敗体験のような，他者との多くの経験を通して共感や信頼関係が生まれ，多様な社会的価値に気づく。これが，社会性の発達である。さらに，青年期では同性だけでなく異性についても交友関係が広まり，思春期から青年期にかけて多くの人とかかわることが，その後の人生に大きく影響する。

2．青年期の健康課題

　わが国の急速な経済発展は私たちの生活様式の省力化を急速に進め，電灯の点灯・消灯やテレビチャンネルの操作にとどまらず，今ではさまざまな操作がからだを動かさずに，手もとのボタン操作だけで行えるようになった。あらゆる生活場面でからだを動かす機会が失われる一方で，食生活の欧米化に伴い，高カロリー（高エネルギー）な食物を口にするようになってきた。また，ファストフードやコンビニエンスストアの普及に伴って，いつでも手軽にハンバーガーやスナック菓子を手に入れることができるようにもなってきた。このように，現代社会は普通の日常生活を送っていてもエネルギー消費不足とエネルギー摂取過剰の状態になるおそれがあり，子どもたちの生活環境は絶えず生活習慣病を引き起こす状況にあることを認識する必要がある。

　生涯保健を考えた場合，身体発育をほぼ終えた青年期には，将来の生活習慣病予防に向けて運動習慣，栄養バランスを考えた食習慣を常に考えて行動するように意識づける健康教育が必要な時期でもある。とくに，女子については誤ったボディイメージから生じる瘦身願望，過度のダイエットによる摂食障害によって，無月経や月経周期異常などの性機能障害が生じることなどについても，このような願望を抱かせる前に，できるだけ早期に適切な健康教育を行う必要がある。

第2章　学校保健の対象としての子ども・青年

●引用文献●

1 ）Scamon, C. H.：The measurement of man, Univ. Minesota Press, 1930
2 ）J. M.タナー（林正監訳）：成長のしくみをとく，pp.116〜163，東山書房，1994
3 ）文部科学省スポーツ・青少年局：平成 23 年度体力・運動能力調査報告書，2012
4 ）小林寛道：子どもの体力向上の年齢段階，子どもの発育発達，2（5），276〜280，2004
5 ）後和美朝ほか：女子高校生の初経と身体発育との関連，思春期学，13（3），249〜254，1995
6 ）藤井勝紀：BMI の加齢変化速度曲線から導かれる初経発来の臨界期について，思春期学，24（1），193〜200，2006
7 ）工藤陽子ほか：身長の最大発育年齢からみたわが国の発育促進現象の推移，日本衛生学会雑誌，31，378〜385，1976
8 ）清水和弘・赤間高雄：スポーツ活動とコンディショニング，思春期学，31（2），197〜202，2013
9 ）星川精豪：成長期と身体発育速度を考慮したトレーニング，トレーニングジャーナル，402，12〜17，2013
10）武田眞太郎・松本健治：思春期の発育と環境─特に発育促進現象をめぐって─，日本成長学会雑誌，11（1），13〜20，2005
11）関根憲治：いま，なぜ思春期クリニックは必要か，思春期学，24（1），46〜49，2006

●参考文献●

・髙石昌弘・樋口　満・小島武次：からだの発達，大修館書店，1990
・J. M. Tanner：Fetus into Man, Harvard Univ. Press, 1990
・髙石昌弘・小林寛道監訳：発育・成熟・運動，大修館書店，1995
・武田眞太郎編著：新しい健康科学の探求，東山書房，1996
・加藤隆勝・高木秀明：青年心理学概論，誠信書房，1999
・川瀬正裕・松本真理子：新自分さがしの心理学─自己理解ワークブック─，ナカニシヤ出版，2005
・衞藤　隆・岡田加奈子編：学校保健マニュアル・第 9 版，南山堂，2017

第3章 学校での疾病予防と健康増進

❖ ポイント
1. 学校での疾病の状況，各疾患の概要を把握する。
2. 学校での感染症および予防法を知る。
3. 生活習慣病および健康増進の重要性を理解する。
4. 学校での歯科保健の学習・指導の必要性と生活習慣の育成に重点を置く。

§1. 学校でみられる疾病と健康問題

　児童生徒の学齢期の年代は，人間の全生涯を通じて最も死亡率が低いが，死因としては不慮の事故，自殺などのいわゆる外因死，悪性新生物などが多く，児童生徒に特徴的な心身の疾病・異常もある。

1. 学校でみられる疾病とからだの異常

1）むし歯（齲歯，齲蝕）*1〔dental caries〕

　むし歯（う歯）は，歯がう蝕した（むしばまれた）状態であり，児童生徒の被患率は6〜7割と非常に高いが，減少傾向にはある。歯に付着した歯垢中の細菌が食物の糖類と反応することが原因となる。したがって，むし歯の予防には歯磨き，甘味・間食を控えること，歯質の強化などが重要である。

　学校歯科健診では，C（う蝕），CO（要観察歯，questionable caries under observation），GO（歯周疾患要観察者，gingivitis under observation）などに診断分類される。CO，GO の診断は，本人に進行しないように注意を促す意図がある。

　また，**DMFT** は一人あたりのむし歯（D），むし歯で抜いた歯（M），むし歯で修復した歯（F）の合計で，う蝕の状況を表す指標として使用されるが，値は年々減少傾向にある。

　＊1　「むし歯」は俗語であるが，一般的に使用されている。学術的には「う歯」であるが，話し言葉としてはできるだけ避けることとしたい。表記法として「虫歯」は通常使用せず，「むし歯」（「う歯」も可）を使用する。
　（文部科学省：「生きる力」をはぐくむ学校での歯・口の健康づくり，2011 より）

2）視力，色覚異常〔sight, color blindness〕

　視力は**ランドルト（氏）環**を用いて，1.0，0.7，0.3 の視標によって A〜D の4段階に判定をする。A は 1.0 以上（一応，健常視力である），B は 1.0 未満 0.7 以上（教室のどこからでも黒板の字が一応見える），C は 0.7 未満 0.3 以上，D は 0.3 未満（教室の最前列でも黒板の字が見えにくい）である。裸眼視力が 1.0 未満の者は，小学校約3割，中学校約5割，高校約6割と次第に増えている。

　色覚異常には，先天性に赤または緑の色判断に異常のある色弱・色盲がある。伴性（X 染色体性）劣性遺伝であり，男子に多い（約4％）。一般の生活にはほとんど支障がない。

3）肥満およびやせ傾向〔obesity, emaciation〕

　肥満は高血圧，脂質異常症，糖尿病など多くの**生活習慣病**のもとになる。

　肥満およびやせ傾向の判定は，身長別標準体重に対する肥満度（下式）＋20％以上であれば肥満傾向，−20％以下であればやせ傾向とする。さらに，肥満は＋20％以上 30％未満を軽度，＋30％以上 50％未満を中等度，＋50％以上を高度の肥満と判定する。やせの場合は，−20％以下をやせとし，とくに−30％以下は高度のやせとする。

表 3 ― 1　　身長別標準体重を求める係数と計算式 *

年　齢	男	子	年　齢	女	子
係　数	a	b	係　数	a	b
5	0.386	23.699	5	0.377	22.750
6	0.461	32.382	6	0.458	32.079
7	0.513	38.878	7	0.508	38.367
8	0.592	48.804	8	0.561	45.006
9	0.687	61.390	9	0.652	56.992
10	0.752	70.461	10	0.730	68.091
11	0.782	75.106	11	0.803	78.846
12	0.783	75.642	12	0.796	76.934
13	0.815	81.348	13	0.655	54.234
14	0.832	83.695	14	0.594	43.264
15	0.766	70.989	15	0.560	37.002
16	0.656	51.822	16	0.578	39.057
17	0.672	53.642	17	0.598	42.339

*　身長別標準体重 ＝ a × 実測身長（cm）－ b
（文部科学省スポーツ・青少年局学校健康教育課監修：児童生徒
の健康診断マニュアル（改訂版），日本学校保健会，2006，p.42）

$$\text{肥満度（過体重度）} = \frac{[\text{実測体重（kg）} - \text{身長別標準体重（kg）}]}{\text{身長別標準体重（kg）}} \times 100 \text{（％）}$$

身長別標準体重 ＝ a × 実測身長（cm）－ b

（a，b の係数の値は性，年齢別に定められている：表3-1）

4）喘息・アレルギー疾患〔asthma, allergosis〕

　アレルギーは，本来，有害な異物（病原体など）に対する生体防御作用である免疫反応（抗原抗体反応）が食物，花粉などの無害なもの（アレルゲン）に対して起こることによる。アレルギー疾患には，**喘息，アトピー性皮膚炎，アレルギー性鼻炎**などがある。運動をするとストレスによる消化器粘膜の障害によりアレルゲンが侵入しやすい状態となり，ショック（食物依存性運動誘発アナフィラキシー）を起こすこともあるので，食後すぐに激しい運動をすることは控えるのが好ましい。

5）聴 力 障 害〔hypacusis〕

　オージオメーターにより，1,000 Hz（会話域）および 4,000 Hz（高音域）の聴力検査を行う。**騒音性難聴**は，ヘッドホンなどで過度に大きな音を聞くことにより起こり，高音域から聴力障害が始まり進行する。

6）起立性調節障害〔OD：orthostatic dysregulation〕

起立性調節障害は，自律神経が失調し，起立時の循環器系の調節が不十分となることにより起こる。主な症状は立ちくらみ，脳貧血（脳の血液循環が悪くなり起こる）などである。診断は，従来表3-2の基準によって行われているが，2006（平成18）年に日本心身医学会からも診断・治療ガイドラインが出されている。

表3 ― 2　OD診断基準

大症状	A）立ちくらみあるいはめまいを起こしやすい B）立っていると気持ちが悪くなる。ひどくなると倒れる C）入浴時あるいはいやなことを見聞きすると気持ちが悪くなる D）少し動くと動悸あるいは息切れがする E）朝なかなか起きられず，午前中調子が悪い
小症状	a）顔色が青白い b）食欲不振 c）強い腹痛をときどき訴える d）倦怠あるいは疲れやすい e）頭痛をしばしば訴える f）乗り物に酔いやすい g）起立試験で脈圧狭小16 mmHg以上 h）起立試験で収縮期血圧低下21 mmHg以上 i）起立試験で脈拍数増加21回/分以上 j）起立試験で立位心電図のT_Hの0.2 mV以上の減高，その他の変化
判断	大1・小3，大2・小1，大3，以上で器質性疾患を除外できた場合をODとする

7）貧　　血〔anemia〕

貧血は血色素（ヘモグロビン）濃度の低下した状態であり，血色素による酸素運搬が減少することにより，顔色が悪い，動悸，倦怠感などがみられる。学齢期には，血色素の成分である鉄分の不足による**鉄欠乏性貧血**が多い。身体発育に伴い鉄需要が増しているので，鉄を含めてバランスよい食事摂取をすることが重要である。

2．学校でみられるこころの健康問題

いじめ，不登校，家庭内暴力や自殺などこころの健康の重要性が高まっている。そこで，これらの理解を深めるために，学校現場でみられるこころの問題を簡単に概説する。

1）ひきこもり

いろいろな定義があるが，ここでは精神科医である斎藤環の定義を紹介する。それによると，**ひきこもり**とは「20代後半までに問題化し，6ヶ月以上，自宅に引きこもって社会参加しない状態が持続しており，他の精神疾患がその第一の原因とは考えにくいもの」としている[1]。10代後半から20代前半に起こり，男性に多い。失恋やケガなど周囲からみると些細な挫折体験をきっかけにひきこもることが多い。自宅の自室にひきこもり，家

族ともコミュニケーションを絶つ例も少なくない。精神的には不安や焦燥が強く，他者の評価に敏感で，家人に猜疑的となり家庭内暴力に発展する場合がある。このような状況から，精神疾患を併発する場合もあるので注意が必要である。

　特筆すべきは，ひきこもりの60％以上が不登校経験者であり，いったんひきこもると10年以上も長期化することが少なくないので，不登校の段階での適切な対処が重要と考えられている。

2）心理的発達の障害〔ICD-10：F8〕（第9章参照）

　①　**自閉症**〔autism〕　　カナー（L. Kanner）が「聡明な容貌・常同行動・高い記憶力・機械操作の愛好」などを特徴とする一群の幼児に対し，**自閉症（オーティズム）**と名づけた[2]。その後，親の育て方で自閉症になるなどの間違った認識があったが，現在は先天性の脳障害であることがわかり，広汎性発達障害の小児自閉症（自閉症）に分類されている。この障害には自閉症状と知的障害の2つの障害がいろいろな割合で存在し，多くは3歳までに気づかれる。知的障害がないものはアスペルガー症候群（自閉症スペクトラム障害，ASD）として自閉症とは区別されている。

　自閉症状で問題となるのはコミュニケーションの障害や興味や関心が限局していることで，具体的には「視線を合わせない」，「おうむ返しの返答」，「友達と遊ばない」，「変化を嫌い，儀式などに固執する」，「思いどおりにならないとひどい癇癪を起こしたり，手首を噛むなどの自傷行為を行う」ことである。今のところ治療法はなく，療育が中心となり，補助的に薬物治療を行うこともある。

　②　**学習障害**〔learning disorders〕　　**学習障害**は，精神科疾患として心身発達の障害に分類されている。しかし，診断を受けても医学的治療法がないことなどから，医療場面より教育現場で問題となる。

　文部科学省は，「学習障害とは，基本的には全般的な知的発達に遅れはないが，聞く，話す，読む，書く，計算する又は推論する能力のうち特定のものの習得と使用に著しい困難を示す様々な状態を指すものである。学習障害は，その原因として，中枢神経系に何らかの機能障害があると推定されるが，視覚障害，聴覚障害，知的障害，情緒障害などの障害や，環境的な要因が直接の原因となるものではない」（文部科学省，1999年）と定義している。

　実際の学校現場では，学習の障害よりもむしろ随伴する自己制御困難（授業中に私語が多い，ルールを守れない）や対人関係困難（人の嫌がることを言う，自分勝手な言動）が問題になることが多い。学力の向上だけにとらわれず，社会生活に適応できる援助が重要と思われる。

3）注意欠陥多動性障害〔ADHD：attention-deficit hyperactivity disorder，ICD-10：F90〕（第9章参照）

　ADHDは**ICD-10**では多動性障害に分類され，いわば極端に落ち着きがなく注意散漫で衝動的な行動をとる傾向のある子どもである。生後5か月ごろに発症し，女子より男子に

多い。衝動的で，事故を起こしやすく，不注意から軽率な規則違反を起こし，親の躾の問題と誤解されることがある。しかし，これは脳の機能障害が原因と考えられ，親の躾が原因ではない。知的障害を伴わなければ，知能は普通である。不注意や衝動性などから学業の成績によいときと悪いとき，波があることが多い。

　薬物療法としては行動を鎮静するために覚醒剤の一種であるメチルフェニデートなどが効果を示す場合がある。いずれにせよ薬物療法は補助的であり，学校と家庭が連携して療育を行うことが肝要と思われる。むやみにしかったり，教師と親の対応がまったく異なるなど学校と家庭の療育の連携が悪いと，反抗挑戦性障害や行為障害，最悪の場合犯罪に発展する場合もあると考えられている（DBD マーチ，DBD：disruptive behavior disorder，破壊的行動障害)[3]。児童・思春期の精神疾患はいずれも学校や家庭の連携ある対応が重要であるが，ADHD においてはその重要性はさらに高いと思われる。

4）精神疾患（第10章参照）

　厚生労働省の 2014（平成 26）年の調査では，**精神疾患**の患者は 392 万人にのぼり，317万人の糖尿病，163 万人のがんなど他の 4 大疾病を大幅に上まわった。同省は 2013（平成25）年 4 月から精神疾患をがん，脳卒中，急性心筋梗塞，糖尿病と並ぶ **5 大疾病**と位置づけ，**5 疾病 5 事業**をスタートさせている。この事業は精神疾患の早期発見とともに地域での精神医療（病院・診療所・訪問看護ステーションの連携強化など）の向上をめざしている。

§2．学校でみられる生活習慣病

　成人の生活習慣病と同様に学齢期においても，近代的生活による運動不足，過食などに起因する肥満や高血圧，糖尿病，脂質異常症は動脈硬化を促進し，心疾患および脳血管疾患のリスクとなっている。

1．糖　尿　病〔diabetes〕

　糖尿病には，免疫異常等による膵臓のインスリン分泌不全である **1 型**と，過食・運動不足等によりインスリンの作用・分泌が低下する **2 型**がある。1 型は，インスリン注射が必要である。

　2 型は，食事療法により食事を適量バランスよく食べて肥満を改善すること，運動により細胞のインスリン感受性を向上させることなどでコントロールする。

2．高　血　圧〔hypertension〕

　高血圧は，体質に加え，肥満や食塩過剰摂取により起こるので，それらの改善が肝要である。

3．脂質異常症〔dyslipidemia〕

　脂質異常症は動脈硬化性疾患（心筋梗塞や脳梗塞など）を引き起こすが，その予防には，栄養面では脂質（とくに飽和脂肪酸）のとり過ぎに注意しながら，バランスのよい適量の食事を摂取する。また，適度な運動によって善玉コレステロールであるHDLコレステロールを増やし，動脈硬化を改善することも有効である。肥満などがない場合も，遺伝性の家族性脂質異常症に注意が必要である。

---

§3．子どもの慢性疾患

1．心　疾　患〔heart disease〕

　先天性心疾患には心室中隔欠損症，僧帽弁閉鎖不全症などがあり，主に心臓内における動静脈血の流れの障害によりからだに酸素不足などをきたす。**後天性心疾患**には，心筋症，川崎病の後遺症などがある。

　それらの疾患や不整脈には突然死につながるものもあるので，心電図検査などが重要となる。必要に応じ，**学校生活管理指導表**（表3-3および表3-4）により指導する。一方，突然死には心電図検査に異常がない場合も多いので，体調管理・把握も重要である。

2．腎　疾　患〔glomerulonephritis〕

　健康診断でみられる血尿やたんぱく尿には治療の必要なものがあり，**尿検査**は重要である。

　腎疾患には腎炎，ネフローゼ症候群などがあるが，一般的な症状は，血尿，たんぱく尿，高血圧，むくみなどである。急性腎炎には溶血性連鎖球菌（溶連菌）感染症の後遺症として2週間前後経過後に発生するものがある。したがって，かぜのような症状が溶連菌によるものであった場合は，解熱後も腎炎に注意する必要がある。

　各疾患において学校生活管理指導表における指導区分の目安がある。

3．過敏性腸症候群〔IBS：irritable bowel syndrome〕，腹痛

　腹痛，消化器症状（下痢，便秘など）は子どもに多い訴えであり，症状，頻度等の一定の基準を満たすものを**過敏性腸症候群**と呼ぶ。日本小児心身医学会の「くり返す子どもの痛みの理解と対応ガイドライン」[4]では，小児IBSを反復性腹痛型，便秘型，下痢型，ガス型の4つに分類している。それらの症状の出現は心因性の場合もあり，そこに周囲の理解不足が加わり不登校に容易につながることもあるので，家族の理解や学校との連携が必要である[5]。

◎表3-3（p.29），表3-4（p.30）の注
　定義　《**軽い運動**》同年齢の平均的児童にとって，ほとんど息がはずまない程度の運動。
　　　　　《**中等度の運動**》同年齢の平均的児童にとって，少し息がはずむが息苦しくない程度の運動。
　　　　　　　　パートナーがいれば楽に会話ができる程度の運動。
　　　　　《**強い運動**》同年齢の平均的児童にとって，息がはずみ息苦しさを感じるほどの運動。
　＊体つくり運動：レジスタンス運動（等尺運動）を含む。

（2020年度改訂）

表3-3 学校生活管理指導表（小学生用）（公財）日本学校保健会

氏名　　　　　　　　　　　男・女　年　月　日生（　）才　　　　小学校　　年　　組

①診断名（所見名）	②指導区分 要管理：A・B・C・D・E 管理不要	③運動クラブ活動 可（ただし、　）年（　）カ月後 禁	④次回受診 （　）年（　）カ月後 または異常があるとき	医療機関 医　師 印

年　月　日

[指導区分：A…在宅医療・入院が必要　B…登校はできるが運動は不可　C…軽い運動は"可"　D…中等度の運動まで（D・Eは"可"）　E…強い運動も可]

体育活動	運動強度	軽い運動（C・D・Eは"可"）	中等度の運動（D・Eは"可"）	強い運動（Eのみ"可"）
*体つくり運動（※体ほぐしの運動遊び、多様な動きをつくる運動遊び）	1・2年生	体のバランスをとる運動遊び（寝転ぶ、起きる、座る、立つなどの動きで構成される運動遊び）	用具を操作する運動遊び（用具を持つ、降ろす、回す、転がす、くぐるなどの動きで構成される運動遊び）	体を移動する運動遊び（這う、走る、跳ぶ、はねるなどの動きで構成される運動遊び）力いっぱいの運動遊び（人を押す、引く、運ぶ、支える、力比べをする遊び）
体ほぐしの運動、多様な動きをつくる運動	3・4年生	体のバランスをとる運動（寝転ぶ、起きる、座る、立つ、ケンケンなどの動きで構成される運動）	用具を操作する運動（用具をつかむ、持つ、降ろす、なわなどの動きで構成される運動）	体を移動する運動（這う、走る、跳ぶ、はねるなどの動きで、引く動きをやや力比べをする運動）基本的な動きを組み合わせる運動
体ほぐしの運動、体力を高める運動	5・6年生	体の柔らかさを高める運動（ストレッチング、軽いウォーキング）	巧みな動きを高めるための運動（リズムに合わせての運動、ボール・輪・縄・棒を使った運動）	動きを持続する能力を高める運動（短なわ、長なわ跳び、持久走）力強い動きを高める運動
陸上運動系／走・跳の運動遊び	1・2年生	いろいろな歩き方、ゴム跳び遊び	ケンパー跳び遊び	全力でのかけっこ、折り返しリレー遊び 低い障害物を用いてのリレー遊び
走・跳の運動	3・4年生	ウォーキング、軽い立ち幅跳び	ゆっくりとしたジョギング、軽いウォーキング、幅跳び・高跳び	全力でのかけっこ、周回リレー、小型ハードル走 全力での短距離走、幅跳び及び高跳び
陸上運動	5・6年生	ウォーキング、軽い立ち幅跳び		短距離走・リレー、ハードル走 助走をした走り幅跳び、助走をした高跳び
ボール運動系／ゲーム、ボールゲーム・鬼遊び（低学年）	1・2年生	その場でボールを投げたり、ついたり、捕ったりしながら行う簡単な運動遊び	ボールを蹴ったり止めたりして行う的当てや蹴り合い 陣地を取り合うなどの簡単な鬼遊び	ゲーム（試合）形式
ゲーム（ゴール型・ネット型・ベースボール型ゲーム）（中学年）	3・4年生	基本的な操作（パス、キャッチ、キック、ドリブル、シュートなど）	簡易ゲーム（場の工夫、用具の工夫、ルールの工夫を加えた易しいゲーム）	
ボール運動	5・6年生			
器械運動系／器械・器具を使っての運動遊び	1・2年生	ジャングルジムを使った運動遊び	雲梯、ろく木を使った運動遊び	マット、鉄棒、跳び箱を使った運動遊び
器械運動（マット、跳び箱、鉄棒）	3・4年生	基本的な動作（マット：前転、後転、腕立て横跳び越しなどの部分的な動作）（跳び箱：開脚跳びなどの部分的な動作）（鉄棒：前回り下がりなどの部分的な動作）	基本的な技（マット：前転、後転、開脚前転・後転、壁倒立、補助倒立など）（跳び箱：短い助走での開脚跳び、抱え込み跳び、台上前転など）（鉄棒：補助逆上がり、転向前下り、前方支持回転、後方支持回転など）	連続技や組合せの技
	5・6年生			
水泳系／水遊び	1・2年生	水に慣れる遊び（水かけっこ、水につかっての電車ごっこなど）	浮く・もぐる遊び（壁につかまっての伏し浮き、水中でのジャンケン、水中でのもぐりっこなど）	水につかってのリレー遊び、バブリング・ボビングなど
水泳運動	3・4年生	浮く運動（伏し浮き、背浮き、くらげ浮きなど）	浮く動作（けのび、伏し浮き）泳ぐ動作（補助具を付けてのバタ足、かえる足など）	補助具を使ったクロール、平泳ぎのストローク クロール、平泳ぎ
水泳運動	5・6年生		浮く動作（けのび、浮き沈みなど）泳ぐ動作（連続したボビングなど）	クロール、平泳ぎ
表現運動系／表現リズム遊び	1・2年生	その場での即興表現	まねっこ遊び（飛行機、遊園地の乗り物など）	リズム遊び（弾む、回る、ねじる、スキップなど）
表現運動	3・4年生	その場での即興表現	軽いリズムダンス、フォークダンス、日本の民踊の簡単なステップ	変化のある動きをつなげた表現（ロック、サンバなど）強い動きのある日本の民踊
表現運動	5・6年生			強い動きのある日本の民踊
雪遊び、氷上遊び、スキー、スケート、水辺活動		雪遊び、氷上遊び	スキー・スケートの歩行、水辺活動	スキー・スケートの滑走など
文化的活動		体力の必要な長時間の活動を除く文化活動	右の強い活動を除くほとんどの文化活動	体力を相当使って吹く楽器（トランペット、トロンボーン、オーボエ、バスーン、ホルンなど）、リズムのかなり速い曲の演奏や指揮、行進を伴うマーチングバンドなど
学校行事、その他の活動				

▶運動会、体育祭、球技大会、新体力テストなどは上記の運動強度に準ずる。
▶▶指導区分、"E"以外の児童の遠足、宿泊学習、修学旅行、林間学校、臨海学校などの参加について不明な場合は、学校医・主治医と相談する。
陸上運動系・水泳系の距離（学習指導要領参照）については、学校医・主治医と相談する。

その他注意すること

§3. 子どもの慢性疾患

[2020年度改訂]

表3－4　学校生活管理指導表（中学・高校生用）（（公財）日本学校保健会）

氏名　　　　　　　　　男・女　　　年　月　日生（　）才　　　　中学校／高等学校　　　年　　組

①診断名（所見名）	②指導区分 要管理：A・B・C・D・E 管理不要	③運動クラブ活動 （　　）部 可（ただし、　　）・禁	④次回受診 （　）年（　）カ月後 または異常があるとき	医療機関 医　師　　　　　　印 　　年　月　日

[指導区分：A…在宅医療・入院が必要　B…登校はできるが運動は不要　C…軽い運動は可　D…中等度の運動まで可　E…強い運動も可]

体育活動		運動強度	軽い運動（C・D・Eは"可"）	中等度の運動（D・Eは"可"）	強い運動（Eのみ"可"）
運動領域等	＊体つくり運動（体ほぐしの運動、体力を高める運動）		仲間と交流するための手軽な運動、律動的な運動	体の柔らかさおよび巧みな動きを高める運動、力強い動きを高める運動、動きを持続する能力を高める運動	最大限の持久運動、最大限のスピードでの運動、最大筋力での運動
	器械運動（マット、跳び箱、鉄棒、平均台）		準備運動、簡単なマット運動、バランス運動、簡単な跳躍	簡単な技の練習、助走からの支持、ジャンプ・基本的な技（回転系の技を含む）	演技、競技会、発展的な技
	陸上競技（競走、跳躍、投てき）		基本動作、立ち幅跳び、負荷の少ない投てき、軽いジャンピング（走ることは不可）	ジョギング、短い助走での跳躍	長距離走、短距離走の競走、競技、タイムレース
	水泳（クロール、平泳ぎ、背泳ぎ、バタフライ）		水慣れ、浮く、伏し浮き、け伸びなど	ゆっくりな泳ぎ	競泳、遠泳（長く泳ぐ）、タイムレース、スタート・ターン
	球技　ゴール型（バスケットボール、ハンドボール、サッカー、ラグビー） ネット型（バレーボール、卓球、テニス、バドミントン） ベースボール型（ソフトボール、野球） ゴルフ		基本動作（パス、シュート、ドリブル、フェイント、リフティング、トラッピング、スローイング、キャッチング、ハンドリングなど） 基本動作（パス、サービス、レシーブ、トス、フェイント、ストローク、ショットなど） 基本動作（投球、捕球、打撃など） 基本動作（軽いスイングなど）	基本動作を生かした簡易ゲーム（ゲーム時間、コートの広さ、用具の工夫などを取り入れた連携プレー、攻撃・防御） 基本動作を生かした簡単な技・形の練習 クラブで球を打つ練習	簡易ゲーム・ゲーム・競技・応用練習 試合・競技 応用練習、試合
	武道（柔道、剣道、相撲）		礼儀作法、基本動作（受け身、素振り、さばきなど）	基本動作を生かした簡単な技・形の練習	応用練習、試合
	ダンス（創作ダンス、フォークダンス、現代的なリズムのダンス）		基本動作（手ぶり、ステップ、表現など）	基本動作を生かした動きの激しさを伴わないダンスなど	各種のダンス発表会など
	野外活動（雪遊び、氷上遊び、スキー、スケート、キャンプ、登山、遠泳、水辺活動）		水・雪・氷上遊び	スキー、スケートの歩行やゆっくりな滑走平地歩きのハイキング、水に浸かり遊ぶなど	登山、遠泳、潜水、カヌー、ボート、サーフィン、ウインドサーフィンなど
文化的活動			体力の必要な長時間の活動を除く文化活動	右の強い活動を除くほとんどの文化活動	体力を相当使って吹く楽器（トランペット、トロンボーン、オーボエ、バスーン、ホルンなど）、リズムの速い曲の演奏や指揮、行進を伴うマーチングバンドなど
学校行事、その他の活動			▶運動会、体育祭、球技大会、新体力テストなどは上記の運動強度に準ずる。 ▶指導区分、"E"以外の生徒の遠足、修学旅行、林間学校、臨海学校、野外活動などの参加について不明な場合は学校医・主治医と相談する。		

その他注意すること

30　第3章　学校での疾病予防と健康増進

§4．学校での感染症

　学校保健安全法施行規則では，学校においてとくに予防すべき感染症を，3種に分類して，出席停止期間の基準を定めている（表3-5）。

1．第　一　種

　「感染症の予防及び感染症の患者に対する医療に関する法律」（以下，感染症法）の第6条に規定される**一類感染症**および**結核を除く二類感染症**である。疾患そのものが重症な感染症なため，患者本人の生命が危険にさらされるほか，第三者への感染力が強い。診断した医師は直ちに保健所へ届け出なければならない。学校への出席停止の期間は，隔離先病院の主治医が決定する。

2．第　二　種

　第一種に属する感染症ほど重病ではなく，その多くは短期間の治療で完治する疾患である。しかし，児童生徒らに罹患者が多く，学校生活で流行を広げる可能性が高いため，出席停止の期間が決められている。以下，第二種のなかから主な4疾患を解説する。

1）インフルエンザ〔influenza〕

　このウイルスは毎年その型を変化させる。そのため予防接種は，流行するウイルスを予測して，そのワクチンを製造する。予測があたった場合は効果が高いが，はずれるとその効果は減少してしまう。また，ワクチン接種からその効果が現れるまで通常約2週間程度必要とし，重症化の予防に有効な免疫レベルの持続期間はおよそ5か月といわれている。そのためウイルスが適合しても，どの時期に接種したのかが効果に影響を与える。

　普通のかぜとインフルエンザは，症状に多少の類似性があるものの，疾病としてはまったく違う。インフルエンザは**インフルエンザウイルス**による感染症で，鼻，咽頭，喉頭，気管支などを標的臓器とする。急に発症する38℃以上の発熱，頭痛，関節痛，筋肉痛などに加えて，咽頭痛，鼻汁，咳などの症状がみられる。大多数の人はとくに治療を行わなくても1〜2週間で自然治癒するが，乳幼児，高齢者，基礎疾患をもつ人は，気管支炎，肺炎などを併発したり基礎疾患の悪化を招いたり，まれに脳症，心筋炎などを続発したりして，最悪の場合死に至ることもある。学校保健安全法施行規則では，「発症した後5日を経過し，かつ，解熱した後2日（幼児にあっては3日）を経過するまで」をインフルエンザによる出席停止期間としている。なお，2003（平成15）年前半に，アジアを中心に流行したSARS（重症急性呼吸器症候群）はSARSコロナウイルスによる感染症であり，インフルエンザとは異なる。また，2013（平成25）年3月末から中国での鳥インフルエンザA（H7N9）の発生が報告されているが，これはA型インフルエンザウイルス（H7N9亜型）によるヒトへの感染症である。一般に，鳥インフルエンザは，鳥類がかかる病気で，ヒトが感染することもあるが，その患者から別のヒトに感染することは通常ない。し

表 3 － 5 　 学校における感染症にかかっている者についての出席停止の基準

平成 27 年（'15）　 4 月現在

種　　　　類	特　　徴	出席停止の期間の基準	そ　　の　　他
第一種　エ ボ ラ 出 血 熱 クリミア・コンゴ出血熱 痘　　　　　そ　　　　　う 南 米 出 血 熱 ペ　　　　　ス　　　　　ト マ ー ル ブ ル グ 病 ラ　ッ　サ　熱 急 性 灰 白 髄 炎 ジ フ テ リ ア 重症急性呼吸器症候群 （SARSコロナウイルス） 中東呼吸器症候群 （MERSコロナウイルス） 特定鳥インフルエンザ （H5N1およびH7N9）	感染症の予防及び感染症の患者に対する医療に関する法律第 6 条に規定する一類感染症および二類感染症とする	第一種の感染症にかかつた者については，治癒するまで	第一種若しくは第二種の感染症患者のある家に居住する者又はこれらの感染症にかかつている疑いがある者については，予防処置の施行の状況その他の事情により学校医その他の医師において感染のおそれがないと認めるまで。 第一種又は第二種の感染症が発生した地域から通学する者については，その発生状況により必要と認めたとき，学校医の意見を聞いて適当と認める期間。 第一種又は第二種の感染症の流行地を旅行した者については，その状況により必要と認めたとき，学校医の意見を聞いて適当と認める期間。
第二種　インフルエンザ （特定鳥インフルエンザ（H5N1およびH7N9）を除く） 百　　　日　　　咳 麻　　　　　　　　　疹 流 行 性 耳 下 腺 炎 風　　　　　　　　　疹 水　　　　　　　　　痘 咽 頭 結 膜 熱 結　　　　　　　　　核 髄膜炎菌性髄膜炎	飛沫感染するもので，児童生徒等の罹患が多く，学校において流行を広げる可能性が高い感染症とする	第二種の感染症（結核及び髄膜炎菌性髄膜炎を除く）にかかつた者については，次の期間。ただし，病状により学校医その他の医師において感染のおそれがないと認めたときは，この限りでない イ　インフルエンザ（特定鳥インフルエンザ（H5N1およびH7N9）を除く）にあつては，発症した後 5 日を経過し，かつ，解熱した後 2 日（幼児にあつては 3 日）を経過するまで ロ　百日咳にあつては，特有の咳が消失するまで又は 5 日間の適正な抗菌性物質製剤による治療が終了するまで ハ　麻疹にあつては，解熱した後 3 日を経過するまで ニ　流行性耳下腺炎にあつては，耳下腺，顎下腺又は舌下腺の腫脹が発現した後 5 日を経過し，かつ，全身状態が良好になるまで ホ　風疹にあつては，発疹が消失するまで ヘ　水痘にあつては，すべての発疹が痂皮化するまで ト　咽頭結膜熱にあつては，主要症状が消退した後 2 日を経過するまで	校長は，学校内において，感染症にかかつており，又はかかつている疑いがある幼児，児童，生徒，又は学生を発見した場合において，必要と認めるときは，学校医に診断させ，法第 19 条の規定による出席停止の指示をするほか，消毒その他適当な処置をするものとする。 校長は，学校内に，感染症の病毒に汚染し，又は汚染した疑いがある物件があるときは，消毒その他適当な処置をするものとする。 学校においては，その附近において，第一種又は第二種の感染症が発生したときは，その状況により適当な清潔方法を行うものとする。
第三種　コ　レ　ラ 細 菌 性 赤 痢 腸管出血性大腸菌感染症 腸 チ フ ス パ ラ チ フ ス 流 行 性 角 結 膜 炎 急 性 出 血 性 結 膜 炎 そ の 他 の 感 染 症	学校教育活動を通じ，学校において流行を広げる可能性がある感染症とする	結核，髄膜炎菌性髄膜炎及び第三種の感染症にかかつた者については，病状により学校医その他の医師において感染のおそれがないと認めるまで	

（注）　感染症の予防及び感染症の患者に対する医療に関する法律（平成 10 年法律第 114 号）第 6 条第 7 項から第 9 項に規定する新型インフルエンザ等感染症，指定感染症及び新感染症状は，上記の規定にかかわらず，第一種の感染症とみなす。
（資料）　学校保健安全法施行規則などにより作成

かし，ウイルスが遺伝子変異を起こしてヒトからヒトへと感染する能力を獲得し，ヒトーヒト間で持続的な感染が起こるようになった場合，新型インフルエンザと呼ばれるようになる。現在のところ他の鳥インフルエンザ（たとえば，鳥インフルエンザ（H5N1））のように，家族など濃厚接触者間のみでの限定的なヒトーヒト感染が報告されている。（「4．その他」を参照）

2）麻　疹〔はしか，measles〕

2007（平成19）年の春，日本の10，20歳代の若者の間で流行した。感染力が強く，高熱（二峰性発熱）と全身の皮膚の発疹，目・鼻・口内粘膜（コプリック斑）の炎症，気道症状などを合併する。予防法はワクチンの接種だけである。接種の有無は「母子健康手帳」で確認できるが，1回の接種では5％程度に免疫がつかない人がいる。免疫を確実にするには2回の接種が必要である。しかし，2回接種が始まったのは2006（平成18）年度からである。発病歴や接種歴が不明だったり，免疫があるかどうか心配な場合は，医療機関で免疫の有無を調べる抗体検査を実施し，免疫がなければワクチンを接種する。学校保健安全法施行規則では，「解熱した後3日を経過するまで」を麻疹による出席停止期間としている。詳細は，厚生労働省「麻しん（はしか）に関するQ＆A」（HP：http://www.mhlw.go.jp/seisakunitsuite/bunya/kenkou_iryou/kenkou/kekkaku-kansenshou/measles/index.html：2017年7月現在）を参照。

3）風　疹〔rubella〕

風疹ウイルスによって起こる急性の発疹性感染症で，流行は春先から初夏にかけて多くみられる。潜伏期間は2〜3週間（平均16〜28日）で，主な症状として発疹，発熱，リンパ節の腫れが認められる。ウイルスに感染しても明らかな症状が出ることがないまま免疫ができる（不顕性感染）人が15〜30％程度いる。一度かかると，大部分の人は生涯風疹にかかることがない。風疹の症状は子どもでは比較的軽いが，まれに脳炎，血小板減少性紫斑病などの合併症が，2,000人から5,000人に1人くらいの割合で発生することがある。とくに，妊娠初期の女性が風疹に感染すると，胎児が風疹ウイルスに感染し，難聴，心疾患，白内障，そして精神や身体の発達の遅れ等の障がいをもった新生児が生まれる可能性がある。これらの障がいを**先天性風疹症候群**といい，先天性風疹症候群をもった新生児がこれらすべての障がいをもつとは限らず，これらの障がいのうちの1つか2つのみをもつ場合もあり，気づかれるまでに時間がかかることもある。風疹ウイルスは患者の飛まつ（唾液のしぶき）などによってほかの人に感染する。発疹の出る2〜3日前から発疹が出たあとの5日くらいまでの患者は感染力がある。学校保健安全法施行規則では，「発疹が消失するまで」を風疹による出席停止期間としている。詳細は，厚生労働省「風疹Q＆A」（HP：http://www.mhlw.go.jp/seisakunitsuite/bunya/kenkou_iryou/kenkou/kekkaku-kansenshou/rubella/：2017年7月現在）を参照。

4）結　　核〔tuberculosis〕

　結核菌によって主に肺に炎症を起こす病気であり，重症の結核患者の咳などで結核菌が飛び散り，まわりの人がそれを直接吸い込むことで感染する。ただし，結核に感染しても必ず発病するわけではなく，通常は免疫により結核菌の増殖を抑え込む。免疫により結核菌の増殖を抑えきれなくなると結核は発病する。

　明治時代から昭和20年代までは「国民病」と恐れられ，年間死亡者数が十数万人に及び，死亡原因の第1位だった。しかし，その後は医療や生活水準の向上により，患者数は減少を続けてきた。ところが1977（昭和52）年，新規発生患者数が38年ぶりに増加に転じ，1999（平成11）年，結核緊急事態宣言が出された。

　結核の初期症状はあまりはっきりせず，咳や痰が2週間以上続いたり，からだの具合がよくなったと思ったらまた悪化したりする。注意をしていればそれほど怖がる必要はないが，抵抗力の弱い赤ちゃんは，感染すると重症になりやすく，生命を危ぶむことすらある。予防するためにはBCG接種を受けることになる。現在，乳幼児へのツベルクリン反応検査は廃止され，BCGは直接接種となっている。一生のうち一度だけ，生後6か月までに受診することになる。

　結核と診断されても，6か月間毎日きちんと薬を服用（直接服薬確認療法）すれば治癒する。しかし，症状が消えても，治療の途中で服薬を止めてしまえば治らず，それどころか，菌は耐性菌となり，時には薬がまったく効かない多剤耐性菌になることになる。途中で止めず，決められた期間，服用することが大切である。学校保健安全法施行規則では，「病状により学校医その他の医師において感染のおそれがないと認めるまで」を結核による出席停止期間としている。

3．第　三　種

　罹患することが第二種ほど多くはなく，出席停止も本人だけの実施となる。このなかの「その他の感染症」とは，以前は学校感染症に規定されていたが頻度が非常に低くなったため削除された皮膚疾患や，医学の発達によって新しく発見されたもの，あるいは見直されたものである。例をあげると，伝染性紅斑，溶連菌感染症，マイコプラズマ感染症，手足口病，ヘルパンギーナ，伝染性膿痂疹，伝染性軟属腫，疥癬，アタマジラミ，蟯虫症などである。

4．そ　の　他

　2006（平成18）年，「感染症法」第6条第7項から第9項までに規定する新型インフルエンザ等感染症，指定感染症及び新感染症は，前項の規定にかかわらず，第一種の感染症とみなすように改正された。

§5．感染症予防の原則

　感染症の成立の必要条件は，**感染源，感染経路，感受性者**の３つであり，そのひとつでも欠けると感染症は成立しない。したがって，この３つに適切な対策を実施すれば感染症は阻止できる。これを**感染症予防の三原則**という。

1．学校での感染源対策

　学校保健安全法施行令に基づいて，感染源となる患者や保菌者，あるいは感染源となるおそれのある者に対して，**出席停止**の措置をとることである。

　① **第一種**　　いわゆる「感染症法」に規定されている一類感染症（７疾患）と結核を除く二類感染症（５疾患）を合わせた12疾患は，治癒するまで出席停止となる。

　② **第二種**　　飛沫感染により伝播し，児童生徒の罹患が多く，学校において流行を広げる可能性が高い疾患で，このうち結核および髄膜炎菌性髄膜炎を除く７疾患は，学校保健安全法施行規則にて，出席停止の期間の基準（第19条）が定められている。ただし，学校医その他の医師が予防上支障がないと認めたときは，第19条の規定より早めに出席させてもよい。

　③ **第三種**　　学校教育活動を通じて，学校において広がる可能性のある感染症（７疾患とその他の感染症）であり，症状により学校医その他の医師が感染のおそれがないと認めるまで出席停止となる。

　また，第一種，第二種の感染症患者の同居する児童生徒や感染症にかかっている疑いがある者は，予防処置の施行の状況その他事情により，学校医その他の医師が伝播のおそれがないと認めるまで出席停止となる。さらに，感染症の発生した地域から通学する者や流行地を旅行した者については，その状況により必要と認めたときは，学校医の意見を聞いて適当と認める期間が出席停止となる。これらの措置は，学校長の権限で行われる（表3-5参照）。

2．学校での感染経路対策

　感染経路対策は，感染経路の遮断によって病原体の伝播を防ぐことである。学校では，伝播の場の閉鎖を意味し，この閉鎖は学校の設置者の権限で行われる休業で，一部が閉鎖されることを**学級閉鎖**，全部が閉鎖されることを**学校閉鎖**という。

　学校でこの措置がとられるのは，その多くはインフルエンザの流行時で，児童生徒の欠席率がいつもより急に高くなったときや，インフルエンザ様症状を示す者が急に増加したときである。ただし，欠席率や有病者の増加については何パーセントとか何名以上という基準はなく，また，休業期間についても何日という基準はない。疫学的には最低５日は必要といわれている。学級閉鎖の場合は，担任教師や養護教諭，保健主事などからの情報，学校医やその他の医師からの意見や指導が必要であり，学校閉鎖の場合は，さらに地域の感染症サーベイランス情報や感染症の種類とその疫学的事項が判断の材料となる。

このほか，学校保健安全法施行規則には，感染症にかかって，またはかかっている疑いのある者を発見した場合，必要ならば学校長は学校医に診断させ，出席停止を指示するほか，消毒その他適当な処置をすることが決められている。これは，感染経路対策でもあるが，一部は感染源対策でもある。

3．学校での感受性者対策

感受性者とは，病原体の受け皿となる人，つまり学校においては児童生徒である。ワクチンの開発されている感染症については，予防接種で免疫を付与するが，開発されていない感染症の予防には，「よく食べ，よく動き，よく眠る」…いわゆる**健康三原則**〔栄養・適度な運動・休養（睡眠）〕が基本となる。なお，予防接種の定期および任意のスケジュールの詳細は，国立感染症研究所感染症情報センター（HP：http://www.niid.go.jp/niid/ja/rubella-preschedule.html：2018年8月現在）を参照。

§6．学校における歯科保健

学校歯科保健は学校保健の一部分で，歯や口腔の健康を保健教育という教育面と保健管理という管理面との2つの面から取り扱っていくものである。超高齢社会の下，学校での幼児・児童生徒・学生の健康保持はもちろん，学校卒業後，生涯の自分の健康を保持する正しい生活習慣の育成が大切である。1989（平成元）年に始まった**8020運動**[6]（80歳で20歯以上を保とう）や「**生きる力**」[7]からも，学校歯科保健活動が注目されている。

1．学校歯科保健の現状
1）むし歯（う歯，う蝕）被患率（有病率）

2019（令和元）年では，12歳（中学1年生）における永久歯の1人あたりの平均むし歯数は，男子0.63歯，女子0.77歯，男女合計0.70歯となっている[8]。さらに，未処置歯のある者は，男子13.16％，女子12.98％，男女合計13.07％となっている。減少傾向にあるものの，欧米諸国先進国と比べると，まだ2〜3倍多い。

2）むし歯被患率の推移

1974（昭和49）年には幼稚園から高校まで90％以上であったが，その後，減少し，2019（令和元）年では，幼稚園30％台，小学校40％台，中学校30％台，高等学校40％台となっている[8]。

3）歯肉炎有病率

2016（平成28）年で歯周病有病者（4mm以上のポケットがある者）は，15〜19歳で6.1％である[9]。学年が上がるに従って増加し，小学校6年生（11歳）では30％，中学校2年生（14歳）で50％の児童生徒が歯肉炎に罹っている[10]。大学生では歯肉炎・歯周炎

が 30.4 ％，歯ブラシ時歯肉出血は 55.3 ％という報告がある[11]。

4）不正咬合所有者

名古屋市の 16 の小学校と 4 の中学校における不正咬合所有者（仮に M），不正咬合要観察者（仮に MO）は，小学 6 年の男女計で MO 19.2 ％，M 18.0 ％，中学 2 年の男女計で MO 7.5 ％，M 33.3 ％であった[10]。2019（令和元）年では，歯列・咬合異常の被患率は，小～高等学校との 4～6 ％となっている[9]。

5）学校における安全・事故と歯科

1991（平成 3）年の幼稚園での歯・口腔・顔面の負傷では，顔面が 40.2 ％で一番多く，口 18.4 ％，歯 14.1 ％，あご 12.7 ％であった（根来，1995）[12]。また，顔部負傷の割合は，全体に対して，小学 1 年生 23.3 ％から学年とともに減少し，小学 6 年生では 11.0 ％であった（野々山，2012）[13]。

2．学校歯科保健教育

学校歯科保健教育は，学校保健教育で行われる。具体的には，学習指導要領および“「生きる力」を育む学校での歯・口の健康づくりの手引き”に基づいて実施されている[18]。

1）学習指導要領

① 体育科「保健領域」（小学校）・保健体育科「保健」（中学校）・「科目保健」（高等学校）
② その他関連する教科等における保健の学習（生活科，理科，家庭科，技術・家庭科，道徳等）
③ 特別活動おける保健の学習（学級・ホームルーム活動，児童会・生徒会活動，クラブ活動，学校行事等）
④ 総合的な学習（探求）の時間における健康・福祉に関する学習
⑤ 日常生活のおける指導および児童・生徒の応じた個別指導

学習指導要領（2017.7）おいて，**小学校**では体育科「保健領域」（G 保健）6 年で，「（3）ア病気の予防について理解すること，（略）（ウ）生活習慣病などの生活習慣が主な要因となって起こる病気には，栄養の偏りのない食事をとること，**口腔の衛生**を保つこと，望ましい生活習慣を身に付ける必要があること」との内容が示されている。その「解説」[14]では，「（ウ）生活習慣が主な要因となって起こる病気の予防」で，「**むし歯や歯ぐきの病気**などを適宜取り上げること」，「**口腔の衛生**を保ったりすること」が例示されている。

中学校では，保健体育科保健分野の内容で，「（1）ア健康な生活と疾病の予防について理解を深めること」において生活習慣病の多くは予防できること，その「解説」[15]では，「生活習慣病は，（略）適切な対策を講じることにより予防できる，例えば心臓病，脳血管疾患，**歯周病**など」と例示されている。

また，**高等学校**（2018.7）では，改訂前では歯周病が例示されていたが，より若い年代

からの指導充実のために中学校で取り扱うことになった。大綱的に示されているから引き続き生活習慣病の中で指導される[16,17]。

体育・保健体育以外に関連する教科として，理科「体のつくりと働き」や家庭科「食生活と健康」，特別活動や総合的な学習での保健の学習，そして，日常生活における保健指導および児童生徒の実態に応じた個別指導が行われる。総合的な学習では，例えば WHO データバンクの 12 歳のう歯数を用いて国際理解，国の健康格差を説明，表現，主体的に学ぶことができる。

歯・口の健康づくりは「むし歯予防・歯みがき」から，「口腔衛生：生活習慣の改善・健康づくり」へ向けて，小学校，中学校，高等学校と連携して歯科保健教育が行われるのが肝要である。う歯や歯周病の予防・改善は，自ら目に見てわかり，生活習慣を知る（図3-2），考える，判断する，表現する，主体的に学ぶによい教材である。

2）「生きる力」を育む学校での歯・口の健康づくり（日本学校保健会 2020.2）

本手引きは，文部省「歯の保健指導の手引き（1978, 1992）」，それを引き継いだ文部科学省「生きる力をはぐくむ学校での歯・口の健康づくり（2005, 2011）」を，学習指導要領改訂に合わせて，日本学校保健会が 2020 改訂したものである[7]。学校における歯・口の健康づくりの意義・理論，歯科健康教育と歯科健康管理の実際や組織活動についての手引き書として作成されている。

3．学校歯科保健管理
1）歯・口腔の健康診断と事後措置

① **歯・口腔の健康診断**　歯の健康診断は，1995（平成 7）年 4 月より，「児童生徒健康診断票（歯・口腔）」（小中学校用），「生徒学生健康診断票」（高等学校用），および「幼児健康診断票」の 3 種類で行われている。なお，就学児用の第 1 号様式はそのまま用いられている。そのポイントは，①顔面全体も注意，②健康・要観察・要治療と区別，③未処置歯はすべて C，④ CO（要観察歯）[19] や GO（歯周疾患要観察者）[19] を導入などである。

② **歯・口腔の健康診断の事後措置**　学校保健安全法第 14 条により，健康診断の結果から事後措置がとられる。歯・口腔ではそのうち予防処置と治療の指示がある。

　a．予防処置：1935（昭和 10）年に予防処置の内容が示された。しかし，現在ではフッ化物の応用（塗布・洗口），小窩裂溝填塞，鍍銀法（フッ化ジアンミン銀），スケーリングが相当する。なお，日本学校歯科医会では，治療の指示を重視している（1963.9）。

　b．治療の指示：治療の指示書によって治療が勧告される。なお，CO，GO は家庭連絡[19] はしても，治療の指示をしない。

③ **「学校病」と医療費の援助**　要保護・準要保護の児童生徒については，学校保健安全法第 24 条により指定されている疾病に限り，医療費の援助（医療券の交付）が行われる。この疾病は"学校病"と呼ばれ，むし歯を含め 6 種のものが定められている。

〔政令で定められている疾病の種類（令第 7 条）〕

　①トラコーマ及び結膜炎，②白癬，疥癬及び膿痂疹，③中耳炎，④慢性副鼻腔炎及び

アデノイド，⑤う歯（保険診療で認められるもの），⑥寄生虫病（虫卵保有を含む）

2）歯の健康相談

歯の健康相談は学校医，学校歯科医による**健康診断型**と担任，養護教諭による**カウンセリング型**と２つある。歯科の健康相談を行う子どもとしては以下があげられる[18]。①たびたび歯が痛む子，②たびたび歯肉が腫れる子，③たびたび口内炎になる子，④たびたび口角炎になる子，⑤歯肉から出血する子，⑥不正咬合がめだつ子，⑦不正咬合が予想される子，⑧衝突して前歯を折った子。

3）保健調査と健康観察

歯科ではあごの状況も含めた保健調査が行われている[19]。健康観察は，担任，教科担任，養護教諭，児童生徒がそれぞれの立場で観察するものである。

4）学校歯科保健活動の展開

① **CO指導の追跡**　1994（平成6）年の恵那市（岐阜県）では小学校においてCOがCOのまま1年後で42％，2年後で34％，健全となったもの1年後で34％，2年後40％であった。その後，2006（平成18）年に同様な調査が行われ，COのままは，1年後55％，2年後53％であった[20]。

② **フッ化物洗口**＊2　近年，学校の保健管理の一環としてフッ化物洗口を実施している学校が増えてきている。2018（平成30）年3月末で47都道府県14,158施設（保育所・幼稚園8,095校，小学校4,861校，中学校1,112校，特別支援学校90校），合計人数1,526,857名となっている[21]。

＊2　**フッ化物洗口**：フッ化物の水溶液を用いて洗口することで，う蝕予防となる。①毎日法（週5～6回法）：F；225 ppm（市販品250 ppm）や②週一法（週1回法）：F；450,900 ppmがあり，4，5歳児の洗口には，225（250）ppm毎日法が用いられる。ある小学校効果例：むし歯抑制率は歯52.3％，歯面43.6％[22]。2003（平成15）年，厚生労働省歯科保健課より文部科学省スポーツ・青少年局学校健康教育課に「フッ化物洗口ガイドラインについて」[23]が事務連絡されている。2018年より，セルフケアとしてのフッ化物洗口液が市販されている。

③ **むし歯のリスクテスト（う蝕活動性試験）**　むし歯のリスクテストにはう蝕活動性試験がある[18]。主な市販テスト[18]には，RDテスト〈R〉，Cariostat〈R〉，ミューカウント〈R〉，Dentcult-SM〈R〉，シーエーティ21（CAT 21）〈R〉などがある。

④ **生活習慣チェックを中心とした学校歯科保健活動例**　岐阜県多治見市では，「う歯」，「歯肉炎」，「歯垢沈着」の3つの指標からみる「お口の健康づくり点数票」＊)を作成し，指導に用いている（図3-1）。その後，高校生を対象にした「高校生歯・口腔の健康づくり得点」の開発が報告されている[24]。

⑤ **デンタルフロスの指導とその意味**　歯ブラシのみの歯口清掃が指導では，歯と歯の間の歯の面（隣接面）の清掃は40％に止まる。歯肉炎はその隣接部の歯垢沈着が原因で発生するため，その部はデンタルフロスの使用が不可欠である。

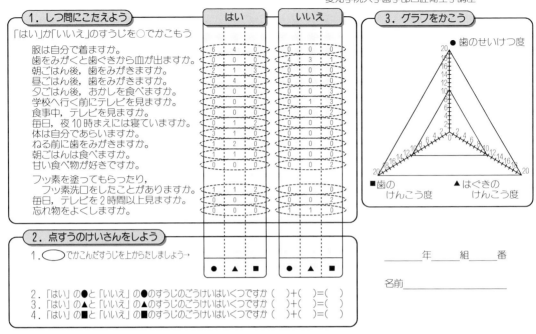

図3—1　小学校高学年用「お口の健康づくり得点」チェック票

(*各務和宏ほか：児童生徒用歯の生活習慣セルフチェック票,「お口の健康づくり得点」の作成, 学校保健研究, **48**(3), 245～259, 2006)

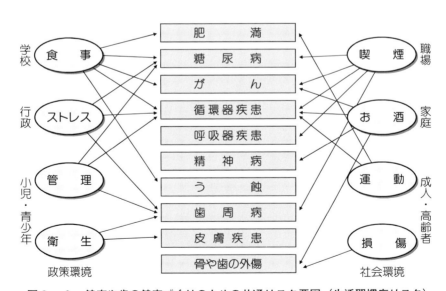

図3—2　健康や歯の健康づくりのための共通リスク要因（生活習慣病リスク）
(Sheiham A., Watt RG., *Community Dent Oral Epidemiol*, **28**, 399～406, 2000
Watt RG：Bulletion of the World Health Organization, **83**, 771～718, 2005)

40　第3章　学校での疾病予防と健康増進

⑥ **歯科保健指導とむし歯予防のエビデンス**　　歯ブラシ指導だけで（しかも歯磨き剤使用なし）はむし歯予防のエビデンスが乏しい。①歯ブラシ指導，に加え，②フッ化物指導（フッ化物配合歯磨剤，フッ化物洗口など）と③砂糖を含む間食指導の3つが同時に指導されて，エビデンスのある歯科保健指導となる。

⑦ **生活習慣病リスク（共通生活習慣）と保健指導**　　健康や疾病の生活習慣は，歯科以外のいろいろの共通の生活要因がかかわっている（図3-2）。新学習指導要領にも取り入れられた[14-16]。

⑧ **新型コロナウイルス感染予防と学校における歯みがきとフッ化物洗口の指導**（次のホームページ参照）

　　1，日本学校歯科医会：新型コロナウイルス感染予防のための給食後の歯みがきスタイル指導　https://www.nichigakushi.or.jp/news/pdf/hamigaki_style_01_A4.pdf（2021.5.17）

　　2，日本口腔衛生学会：新型コロナウイルス緊急事態宣言下における集団フッ化物洗口の実施について　https://www.nichigakushi.or.jp/news/pdf/koukuueiseigakkai.pdf（2021.5.17）

4．歯科（口腔）保健の課題

　歯や口腔は歯科（口腔）保健教育の生きた教材で，しかも身近で生活習慣と関係がある。また，保健学習や保健指導はエビデンスに基づく教育指導が必要である。さらに，ユネスコのフォール報告（邦訳「未来の学習」）（1972）でいう，知識を学ぶこと（learning to have）から，一生を通じて学ぶこと（learning to be）[25]および新学習指導要領（2017.3公示）「主体的・対話的で深い学び」[14-16]のように，児童生徒・学生が自ら学ぶ態度の育成が肝要である。そして，共通生活習慣の指導を通して，歯科を含む関係者が協力し，学校保健と青少年保健，成人保健との結びつきをどのように行っていくかが今後の課題といえる。

●引用文献●

1）斎藤　環：社会的ひきこもり　終わらない思春期，PHP研究所，1998
2）Kanner, L.：Autistic disturbances of affective contact, *Nervous Child*, **2**, 1943, 217〜250
3）齋藤万比古・原田　謙：反抗挑戦性障害，精神科治療学，**14**，1999，153〜159
4）日本小児心身医学会編：くり返す子どもの痛みの理解と対応ガイドライン（改訂版），南江堂，2015
5）小林穂高：過敏性腸症候群の診かた　それぞれの診療科の立場から　小児科，治療，**94**，2012，419〜426
6）水野照久ほか：80歳で20歯以上保有するための生活習慣，日本公衛誌，**40**，1993，189〜195
7）文部省：小学校歯の保健指導の手引（改訂版），東山書房，1992
　　（日本学校保健会：「生きる力」を育む学校での歯・口の健康づくり（令和元年改訂），2020）
8）文部科学省：令和元年度学校保健統計調査報告書，2020，pp.18〜22，47〜57，112，164
9）厚生労働省：平成28年歯科疾患実態調査報告結果の概要（別添），2017，p.21，
　　https://www.mhlw.go.jp/toukei/list/dl/62-28-02.pdf（2021.5.16）
10）名古屋市教育委員会・名古屋市学校歯科医会：1998（昭和63）年名古屋市歯科疾患特別検診報告書（CO，GO，MOの学校現場への導入とその対応），1989

11）古川絵理華ほか：大学歯科健診後の口腔の健康に対する関心と自覚症状—歯科健診を実施しているＡ大学での調査，社会歯科学雑誌，**11**（2），2019，3〜14

12）根来武史：幼稚園，保育所における歯科保健指導と安全教育について，第59回全国学校歯科保健研究大会要項，1995，pp.111〜115

13）野々山順也ほか：小学生の顔部負傷の特徴，学校保健研究 54 Suppl.，2012，p.321

14）文部科学省：小学校学校指導要領（平成29年告示）解説 体育編，東山書房，2018，p.157，p.209

15）文部科学省：中学校学習指導要領（平成29年告示）解説 保健体育編，東山書房，2019，p.211，p.286

16）文部科学省：高等学校学習指導要領（平成30年告示）解説 保健体育編，東山書房，2019，p.199

17）根岸　淳：教育課程への位置づけ，教科等における進め方，日本学校歯科医会会誌129，2021，27〜31

18）中垣晴男ほか編：臨床家のための社会歯科学（5版），永末書店，2012，pp.294〜295，346〜375

19）日本学校歯科医会：学校歯科医の活動指針，2015

20）佐々木晶浩ほか：1987年と2006年におけるＥ市小中学生 CO の継時的推移の比較，口腔衛生会誌，**61**，2011，501

21）厚生労働省：各都道府県におけるフッ化物洗口の実施状況について（平成30年度），2018，https://www.mhlw.go.jp/content/000711481.pdf（2021.5.16）

22）外山敦史：小学校におけるフッ化物洗口の有無による中学校生徒のう蝕経験，口腔経験，口腔衛生会誌，**49**（5），1999，761〜770

23）厚生労働省医政局長・健康局長（通知）：フッ化物洗口ガイドラインについて，2003.1.14

24）外山恵子ほか：「高校生歯・口腔の健康づくり得点」の作成，学校保健研究，**49**，2007，199〜208

25）西岡正子：ユネスコと生涯学習，遠藤克弥監修：新教育事典，勉誠出版，2002，pp.448〜451

●参考文献●

・学校保健・安全実務研究会編：学校保健実務必携新訂版，第一法規，2006

・文部科学省スポーツ・青少年局学校健康教育課監修：児童生徒の健康診断マニュアル（改訂版），日本学校保健会，2006

・川崎憲一：子どもに多い感染症，ぎょうせい，1984

・奈須正裕：「新教育課程」ポイント理解2，よくわかる小学校・中学校新学習指導要領全文と要点解説，教育開発研究所，2017

第4章

学校保健管理

> ❖ ポイント
> 1．学校における保健管理の進め方について，従来の考え方や法令に規定された活動内容を理解する。
> 2．各学校の実情に即した創意工夫のある保健管理を展開するための考え方を得る。
> 3．家庭における保健管理が，学校保健管理に対して及ぼす影響について理解する。

§1．学校保健管理の目的と達成

学校保健管理の目的は，学校における保健管理および安全に関して定められた必要な事項に基づいて，児童生徒等および職員の健康の保持増進をはかり，学校教育の円滑な実施とその成果の確保に資することにある（学校保健安全法第1条）。

この目的を効果的に達成するには，児童生徒，職員ら，人を対象とした主体の**健康管理**，それを取り巻く校地，施設，校具などを対象とした**環境管理**，またそこで展開される生活行動を対象とした**生活管理**，この3大別それぞれの現状把握，評価とそれに基づいた措置をとらなければならない。この保健管理活動を十分に機能させることが効率的な学校経営につながる。

「健康管理」の主な内容としては，**健康診断**の実施と評価，**事後措置，疾病や傷害の予防，事故防止**などがある。これらの活動を積極的に推進することが学校に在籍する者の健康を保持増進し，教育の成果を最大限に確保することにつながっていく。これは，保健管理の機能を高めていくうえで根幹となるものである。

「環境管理」は，教育の場の学校環境を整え，健康の保持増進，学習効率の向上と傷害防止を目的とするものである。環境衛生活動を積極的に実施することは，児童生徒に対して人間と環境のかかわりを考えさせる教育活動としてはきわめて有効な手段でもある。これは学校生活のみならず，その後の日常生活のなかでも，常に人間と環境とのかかわりを考え，快適で能率的な生活を営みながら疾病を予防していくための基礎を養わせることになる。

「生活管理」は，学校生活における管理と家庭生活における管理の両面があり，指導的側面が大きくなる。健康診断の結果や日常健康観察などから，学校における健康生活の状況把握やそれに基づく指導，また日課表や時間割の編成や検討なども必要となる。また，

表4－1　学校保健管理の領域分類と主な内容

領域分類		主な内容		運営ニュアンス	担当者
保健管理	環境管理	環境評価と改善	環境衛生検査	管理的	専門職員 学校医 学校歯科医 学校薬剤師 養護教諭 保健主事 学級担任
			安全点検		
			環境改善		
			環境維持と管理		
	主体管理 健康管理	健康・安全管理	健康診断と評価	管理的	
			健康の保持・増進		
			疾病・傷害の予防		
			事故防止		
	生活管理	校内・校外生活の管理と指導	学校における生活	指導的	
			家庭における生活		

（髙石昌弘・出井美智子編：学校保健マニュアル第5版，南山堂，2005，p.3を一部改変）

これとともに家庭において健康生活に取り組む姿勢の育成やその実践状況を継続的に把握し，保護者と連携しながら子どもたちの健康管理を進めていくことが必要となる。

§2. 健康診断

学校において実施される**健康診断**は，学校保健管理の中核をなすものであり，学校保健安全法および関連法規により定められている。

健康診断には，①就学時の健康診断，②児童生徒・学生・幼児の健康診断，③職員の健康診断の3種類があり，実施時期，実施主体は表4-2のように定められている。

表4 — 2　健康診断の種類

種　　類	実　施　時　期		実　施　主　体
就学時の健康診断	就学前4か月前まで		市区町村の教育委員会
児童，生徒，学生および幼児の健康診断	定期	毎年6月30日まで	学校長
	臨時	必要があるとき	
職員の健康診断	定期	学校の設置者が適宜に定める	学校の設置者
	臨時	必要があるとき	

(松岡弘編著：学校保健概論，光生館，2010，p.30 を一部改変)

1. 就学時の健康診断

健康の立場からみた教育の可能性の検討，および教育的立場から**就学予定者と保護者**に対して健康状態保持への注意を促す目的で行われる。

検査項目は以下の10項目であり，就学4か月前までに行われる。

①　栄養状態，②　脊柱の疾病および異常の有無，③　胸郭の異常の有無，

④　視力，⑤　聴力，⑥　眼の疾病および異常の有無，

⑦　耳鼻咽頭疾患の有無，⑧　皮膚疾患の有無，

⑨　歯および口腔の疾病および異常の有無，⑩　その他の疾病および異常の有無

2. 児童生徒，学生，幼児の健康診断

児童生徒，学生，幼児の健康診断の検査項目と実施学年は表4-3のように定められ，毎年6月30日までに行うものとされている。また，健康診断を行ったときは**健康診断票**を作成する。進学，転学などの場合にはその先の学校長に健康診断票および歯の検査票を送付しなければならない。健康診断票の保存期間は5年間とされている。

健康診断は，児童生徒の健康状態の把握を行う**管理的意義**と診断結果を活用する**教育的意義**の両面がある。

§2. 健康診断　45

表4－3　定期健康診断の検査項目と実施学年　平成28年（'16）4月現在

項　目	検査・診察方法	発見される疾病異常	幼稚園	小学校						中学校			高等学校			大学
				1年	2年	3年	4年	5年	6年	1年	2年	3年	1年	2年	3年	
保健調査	アンケート		○	◎	◎	◎	◎	◎	◎	◎	◎	◎	◎	◎	◎	○
身　長		低身長等	◎	◎	◎	◎	◎	◎	◎	◎	◎	◎	◎	◎	◎	○
体　重			◎	◎	◎	◎	◎	◎	◎	◎	◎	◎	◎	◎	◎	○
栄養状態		栄養不良／肥満傾向・貧血等	◎	◎	◎	◎	◎	◎	◎	◎	◎	◎	◎	◎	◎	○
脊柱・胸郭 四肢 骨・関節		骨・関節の異常等	◎	◎	◎	◎	◎	◎	◎	◎	◎	◎	◎	◎	◎	△
視　力（視力表 裸眼の者 裸眼視力）		屈折異常，不同視等	◎	◎	◎	◎	◎	◎	◎	◎	◎	◎	◎	◎	◎	△
視　力（視力表 眼鏡等をしている者 矯正視力）			◎	◎	◎	◎	◎	◎	◎	◎	◎	◎	◎	◎	◎	△
視　力（視力表 眼鏡等をしている者 裸眼視力）			△	△	△	△	△	△	△	△	△	△	△	△	△	△
聴　力	オージオメータ	聴力障害	◎	◎	◎	◎	○	◎	○	◎	○	◎	◎	○	○	○
眼の疾病及び異常		感染性疾患，その他の外眼部疾患，眼位等	◎	◎	◎	◎	◎	◎	◎	◎	◎	◎	◎	◎	◎	○
耳鼻咽喉頭疾患		耳疾患，鼻・副鼻腔疾患／口腔咽喉頭疾患／音声言語異常等	◎	◎	◎	◎	◎	◎	◎	◎	◎	◎	◎	◎	◎	○
皮膚疾患		感染性皮膚疾患／湿疹等	◎	◎	◎	◎	◎	◎	◎	◎	◎	◎	◎	◎	◎	○
歯及び口腔の疾患及び異常		むし歯，歯周疾患／歯列・咬合の異常／顎関節症症状・発音障害	◎	◎	◎	◎	◎	◎	◎	◎	◎	◎	◎	◎	◎	△
結　核	問診・学校医による診察	結核		◎	◎	◎	◎	◎	◎	◎	◎	◎				
結　核	エックス線撮影												◎			◎（1学年入学時）
結　核	エックス線撮影 ツベルクリン反応検査 喀痰検査等			○	○	○	○	○	○	○	○	○				
結　核	エックス線撮影 喀痰検査・聴診・打診等												○			○
心臓の疾患及び異常	臨床医学的検査 その他の検査	心臓の疾病／心臓の異常	◎	◎	◎	◎	◎	◎	◎	◎	◎	◎	◎	◎	◎	◎
心臓の疾患及び異常	心電図検査		△	◎	△	△	△	△	△	◎	△	△	◎	△	△	△
尿	試験紙法 蛋白等	腎臓の疾患	◎	◎	◎	◎	◎	◎	◎	◎	◎	◎	◎	◎	◎	△
尿	糖	糖尿病	△	◎	◎	◎	◎	◎	◎	◎	◎	◎	◎	◎	◎	△
その他の疾患及び異常	臨床医学的検査 その他の検査	結核疾患　心臓疾患／腎臓疾患　ヘルニア／言語障害　精神障害／骨・関節の異常／四肢運動障害	◎	◎	◎	◎	◎	◎	◎	◎	◎	◎	◎	◎	◎	○

（注）　◎はほぼ全員に実施されるもの
　　　　○は必要時または必要者に実施されるもの
　　　　△は検査項目から除くことができるもの
（厚生労働統計協会：国民衛生の動向2017/2018，厚生労働統計協会，2017，p.376）

1）管理的意義

① 児童生徒等の発育・発達状態の把握

② 健康状態の把握，疾患などの早期発見

③ 国，地域における保健施策資料

2）教育的意義

① 自己の発育・発達状態の理解

② 自己の健康状態に関する理解と自己管理能力の養成

③ 保健情報を活用した健康教育

3．職員の健康診断

　職員の健康状態は学校経営に対する影響が大きいため，職員の健康の保持増進をはかり，効率よい教育活動と成果の確保に資する目的で行われる。また，健康診断を行ったときは健康診断票を作成し，職員が他の学校へ移動した場合にはその移動先に健康診断票を送付しなければならない。健康診断票の保存期間は 5 年間とされている。

　検査項目は以下の 12 項目であり，学校の設置者が定める適切な時期で実施される。

① 身長，体重および腹囲，② 視力および聴力，③ 結核の有無，

④ 血圧，⑤ 尿，⑥ 胃の疾病および異常の有無，⑦ 貧血検査，

⑧ 肝機能検査，⑨ 血中脂質検査，⑩ 血糖検査，⑪ 心電図検査，

⑫ その他の疾病および異常の有無

4．臨時健康診断

　感染症・食中毒発生時，風水害等により感染症発生の可能性がある場合，夏季休業の前後，結核やその他の疾病の有無について検査を行う必要のあるときなど，それぞれに応じて**臨時健康診断**が行われる。

§3．事後指導

　保健調査の内容や健康診断の結果は**個人情報**であるため，**事後指導**を行うにあたってもその情報の取り扱いには十分な注意が必要である。保護者への通知においても他の児童生徒を含め，他人の目にふれないようにしなければならない。また，学校内における教育的措置のために教職員の間で情報を共有するような場合においても学校外に情報が漏洩することのないよう，その取り扱いは慎重に行われなければならない。

1．就学時の健康診断

　市町村教育委員会は，就学時の健康診断の結果に基づき，担当医師および担当歯科医師の所見に照らして疾病や異常を有する場合は治療を勧告する。発育の順調でない者，栄養

要注意の者などには保健上必要な助言を行い，近年社会問題となっている児童虐待などが疑われる場合は，児童相談所に連絡をとらなければならない。病弱，発育不完全などのために就学困難な場合には義務の猶予，もしくは免除，視覚障害，聴覚障害，知的障害，肢体不自由，その他の障害のある場合は特別支援学校等への就学に関する指導を行うなど，適切な処置をとらなければならない。

2．児童生徒，学生，幼児の健康診断

健康診断終了から21日以内にその結果を，児童生徒または幼児の場合には本人およびその保護者に，学生の場合には本人に通知するとともに，以下の措置をとらなければならない。
① 疾病の予防処置を行うこと
② 必要な医療を受けるよう指示すること
③ 必要な検査，予防接種などを受けるよう指示すること
④ 療養のため必要な期間，学校において学習しないよう指導すること
⑤ 特別支援学級への編入について指導および助言を行うこと
⑥ 学習または運動・作業の軽減，停止，変更などを行うこと
⑦ 修学旅行，対外運動競技などへの参加を制限すること
⑧ 机または腰掛（椅子）の調整，座席の変更および学級の編制の適正をはかること
⑨ その他発育，健康状態などに応じて適当な保健指導を行うこと
これらの措置はその内容から，**医学的措置**と**教育的措置**に分けられる。

1）医学的措置

健康状態により医療機関での受診や精密検査の指示，学習に関する指導や助言，運動，作業の軽減や行事参加の制限などを行う。

2）教育的措置

必要に応じて，机，椅子の調整や，教室内での座席の位置などの調整を行う。また，医学的措置による健康状態の回復や観察による評価から制限の解除などを行う。さらに，診断結果のデータをもとに，集団の健康状態の分析やそこからの改善提案，さらに健康教育の充実などへつなげていく。

3．職員の健康診断

学校設置者は健康診断にあたった医師からの生活規制や医療指導に基づき，休暇，休職，勤務場所や職務の変更，勤務の短縮・変更，医療・検査・予防接種などの指示を行う。

4．健 康 相 談

日常健康観察からの状態，保健調査により把握された既往歴や罹患状況，健康診断の結果などから**学校医**や**養護教諭**などによる適切な健康相談や健康相談活動が必要となる場合

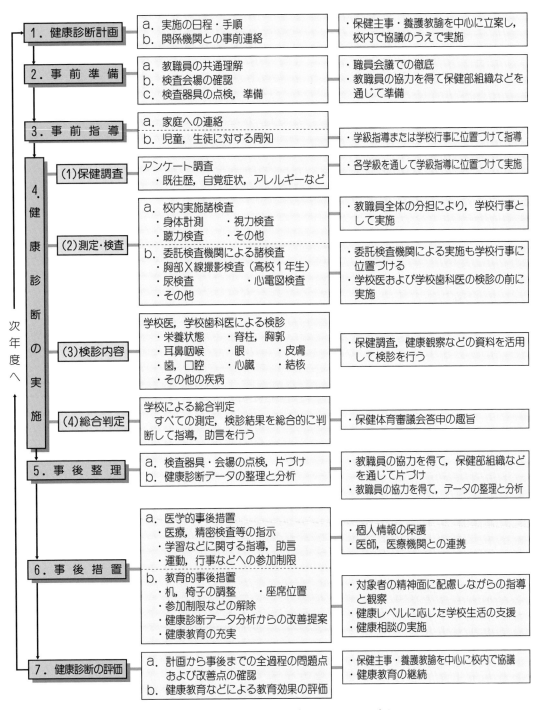

図4―1　児童生徒の定期健康診断の手順と流れ
(松岡　弘：学校保健概論，光生館，2005，p.34 を一部改変)

がある。健康相談が行われる場合として、児童においては保護者や学級担任による日常健康観察からの問題提起によるものが多く、生徒においては本人からの申し出により行われるものが多い。また、健康相談の実施状況は、医師による診察方式によるものよりも養護教諭によるカウンセリング方式により行われるものが増加している。近年は、身体的事項によるものよりも精神的事項によるカウンセリングが増加している。

いずれの場合もその改善のためには、児童生徒のプライバシーに配慮しながら学校と家庭の連携が重要となってくる。

§4. 子どもの生活管理

発育・発達および健康の保持増進には、十分な睡眠と運動、そしてバランスのよい食事が必要不可欠である。しかし、ライフスタイルの変化により、夜型の生活に伴う慢性的な睡眠不足、利便性に伴う運動不足、さらには高脂肪・高エネルギー食などが問題となり、これらが生活習慣病の要因となっている。これはなにも、おとなに限ったことではなく、子どもたちにもあてはまることである。

小学校、中学校、高等学校へと進むにつれて、課外活動やその他の諸活動などで学校における滞在時間は増加していくものの、1年を通してみれば2/3〜1/2程度は家庭あるいは家庭を中心とした社会環境のなかでの生活になる。したがって、子どもたちの健全な発育・発達および健康の保持増進のためには、学校における取り組みだけでその効果を期待するには限界がある。まずはじめに行うべきことは、家庭における日常生活全体の点検であり、問題があれば直ちに改善していくことが必要となる。

1. 規則的生活の重要性

1) サーカディアンリズム

人間の睡眠と覚醒や体温のリズムは**サーカディアンリズム**により支配されている。これはほぼ1日（およそ24時間）を周期とした生活リズムであり、この体内時計（生物時計）は、主として太陽の日射を媒介としてつくられている。睡眠を中心とした生活リズムを崩すことは、体内時計の位相を崩し、からだに対する負担を大きくする。体温は、早朝が最も低く、夕方から夜にかけて上昇し、そして夜から朝にかけては再び低下する。その変動幅は0.5〜1.5℃程度であり、体温の下降期である深夜から早朝にかけては作業の効率も著しく低下を示す。たとえ昼夜逆転の生活を継続しても、この体内時計は変わることがない。

2) 睡　　眠

睡眠は、**疲労の回復**とともに**成長ホルモンの分泌**にもかかわっている。また、若年者においては**レム睡眠**（夢を見ているときの眠り）の時間が精神の発達にも大きく影響するとされている（図4-2）。睡眠の深さは、1.5時間程度の周期で浅くなったり深くなったりをく

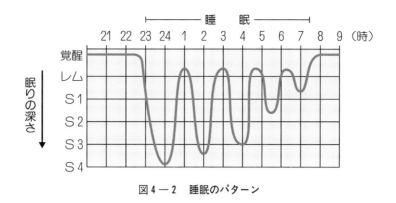

図4－2　睡眠のパターン

り返し，入眠直後から3時間程度の間に最も深い眠りが訪れ，次第に浅くなって覚醒する。睡眠はただ単に時間を確保すればいいというものではなく，睡眠の時間帯を考えなければならない。夜型（入眠時間が深夜）の生活は人間本来の体内時計に逆らった生活をすることになるため，疲労も回復しにくくなり，朝の食事に対する欲求も低くなるなど悪循環をもたらす。

2. 食生活の課題と対応

　2004（平成16）年6月に成立した**食育基本法**は，**食育**に関する施策を総合的かつ計画的に推進し，健康で文化的な国民の生活と豊かで活力ある社会の実現に寄与することを目的としたものである。第5条では，子どもの食育における父母や保護者の役割について示され，家庭が食育においては重要な役割を有していることを認識するとともに，食育の重要性を十分に自覚し，積極的に子どもの食育の推進に取り組むことを求めている。家庭における食育は，子どもの心身の成長および人格の形成に大きな影響を及ぼし，生涯にわたって健全な心とからだを培い，豊かな人間性を育んでいく基礎となるものであるため，きわめて重要である。

　年間の食事のなかには**学校給食**も含まれるが，その回数は年間の食事回数の20％程度にしかすぎない。したがって，残りの約80％の食事に関しては**保護者や家庭**の管理下にあるため，そこでの考えや取り組み方が子どもに対して大きく影響する。さらに，学校給食が実施されていない学校に在学している児童生徒らは，すべての食事が保護者や家庭の管理下にあるため，その影響はより大きなものとなる。

1）欠　　食

　2018（平成29）年国民健康・栄養調査による**朝食の欠食率**は，男性が13.6％，女性が9.7％であり，年代別では男女共に20歳代が最も高い。児童・生徒期においては，7～14歳で男性が3.7％，女性が6.9％，15～19歳で男性が14.9％，女性が11.3％であった。習慣的な朝食欠食者においては，欠食習慣の始まりが児童・生徒期である割合が高く，この時期の食習慣が将来的な食習慣に大きく影響を及ぼす可能性がある。

　朝食の欠食者は，糖質の補給がなされないため，主たる活動エネルギーをブドウ糖に依

存する脳細胞の活動にも影響し，学習効率を低下させる要因にもなり得る。朝食欠食者は学業成績や体力が低いという報告もみられている。

2）肥満と痩身（やせ）

日本の食生活は，主食である米を中心に，魚や野菜，豆腐や納豆などの副食との組み合わせで 1975（昭和 50）年ごろには，エネルギー摂取量もほぼ満足すべき基準に達し，たんぱく質，脂質，炭水化物のエネルギー比率のバランスがとれて理想的な食生活であるといわれた。

しかし，その後は徐々に高エネルギー，高脂質食に推移し，身体活動量の減少も加わって，すべての年齢層における肥満の増加を引き起こした。この**肥満対策**については各方面でさまざまな取り組みが行われ，その効果も現れ始めているが，近年問題となっているのが若年女性の**痩身志向**である。

2017（平成 29）年国民健康・栄養調査における身体状況調査の結果でも BMI（body mass index）による「やせ」の判定が男性では 15～19 歳で 13.0 ％，20 歳代で 9.1 ％，女性では 15～19 歳で 17.3 ％，20 歳代で 21.7 ％存在し，減量行動実施者が多いことを示している。肥満でない者が減量行動に走り，成長期における骨密度や筋量の増加が妨げられることが懸念される。

3）菓子，甘味飲料水

子どもの肥満には**菓子**と**甘味飲料水**が大きく影響しているため，間食としてとる食品をよく考えなければならない。また，子どもはすぐに口渇を訴えるが，これは成人に比較して不感蒸泄量が多く，腎臓での尿の濃縮機能が劣り，体重あたりの水分損失量が成人よりも多いためである。注意をしないと菓子と甘味飲料水で 1 回の食事に匹敵するようなエネルギーを摂取してしまう可能性もある。

§5．学校生活での管理と指導

1．健康診断結果の評価と活用

健康診断の結果は，児童生徒個人に対する管理，指導のための資料とともに集団的な管理，指導を行ううえでの資料ともなる。個人の身体発育状況は，男女の性差による成長速度の違いや遺伝的な要素も影響するため，単に測定された数値のみから判断，指導することは避けなければならない。集団としては，都道府県および全国平均値などとの比較を行うことにより，その地域特性を掌握することも可能となる。

疾病に関しては，個人での受診，治療を行わせるとともに，その状況によっては必要に応じて学校における支援体制を整えなければならない。また，むし歯罹患，近視などのようにその数が多く，全体指導が必要となるものに関しては，実態の把握はもちろんのこと，保健指導により予防の重要性を理解させていかなければならない。

健康診断の結果は，児童生徒が各自の健康状態を理解し，自主的に健康的な生活を実践するための習慣や態度を養うための教育的意義をもち合わせており，その評価や保健指導は担任や養護教諭はもちろんのこと，学校全体として取り組んでいかなければならない。

2．日常健康観察

教師は，疾病に罹患している者を掌握しておくことはもちろんであるが，学級の児童生徒に対して毎日の**日常健康観察**を行うことが必要である。教師は子どもたちの表情，言動，行動などから身体的状況のみならず精神的状況の変化についても観察し，その状況に応じた対処を行うことが求められる。健康観察の場合，教師の目は活力や元気さなどの行動面に向きがちであるが，最近は精神疾患が増加していることから，この点に関する観察も重要となってくる。

また，体育の授業や体育行事などについては，教師の観察は勿論のこと本人からの体調に関する自己申告を行わせ，からだへの運動負荷量とともに気温，湿度，日射などの物理的条件を考慮しながらその時の状況に合った対処，管理が必要となる。

3．日課の構成

登校から下校までの時間の配当や時間割の配列，また業間学習や業間体育などの**日課の構成**についても配慮が必要となる。さらに，天候などの自然条件や風邪やインフルエンザの流行など，その時々の諸条件により，弾力的な運用が必要となる場合もある。

4．学校給食の役割と問題点

学校給食は，戦後の食料不足時期における児童生徒の貧困欠食に対する補給から，体格・体力の向上と健康の増進，さらには地域の特産品を食することによる地域産業への理解など，その目的が変わってきている。

学校給食法の第2条においては，その目的を，
① 適切な栄養の摂取による健康の保持増進を図ること
② 日常生活における食事について正しい理解を深め，健全な食生活を営むことができる判断力を培い，および望ましい食習慣を養うこと
③ 学校生活を豊かにし，明るい社交性および協同の精神を養うこと
④ 食生活が自然の恩恵の上に成り立つものであることについての理解を深め，生命および自然を尊重する精神並びに環境の保全に寄与する態度を養うこと
⑤ 食生活が食にかかわる人々の様々な活動に支えられていることについての理解を深め，勤労を重んずる態度を養うこと
⑥ 我が国や各地域の優れた伝統的な食文化についての理解を深めること
⑦ 食料の生産，流通および消費について，正しい理解に導くこと
とし，さらに第3条においては，「前条各号に掲げる目標を達成するために，義務教育諸学校において，その児童又は生徒に対し実施される」としている。

学校給食は，その目的が単に栄養を補給することのみではなく，食べることを通しなが

ら，食料の生産から食事と健康のかかわりについて教え，さらにそこにある問題について考えさせていく教育活動の一環である。2005（平成17）年4月には，食と教育に関する専門性をもった栄養教諭制度が開始，さらに2010（平成22）年には，食に関する指導の手引き－第一次改訂版－が作成され，学校給食を食に関する指導の教材として積極的に活用することなどが示され，学校における食育の推進が期待されている。

　2015（平成27）年5月現在で，学校給食（**完全給食，補食給食，ミルク給食**）の普及率は表4-4のとおりであり，そのうち完全給食については，小学校（対児童数）では98.8％とほぼ普及しているのに対し，中学校（対生徒数）では76.5％であり，いっそうの普及が望まれる。

表4 — 4　学校給食実施状況（国・公・私立）

平成27年5月1日現在

区　　分			全国総数	完全給食		補食給食		ミルク給食		計	
				実施数	普及率(%)	実施数	普及率(%)	実施数	普及率(%)	実施数	普及率(%)
小 学 校	学　校　数		20,325	20,010	98.5	66	0.3	70	0.3	20,146	99.1
	児　童　数		6,543,104	6,466,669	98.8	10,094	0.2	9,210	0.1	6,485,973	99.1
中 学 校	学　校　数		10,419	8,603	82.6	43	0.4	538	5.2	9,184	88.1
	生　徒　数		3,481,839	2,663,962	76.5	8,595	0.2	201,100	5.8	2,873,657	82.5
特別支援学　校	学　校　数		1,111	978	88.0	2	0.2	14	1.3	994	89.5
	幼児・児童・生徒数		137,894	121,087	87.8	63	0.0	935	0.7	122,085	88.5
夜間定時制高等学校	学　校　数		574	339	59.1	104	18.1	2	0.3	445	77.5
	生　徒　数		87,641	23,440	26.7	4,527	5.2	398	0.5	28,365	32.4
計	学　校　数		32,429	29,930	92.3	215	0.7	624	1.9	30,769	94.9
	幼児・児童・生徒数		10,250,478	9,275,158	90.5	23,279	0.2	211,643	2.1	9,510,080	92.8
（参　考）幼稚園	園　　　数		11,210	6,504	58.0	856	7.6	468	4.2	7,828	69.8
	幼　児　数		1,402,448	852,721	60.8	79,788	5.7	43,756	3.1	976,265	69.6

（注）中学校には中等教育学校前期課程を含む。
（資料）文部科学省：学校給食実施状況等調査
（厚生労働統計協会：国民衛生の動向 2017/2018，厚生労働統計協会，2017，p.384，一部改変）

　学校給食摂取基準（表4-5）は，一般的に家庭の食事に不足しがちなカルシウム，鉄などの栄養素を補い，健康増進のために必要な栄養量として示されている。このほか，亜鉛の基準値（目標値）が示されている。

　一方，**食物アレルギーによる事故**が増加傾向を示しており，死亡事故の発生もみられている。食物アレルギーのある児童生徒に対しては，校内において校長，学級担任，養護教諭，栄養教諭，学校栄養職員，学校医等による指導体制を整備し，保護者や主治医との連携をはかりつつ，可能な限り，個々の児童生徒の状況に応じた対応に努めるよう通達がなされている。

54　　第4章　学校保健管理

表4－5　児童または生徒1人1回あたりの学校給食摂取基準（一部略）

平成30年8月1日施行

区　　分		基　　準　　値			
		児童（6歳〜7歳）の場合	児童（8歳〜9歳）の場合	児童（10歳〜11歳）の場合	生徒（12歳〜14歳）の場合
エネルギー （kcal）		530	650	780	830
たんぱく質 （％）		学校給食による摂取エネルギー全体の13％〜20％			
脂　　質 （％）		学校給食による摂取エネルギー全体の20％〜30％			
ナトリウム（食塩相当量）（g）		2未満	2未満	2.5未満	2.5未満
カルシウム （mg）		290	350	360	450
マグネシウム （mg）		40	50	70	120
鉄 （mg）		2.5	3	4	4
ビタミンA （μgRE）		170	200	240	300
ビタミンB$_1$ （mg）		0.3	0.4	0.5	0.5
ビタミンB$_2$ （mg）		0.4	0.4	0.5	0.6
ビタミンC （mg）		20	20	25	30
食物繊維 （g）		4	5	5	6.5

（資料）文部科学省：学校給食実施基準

5．学校給食の衛生管理と食中毒

　学校給食は，集団給食として実施されているため，食材料はもちろんのこと，施設，設備などの衛生管理には十分な配慮が必要とされる。また，近年は共同調理場による**給食センター方式**が多くなってきているが，この場合には運搬過程における衛生管理も重要となる。学校給食の衛生管理については，2009（平成21）年に**学校給食法**第9条に明確に位置づけられた。

　学校給食を原因とする**食中毒**は毎年数件の報告があり，ノロウイルスなどが原因となっている。1996（平成8）年に猛威をふるった腸管出血性大腸菌O 157による食中毒は，1997（平成9）年以降は発生がみられていない。

表4－6　学校給食における食中毒発生状況

	発生件数	有症者数（人）	原因となった菌（件）	
2008（平成20）年度	6	474	ヒスタミン	3
			ノロウイルス	2
			カンピロバクター	1
2009（平成21）	1	297	ノロウイルス	1
2010（平成22）	2	1,517	サルモネラ・エンテリティディス	2
2011（平成23）	2	102	ヒスタミン	1
			ノロウイルス	1
2012（平成24）	5	957	ノロウイルス	5
2013（平成25）	4	1,535	ヒスタミン	1
			ノロウイルス	3
2014（平成26）	2	211	ノロウイルス	2

（資料）都道府県教育委員会からの報告による。
（注）発生件数には，学校給食調理場以外（委託事業所等）での発生も含む。
（厚生労働統計協会：国民衛生の動向 2017/2018，厚生労働統計協会，2017，p.385）

§6．学校環境衛生

1．学校環境衛生の考え方

　私たちを取り巻く環境はたえず変化していて，私たちの健康と密接な関係にある。不良な環境は私たちの健康を脅かすこととなり，身のまわりの環境を良好に維持改善することはきわめて大切となる。

　学校は児童生徒が教室などで多くの時間を学習活動で過ごす場所である。そのため，学校の環境の良否は，発育・発達の途上にある児童生徒の健康や学習活動に重大な影響を与えることとなる。そこで，学校の環境をいつも良好に維持改善することが必要であり，学校では学校保健安全法などの法令に基づき**学校環境衛生活動**が推進されている。この推進は，校長の責任のもとに保健主事，養護教諭が中心となり，学校医，学校薬剤師を含めたすべての教職員により組織的で計画性をもって適切に実施される必要がある。学校薬剤師は教職員や他の専門機関との連携により環境衛生検査に従事し，学校の環境衛生の維持および改善に関し必要な指導，助言を行う役割を担っている。

　学校環境衛生は教職員が主体となる保健管理の活動が大きな役割を占めるが，学校環境衛生の活動では，児童生徒が学校での身近な環境の異変を最初に理解できる立場も多く見受けられる。児童生徒のその活動への参加は，学校環境衛生に関する情報の交換や増加をもたらし，学校環境衛生活動の充実へと拡がる。さらに，児童生徒にとっては，自分自身を取り巻く身近な環境の理解が深まり，環境を良好に維持改善するライフスキルを学ぶ活動へとつながる。このように，児童生徒の活動への参加は教育活動としての意義も高いことから，学校では学校環境衛生に対する児童生徒の活動を教育活動の一環として位置づけ，ヘルスプロモーションの理念に基づいた活動へと展開することも重要な視点である。

　学校環境の良好な維持改善をはかる学校環境衛生の目的としては，①児童生徒の生命を守ること，②児童生徒の心身の発育・発達を促すこと，③児童生徒の健康の保持増進をはかること，④児童生徒の学習活動の能率の向上をはかること，⑤児童生徒の豊かな情操を育むことなどが考えられる。

2．学校環境衛生と学校環境衛生基準

　学校環境衛生は，学校教育法，学校保健安全法などの法令に基づいて実施されるものであり，**学校環境衛生に関する法令**などの概要は表4-7のとおりである。

　学校教育法の第12条では「学校においては，別に法律で定めるところにより，幼児，児童，生徒及び学生並びに職員の健康の保持増進を図るため，健康診断を行い，その他その保健に必要な措置を講じなければならない」と規定され，これを受けて学校保健安全法が定められた。

　学校保健安全法の第5条（学校保健計画の策定等）に，学校環境衛生の事項は学校保健計画で策定され，その活動などを実施しなければならないことが示された。同6条（学校環境衛生基準）において，文部科学大臣は**学校環境衛生基準**を定めることとなった。同条

表4 — 7　学校環境衛生と関係法令

法　令	条　項	内　容　等
学校教育法	第12条	学校においては，別に法律で定めるところにより，学生，生徒，児童及び学生並びに職員の健康の保持増進を図るため，健康診断を行い，その他その保健に必要な措置を講じなければならない。
学校保健安全法	第5条 （学校保健計画の策定等）	学校においては，児童生徒及び職員の心身の健康の保持増進を図るため，児童生徒及び職員の健康診断，環境衛生検査，児童生徒等に対する指導その他保健に関する事項について計画を策定し，これを実施しなければならない。
	第6条 （学校環境衛生基準）	文部科学大臣は，学校における換気，採光，照明，保温，清潔保持その他環境衛生に係る事項について，児童生徒及び職員の健康を保護する上で維持されることが望ましい基準（以下この条において「学校環境衛生基準」という。）を定めるものとする。
	第6条第2項	学校の設置者は，学校環境衛生基準に照らしてその設置する学校の適切な環境の維持に努めなければならない。
	第6条第3項	校長は，学校環境衛生基準に照らし，学校の環境衛生に関し適正を欠く事項があると認めた場合には，遅滞なく，その改善のために必要な措置を講じ，又は当該措置を講ずることができないときは，当該学校の設置者に対し，その旨を申し出るものとする。
学校保健安全法施行規則	第1条 （環境衛生検査）	学校保健安全法（以下「法」という。）第5条の環境衛生検査は，他の法令に基づくもののほか，毎学年定期に，法第6条に規定する学校環境衛生基準に基づき行わなければならない。
	第1条第2項	学校においては，必要があるときは，臨時に，環境衛生検査を行うものとする。
	第2条 （日常における環境衛生）	学校においては，前条の環境衛生検査のほか，日常的な点検を行い，環境衛生の維持又は改善を図らなければならない。
	第22条 （学校医の職務執行の準則）	学校の環境衛生の維持及び改善に関し，学校薬剤師と協力して，必要な指導及び助言を行うこと（一部抜粋）。
	第24条 （学校薬剤師の職務執行の準則）	学校薬剤師は環境衛生検査に従事し，学校の環境衛生の維持及び改善に関し，必要な指導と助言を行うこと（一部抜粋）。
学校環境衛生基準 （文部科学省告示）		巻末付表 を参照のこと。

　2項では学校の設置者の責務が規定され，さらに同条3項では校長の責務が明記された。
　学校保健安全法施行規則第1条（環境衛生検査）では，毎学年定期に実施する環境衛生検査（以下「定期検査」と略す）が示された。同条2項では，「臨時に行う環境衛生検査（以下「臨時検査」と略す）」が，同施行規則第2条（日常における環境衛生）では，日常的に行う点検（以下「日常点検」と略す）が明記された。また，学校保健安全法施行規則**第22条**には「学校医の職務執行の準則」が規定され，学校医は学校の環境衛生の維持および改善に関し，学校薬剤師と協力して必要な指導と助言を行うことが定められた。さらに，同**第24条**の「学校薬剤師の職務執行の準則」で，学校薬剤師は環境衛生検査に従事し，学校の環境衛生の維持および改善に関し，必要な指導と助言を行うことが示された。

§6.　学校環境衛生

3．学校環境衛生活動

学校環境衛生の推進には，定期検査，臨時検査および日常点検の活動を「学校環境衛生基準」に照らして適切に行う必要がある。そのためには，その活動を学校保健計画のなかに位置づけ，環境衛生活動の実施計画を作成し，その実施結果などの記録，保存および評価を行い，次回の実施計画に十分に活用することがとくに大切となる。

なお，今回の学校環境衛生基準から，定期検査および臨時検査の結果に関する記録は，検査の日から5年間保存するものとし，日常点検の結果は記録するよう努めるとともに，その記録を点検日から3年間保存するよう努める，また検査に必要な施設・設備等の図面等の書類は必要に応じて閲覧できるように保存することとなった（巻末付表参照）。

1）定 期 検 査

定期検査は毎学年定期に，学校薬剤師が中心となり教職員や専門機関との連携のもとで実施するもので，客観的で科学的に自校の環境衛生の実態を把握し，その結果に基づいて速やかに適切な措置を講じる必要がある。また，その結果などを日常点検に活用することも大切である（巻末付表参照）。

2）日 常 点 検

日常点検は学校環境衛生で中心となる活動である。毎授業日に教職員が主として官能法で点検し，必要に応じて速やかに適切な措置を講じるとともに，その結果を定期検査の実施計画などに役立てることが重要となる（巻末付表参照）。

3）臨 時 検 査

臨時検査は臨時に必要な検査を行うもので，学校環境衛生基準の「第6　雑則」に明記されている（巻末付表参照）。その検査方法および事後の必要な措置などは，定期検査に準じて迅速に行うことがとくに重要となる。

4）教室内の学校環境衛生活動

教室は学習活動の中心となる場所であるため，児童生徒が教室の環境から受ける影響も大きく，教室の環境を良好に維持改善することはきわめて重要となる。**教室内の環境衛生**では，その活動の担当者は学級担任をはじめとした教員であり，その活動の内容は日常点検の事項が中心となる。担当者は，日常点検の「教室等の環境（換気，温度，明るさとまぶしさ，騒音）」，「学校の清潔及びネズミ，衛生害虫等（学校の清潔，ネズミ，衛生害虫等）」および飲料水の設備がある教室では「飲料水の水質」の点検項目について，機会あるごとに教室内のすべてに注意を払い，児童生徒が快適に学習活動を展開できるよう点検を行う必要がある。校長は環境衛生基準に照らし，適正を欠く事項があると認めた場合には，遅滞なくその改善のために適切な措置などを講ずる必要がある。また，児童生徒は日々の学習活動のなかで，教室内の環境から多くのことを学んでいる。教室内の環境衛生に対する児童生徒の活動は，教育活動としての意義も高いことから，学校ではこれら児童生徒の活

動を教育活動の一環として位置づけ，ヘルスプロモーションの理念に基づいた活動へと展開することが期待できる。

5）教室外の学校環境衛生活動

　教室外の環境衛生には，児童生徒の安全や生命にかかわる事項が含まれる。飲料水において，ひとたび病原微生物の混入を招くと，多くの児童生徒の生命をも脅かすこととなる。また，水泳プールなどの施設・設備の不良や故障は，けがや事故を誘発する。このため，学校では毎日の環境衛生活動を徹底して，事故などの不測の事態を回避し，児童生徒らの健康の保持増進をはかることがとくに重要となる。教室外の環境衛生では，すべての教職員がその活動の中心となる担当者であり，その活動の内容は，教室内の環境衛生と同様に日常点検の事項が中心となる。担当者は，日常点検の「飲料水等の水質及び施設・設備（飲料水の水質，雑用水の水質，飲料水等の施設・設備）」，「学校の清潔及びネズミ，衛生害虫等」，「水泳プールの管理（プール水等，附属施設・設備等）」などの点検項目について，可能な限り教室外のすべての環境衛生に注意を払い，児童生徒が安全で快適に学習活動を展開できるよう点検を行い，適正を欠く事項には適切な措置などを講ずる必要がある。また，教室内と同様に，教室外の環境衛生に対する児童生徒の活動は，教育活動の一環として位置づけ，ヘルスプロモーションの理念に基づいた展開が期待できる。

4．学校環境衛生の評価

　学校環境衛生活動の向上をはかるうえで，その評価はたいへん重要な位置を占める。**学校環境衛生の評価**とは，自校の学校環境衛生活動の実態を総合的に把握し，課題や改善策などを明確にして，その後の活動に活用することである。学校環境衛生の評価は保健主事が中心となり，学校医，学校薬剤師らを含めたすべての教職員で行うことが求められる。この評価から，自校の課題や改善点が明らかとなり，学校環境衛生活動の充実・発展へとつながることとなるが，必ずしも適切な実施がなされているとは限らない現状も指摘されている。学校環境衛生の評価の活動が適切ではない学校にあっては，その評価の確立に向けた創意工夫が期待される。

●参考文献●
- ・杉浦正輝監修：学校保健，建帛社，2004
- ・松岡　弘編著：学校保健概論，光生館，2005
- ・衞藤　隆・岡田加奈子編：学校保健マニュアル第9版，南山堂，2017
- ・学校保健・安全実務研究会：新訂版　学校保健実務必携（第4次改訂版），第一法規，2017
- ・文部科学省：[改訂版] 学校環境衛生管理マニュアル，文部科学省，2010
- ・日本薬学会：衛生試験法・注解2015，金原出版，2015
- ・厚生労働統計協会：国民衛生の動向 2017/2018・厚生の指標臨時増刊，64（9），厚生労働統計協会，2017
- ・学校環境衛生活動実践事例集作成委員会：学校環境衛生活動を生かした保健教育〜小・中・高等学校で役立つ実践事例集〜，日本学校保健会，2014

第 5 章

学校保健教育

> ❖ ポイント
> 1．ヘルスプロモーションの理念に基づいて，系統的・体系的なカリキュラムによる保健教育（health instruction）の必要性を理解する。
> 2．2017（平成29）年3月と2018（平成30）年3月に改訂告示された学習指導要領を掲載。
> 3．保健の指導（health guidance）機会を，特定の集団を対象とする「集団的な保健の指導」と児童生徒一人ひとりの健康状態や生活に即して行われる「個別的な保健の指導」に分類し，その特徴を理解する。
> 4．学校保健教育の「計画，実践，評価」（過程＝産出モデル）と「デザイン，実践，反省」の2つの授業づくりモデルについて理解する。

§1. 学校保健教育の構造

学校保健教育は，学校における健康教育として「心身ともに健康な国民の育成を期して」(教育基本法第1条)，すべての教育活動を通して行われる。同様に，小学校・中学校学習指導要領総則においても「学校における体育・健康に関する指導を，児童（生徒）の発達の段階を考慮して，学校の教育活動全体を通じて適切に行う」とされている（傍点筆者）。

教育課程に位置づけられる**保健教育**は，これまで小・中学校では，①教科を中心とした**保健学習**（health instruction），②特別活動を中心とした**保健指導**（health guidance），③**特別の教科　道徳**，④**総合的な学習の時間**の4領域において実施されていた。高等学校では，道徳を除いた3領域であった（図5-1）。

保健学習は，児童生徒が今後直面するであろう健康課題に対して体系的・系統的な学習を行い，保健指導は，現在直面する健康課題に対して即応的な指導を行うとされ，両者は相互補完関係で，特別の教科　道徳や総合的な学習の時間と関連させることで，より発展的な学習の創造が可能となるとされていた*。

＊保健学習（health instruction）と保健指導（health guidance）の目的
1. **保健学習**：健康・安全についての科学的認識の発達をめざして基礎的・基本的事項を理解し，思考力，判断力を高め，働かせることによって，適切な意思決定や行動選択ができるようにすること
2. **保健指導**：当面する健康課題を中心に取り上げ，健康の保持増進に関するより実践的な能力や態度，さらには望ましい習慣の形成をめざすこと

近年**保健学習，保健指導**の用語は，行政用語として見直された。「平成29年度学校保健全

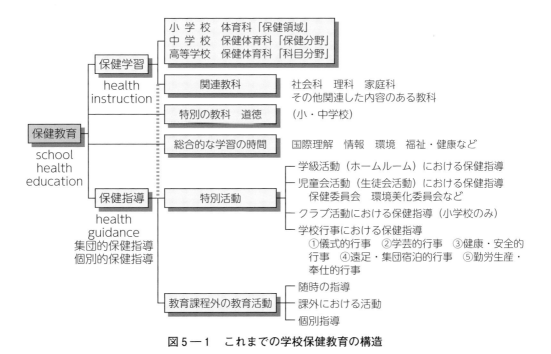

図5−1　これまでの学校保健教育の構造

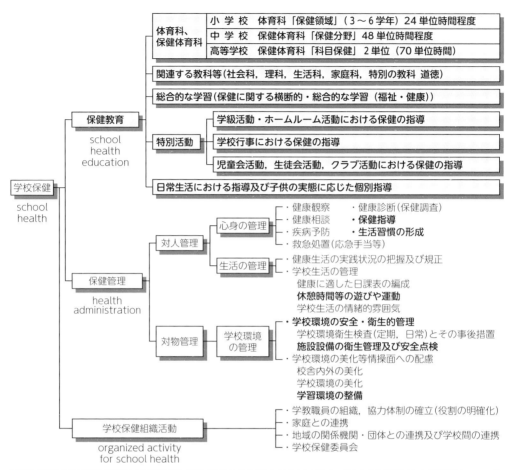

図5-2 2018（平成30）年に文部科学省より示された行政上の保健教育体系

※同体系は平成29年度学校保健全国連絡協議会（平成30年2月2日）に示された行政上の新たな保健教育体系。「保健学習」のワードは使用せず、「保健指導」が示す内容も見直された。以降、微調整を経て太字が変更部分、網掛けが保健教育に関係する領域。

国連絡協議会（平成30年2月2日）資料」(文部科学省)では、**保健教育の領域を「保健学習」、「保健指導」という用語を使用せず、関連教科，総合的な学習の時間，特別活動，保健室における個別指導や日常の学校生活での指導の4領域**で説明している（図5-2）。

保健体育審議会答申（平成9年）では、「ヘルスプロモーションの理念に基づく健康の保持増進」の重要性をあげている。ヘルスプロモーションは、個人の行動変容だけではなく、個人を取り巻く環境を変革するための「参加（participation）」を強調する。「参加」には、健康に関する一定の教養として、**健康リテラシー**（health literacy）の形成が求められ、ここに系統的・体系的なカリキュラムによる保健教育（体育科，保健体育科）が必要となる。

保健教育（体育科，保健体育科）は、系統性が求められる一方で、児童生徒の健康課題として「こころの問題」、「喫煙・飲酒」、「薬物乱用」、「性の逸脱行動」などが取り上げられ、これに対する即応的な解決も期待されている。行動科学の成果による行動化や実践化は、系統的な学習だけではなく、機能的で即応的な問題解決にもアプローチすることが同時に求められている。

§2．保健教育（体育科，保健体育科：health instruction）の内容

1．「保健」教科と担当教師

　教科として実施される保健教育は，小学校体育科の「**保健領域**」，中学校保健体育科の「**保健分野**」，高等学校保健体育科の「**科目保健**」において実施される。学習内容は，約10年に一度改訂される**学習指導要領**によって示される（表5-1）。

　保健教育（体育科，保健体育科）の授業担当者は，小学校では教諭の普通免許状を有するもの，中学校および高等学校では「保健体育」および「保健」の免許状を有するもの，または兼職発令などの条件つきで養護教諭が担当する。

　養護教諭が保健教育（体育科，保健体育科）を担当する条件は，「養護教諭の免許状を有する者（三年以上養護をつかさどる主幹教諭又は養護教諭として勤務したことがある者に限る。）で養護をつかさどる主幹教諭又は養護教諭として勤務しているものは，当分の間，（中略）その勤務する学校（幼稚園及び幼保連携型認定こども園を除く。）において，保健の教科の領域に係る事項（中略）の教授を担任する教諭又は講師となることができる」とされている（教育職員免許法附則14項）。

　また，「養護教諭が教諭又は講師を兼ねるか否かについては，各学校の状況を踏まえ，任命権者又は雇用者において，教員の配置や生徒指導の実状等に応じ，教育指導上の観点から個別に判断されるべき事柄であり，本来の保健室の機能がおろそかになるような事態を招くことのないよう，留意する必要がある」（平成10年文部事務次官通知）と，一定の条件を満たした場合にのみ，養護教諭は保健教育（体育科，保健体育科）を担当できる。

2．保健教育の内容

　次に，2017（平成29）年，2018（平成30）年3月に告示された学習指導要領（小学校は2020（令和2）年度，中学校は2021（令和3）年度，高等学校は2022（令和4）年度から年次進行で実施）の教育内容と取り扱い事項について小・中・高等学校別にみてみよう。

　学習指導要領の特徴は，① **基礎的・基本的な知識・技能**，② **知識・技能を活用して課題を解決するために必要な思考力・判断力・表現力等**，③ **主体的に学習に取り組む態度**の3要素が目的化されていることにある。さらに，地域や学校の実態に即した**カリキュラム・マネジメント**により教育内容を組織的に構成しながら，「**主体的・対話的で深い学び**」に注目し，学びをデザインすることが求められている。

1）小　学　校

　小学校における教科としての保健教育は，主として第3学年から第6学年までの体育科「**保健領域**」で行われる。

　保健授業時数などの取り扱いは，1単位時間を45分として，第3学年及び第4学年で8単位時間程度，第5学年及び第6学年で16単位時間程度実施する（表5-2）。

　保健の授業時数は限られていることから，効果的な学習が行われるよう適切な時期に，

表5－1　学習指導要領（保健）の内容領域の変遷

	系統学習	内容の精選と現代化	第三の教育改革	生涯学習体系への移行	生きる力とゆとり教育	生きる力と確かな学力	社会に開かれた教育課程
小学校 学年	1958年（昭和33）	1968年改訂（昭和43）	1977年改訂（昭和52）	1989年改訂（平成元）	1998年改訂（平成10）	2008年改訂（平成20）	2017年改訂（平成29）
3年	—	—	—	—	毎日の生活と健康	毎日の生活と健康	健康な生活
4年	—	—	—	—	育ちゆく体とわたし	育ちゆく体とわたし	体の発育・発達
5年	健康な生活 身体の発育状態や健康状態	心身についての理解 健康な生活 目・歯の傷害と予防	体の発育 けがの防止	体の発育と心の発達 けがの防止	けがの防止 心の健康	心の健康 けがの防止	心の健康 けがの防止
6年	病気の予防 傷害の防止	かかりやすい病気の予防 けがの種類と防止 学校生活と健康	病気の予防 健康な生活と環境	病気の予防 健康な生活	病気の予防	病気の予防	病気の予防
中学校	1958年改訂（昭和33）	1969年改訂（昭和44）	1977年改訂（昭和52）	1989年改訂（平成元）	1998年改訂（平成10）	2008年改訂（平成20）	2017年改訂（平成29）
	傷害の防止 環境の衛生 心身の発達と栄養 疲労と作業の能率 病気の予防 精神衛生 国民の健康	健康と身体の発達 環境と衛生 生活の安全 健康な生活の設計と栄養 病気とその予防 精神の健康 国民の健康	心身の発達 健康と環境 傷害の防止と疾病の予防 生活と健康	心身の機能の発達と心の発達 健康と環境 傷害の防止 疾病の予防 健康な生活	心身の機能の発達と心の健康 健康と環境 傷害の防止 健康な生活と疾病の予防	心身の機能の発達と心の健康 健康と環境 傷害の防止 健康な生活と疾病の予防	健康な生活と疾病の予防 心身の機能の発達と心の健康 傷害の防止 健康と環境
高等学校	1960年改訂（昭和35）	1970年改訂（昭和45）	1978年改訂（昭和53）	1989年改訂（平成元）	1999年改訂（平成11）	2009年改訂（平成21）	2018年改訂（平成30）
	人体の生理 人体の病理 精神衛生 労働と健康・安全 公衆衛生	健康と身体の機能 精神の健康 疾病とその予防 事故災害と健康 生活と健康 国民の健康	心身の機能 健康と環境 職業と健康 集団の健康	現代社会と健康 環境と健康 生涯を通じる健康 集団の健康	現代社会と健康 生涯を通じる健康 社会生活と健康	現代社会と健康 生涯を通じる健康 社会生活と健康	現代社会と健康 安全な社会生活 生涯を通じる健康 健康を支える環境づくり

表5−2　学校における履修単位

学　校	教　科　目	学　　年	履修単位時間・単位	1単位時間
小学校	体育科「保健領域」	3・4学年	8単位時間程度	45分
		5・6学年	16単位時間程度	
中学校	保健体育科「保健分野」	1〜3学年	48単位時間程度	50分
高等学校	保健体育科「科目保健」	1・2学年	2単位(35単位時間の授業を1単位)	50分

ある程度まとまった時間を配当し，体育科の特質に応じて，道徳教育等の目標と内容の関連を考慮しつつ実施する。

①　**第3学年及び第4学年**　小学校第3・4学年では，小学校1・2学年の健康・安全に関する特別活動，道徳，生活科などの教科内容と関連させながら，系統的知識の習得と健康・安全についての習慣や態度について学習する。

内容に示される(1)「健康な生活」は第3学年，(2)「体の発育・発達」は第4学年で学習する。

第3学年及び第4学年の「目標と内容」は，以下の枠内に示したとおりである。

第3学年及び4学年

1　目　　標

(1)　各種の運動の楽しさや喜びに触れ，その行い方及び健康で安全な生活や体の発育・発達について理解するとともに，基本的な動きや技能を身に付けるようにする。

(2)　自己の運動や身近な生活における健康の課題を見付け，その解決のための方法や活動を工夫するとともに，考えたことを他者に伝える力を養う。

(3)　各種の運動に進んで取り組み，きまりを守り誰とでも仲よく運動をしたり，友達の考えを認めたり，場や用具の安全に留意したりし，最後まで努力して運動をする態度を養う。また，健康の大切さに気付き，自己の健康の保持増進に進んで取り組む態度を養う。

2　内　　容

G　保健

(1)　健康な生活について，課題を見付け，その解決を目指した活動を通して，次の事項を身に付けることができるよう指導する。

　ア　健康な生活について理解すること。

　　(ア)　心や体の調子がよいなどの健康の状態は，主体の要因や周囲の環境の要因が関わっていること。

　　(イ)　毎日を健康に過ごすには，運動，食事，休養及び睡眠の調和のとれた生活を続けること，また，体の清潔を保つことなどが必要であること。

　　(ウ)　毎日を健康に過ごすには，明るさの調節，換気などの生活環境を整えることなどが必要であること。

　イ　健康な生活について課題を見付け，その解決に向けて考え，それを表現すること。

(2)　体の発育・発達について，課題を見付け，その解決を目指した活動を通して，次の事項を身に付けることができるよう指導する。

　ア　体の発育・発達について理解すること。

　　(ア)　体は，年齢に伴って変化すること。また，体の発育・発達には，個人差があること。

---

§2．保健教育の内容　65

(イ) 体は，思春期になると次第に大人の体に近づき，体つきが変わったり，初経，精通などが起こったりすること。また，異性への関心が芽生えること。

(ウ) 体をよりよく発育・発達させるには，適切な運動，食事，休養及び睡眠が必要であること。

イ 体がよりよく発育・発達するために，課題を見付け，その解決に向けて考え，それを表現すること。

内容の取り扱いについては，下記事項に留意する。

- 学校でも，健康診断や学校給食など様々な活動が行われていることについて触れるものとする。
- 自分と他の人では発育・発達などに違いがあることに気付き，それらを肯定的に受け止めることが大切であることについて触れるものとする。

② **第5学年及び第6学年** 第5学年及び第6学年では，(1)「心の健康」および(2)「けがの防止」を第5学年，(3)「病気の予防」を第6学年で学習する。

第5学年及び第6学年の「目標と内容」は，以下の枠内に示したとおりである。

― **第5学年及び第6学年** ―

1 目 標

(1) 各種の運動の楽しさや喜びを味わい，その行い方及び心の健康やけがの防止，病気の予防について理解するとともに，各種の運動の特性に応じた基本的な技能及び健康で安全な生活を営むための技能を身に付けるようにする。

(2) 自己やグループの運動の課題や身近な健康に関わる課題を見付け，その解決のための方法や活動を工夫するとともに，自己や仲間の考えたことを他者に伝える力を養う。

(3) 各種の運動に積極的に取り組み，約束を守り助け合って運動をしたり，仲間の考えや取組を認めたり，場や用具の安全に留意したりし，自己の最善を尽くして運動をする態度を養う。また，健康・安全の大切さに気付き，自己の健康の保持増進や回復に進んで取り組む態度を養う。

2 内 容

G 保健

(1) 心の健康について，課題を見付け，その解決を目指した活動を通して，次の事項を身に付けることができるよう指導する。

ア 心の発達及び不安や悩みへの対処について理解するとともに，簡単な対処をすること。

(ア) 心は，いろいろな生活経験を通して，年齢に伴って発達すること。

(イ) 心と体には，密接な関係があること。

(ウ) 不安や悩みへの対処には，大人や友達に相談する，仲間と遊ぶ，運動をするなどいろいろな方法があること。

イ 心の健康について，課題を見付け，その解決に向けて思考し判断するとともに，それらを表現すること。

(2) けがの防止について，課題を見付け，その解決を目指した活動を通して，次の事項を身に付けることができるよう指導する。

ア けがの防止に関する次の事項を理解するとともに，けがなどの簡単な手当をすること。

(ア) 交通事故や身の回りの生活の危険が原因となって起こるけがの防止には，周囲の危険に気

付くこと，的確な判断の下に安全に行動すること，環境を安全に整えることが必要であること。

(イ) けがなどの簡単な手当は，速やかに行う必要があること。

イ けがを防止するために，危険の予測や回避の方法を考え，それらを表現すること。

(3) 病気の予防について，課題を見付け，その解決を目指した活動を通して，次の事項を身に付けることができるよう指導する。

ア 病気の予防について理解すること。

(ア) 病気は，病原体，体の抵抗力，生活行動，環境が関わりあって起こること。

(イ) 病原体が主な要因となって起こる病気の予防には，病原体が体に入るのを防ぐことや病原体に対する体の抵抗力を高めることが必要であること。

(ウ) 生活習慣病など生活行動が主な要因となって起こる病気の予防には，適切な運動，栄養の偏りのない食事をとること，口腔の衛生を保つことなど，望ましい生活習慣を身に付ける必要があること。

(エ) 喫煙，飲酒，薬物乱用などの行為は，健康を損なう原因となること。

(オ) 地域では，保健に関わる様々な活動が行われていること。

イ 病気を予防するために，課題を見付け，その解決に向けて思考し判断するとともに，それらを表現すること。

各内容の取り扱い事項は，次のとおりである。

- けがや病気からの回復についても触れるものとする。
- 薬物については，有機溶剤の心身への影響を中心に取り扱うものとする。また，覚醒剤等についても触れるものとする。
- 各領域の各内容については，運動領域と保健領域との関連を図る指導に留意すること。

2）中 学 校

中学校における教科としての保健教育は，主として保健体育科の「保健分野」で行われる。

保健授業時数の取り扱いは，1単位時間を50分として，3学年間で48単位時間程度配当する。

学習内容は，下記に示した内容「心身の機能の発達と心の健康」を第1学年，「傷害の防止」を第2学年，「健康と環境」を第3学年，「健康な生活と疾病の予防」については，すべての学年で取り扱う。

学年間の授業時数配分については，3学年間を通して適切に配当し，各学年において効果的な学習が行われるよう，適切な時期にある程度まとまった時間を配当し，実施する。指導に際しては，学習指導要領第1章総則第1の2(3)に示す学校における体育・健康に関する指導の趣旨を生かし，特別活動，運動部などとの関連をはかり，日常生活における体育・健康に関する活動が適切かつ継続的に実践できるよう留意する。また，道徳教育の目標と内容について，保健体育科の特質に応じて適切に指導を行う。

第1章　総　　則
第1　中学校教育の基本と教育課程の役割

2 (3)　学校における体育・健康に関する指導を，生徒の発達の段階を考慮して，学校の教育活動全体を通じて適切に行うことにより，健康で安全な生活と豊かなスポーツライフの実現を目指した教育の充実に努めること。特に，学校における食育の推進並びに体力の向上に関する指導，安全に関する指導及び心身の健康の保持増進に関する指導については，保健体育科，技術・家庭科及び特別活動の時間はもとより，各教科，道徳科及び総合的な学習の時間などにおいてもそれぞれの特質に応じて適切に行うよう努めること。また，それらの指導を通して，家庭や地域社会との連携を図りながら，日常生活において適切な体育・健康に関する活動の実践を促し，生涯を通じて健康・安全で活力ある生活を送るための基礎が培われるよう配慮すること。

中学校の内容は，小学校で学習した内容について，再び高次のレベルで取り上げていく**螺旋型カリキュラム**（spiral curriculum）で構成されており，小学校の学習内容を基盤として，段階的でより複雑な事項へと進む構成となっている。

「保健分野」の「目標と内容」は，以下の枠内に示したとおりである。

中　学　校
〔保健体育〕
第1　目　　標

　体育や保健の見方・考え方を働かせ，課題を発見し，合理的な解決に向けた学習過程を通して，心と体を一体として捉え，生涯にわたって心身の健康を保持増進し豊かなスポーツライフを実現するための資質・能力を次のとおり育成することを目指す。

(1)　各種の運動の特性に応じた技能等及び個人生活における健康・安全について理解するとともに，基本的な技能を身に付けるようにする。

(2)　運動や健康についての自他の課題を発見し，合理的な解決に向けて思考し判断するとともに，他者に伝える力を養う。

(3)　生涯にわたって運動に親しむとともに健康の保持増進と体力の向上を目指し，明るく豊かな生活を営む態度を養う。

第2　各分野の目標及び内容
〔保健分野〕
1　目　　標

(1)　個人生活における健康・安全について理解するとともに，基本的な技能を身に付けるようにする。

(2)　健康についての自他の課題を発見し，よりよい解決に向けて思考し判断するとともに，他者に伝える力を養う。

(3)　生涯を通じて心身の健康の保持増進を目指し，明るく豊かな生活を営む態度を養う。

2　内　　容

(1)　健康な生活と疾病の予防について，課題を発見し，その解決を目指した活動を通して，次の事項を身に付けることができるよう指導する。

　ア　健康な生活と疾病の予防について理解を深めること。

　　(ｱ)　健康は，主体と環境の相互作用の下に成り立っていること。また，疾病は，主体の要因と環境の要因が関わり合って発生すること。

(イ)　健康の保持増進には，年齢，生活環境等に応じた運動，食事，休養及び睡眠の調和のとれ
　　　　た生活を続ける必要があること。
　　(ウ)　生活習慣病などは，運動不足，食事の量や質の偏り，休養や睡眠の不足などの生活習慣の
　　　　乱れが主な要因となって起こること。また，生活習慣病などの多くは，適切な運動，食事，
　　　　休養及び睡眠の調和のとれた生活を実践することによって予防できること。
　　(エ)　喫煙，飲酒，薬物乱用などの行為は，心身に様々な影響を与え，健康を損なう原因となる
　　　　こと。また，これらの行為には，個人の心理状態や人間関係，社会環境が影響することか
　　　　ら，それぞれの要因に適切に対処する必要があること。
　　(オ)　感染症は，病原体が主な要因となって発生すること。また，感染症の多くは，発生源をな
　　　　くすこと，感染経路を遮断すること，主体の抵抗力を高めることによって予防できること。
　　(カ)　健康の保持増進や疾病の予防のためには，個人や社会の取組が重要であり，保健・医療機
　　　　関を有効に利用することが必要であること。また，医薬品は，正しく使用すること。
　　イ　健康な生活と疾病の予防について，課題を発見し，その解決に向けて思考し判断するととも
　　　に，それらを表現すること。
(2)　心身の機能の発達と心の健康について，課題を発見し，その解決を目指した活動を通して，次
　の事項を身に付けることができるよう指導する。
　　ア　心身の機能の発達と心の健康について理解を深めるとともに，ストレスへの対処をすること。
　　(ア)　身体には，多くの器官が発育し，それに伴い，様々な機能が発達する時期があること。ま
　　　　た，発育・発達の時期やその程度には，個人差があること。
　　(イ)　思春期には，内分泌の働きによって生殖に関わる機能が成熟すること。また，成熟に伴う
　　　　変化に対応した適切な行動が必要となること。
　　(ウ)　知的機能，情意機能，社会性などの精神機能は，生活経験などの影響を受けて発達するこ
　　　　と。また，思春期においては，自己の認識が深まり，自己形成がなされること。
　　(エ)　精神と身体は，相互に影響を与え，関わっていること。欲求やストレスは，心身に影響を
　　　　与えることがあること。また，心の健康を保つには，欲求やストレスに適切に対処する必要
　　　　があること。
　　イ　心身の機能の発達と心の健康について，課題を発見し，その解決に向けて思考し判断すると
　　　ともに，それらを表現すること。
(3)　傷害の防止について，課題を発見し，その解決を目指した活動を通して，次の事項を身に付け
　ることができるよう指導する。
　　ア　傷害の防止について理解を深めるとともに，応急手当をすること。
　　(ア)　交通事故や自然災害などによる傷害は，人的要因や環境要因などが関わって発生すること。
　　(イ)　交通事故などによる傷害の多くは，安全な行動，環境の改善によって防止できること。
　　(ウ)　自然災害による傷害は，災害発生時だけでなく，二次災害によっても生じること。また，
　　　　自然災害による傷害の多くは，災害に備えておくこと，安全に避難することによって防止で
　　　　きること。
　　(エ)　応急手当を適切に行うことによって，傷害の悪化を防止することができること。また，心
　　　　肺蘇生法などを行うこと。
　　イ　傷害の防止について，危険の予測やその回避の方法を考え，それらを表現すること。
(4)　健康と環境について，課題を発見し，その解決を目指した活動を通して，次の事項を身に付け
　ることができるよう指導する。
　　ア　健康と環境について理解を深めること。
　　(ア)　身体には，環境に対してある程度まで適応能力があること。身体の適応能力を超えた環境

は，健康に影響を及ぼすことがあること。また，快適で能率のよい生活を送るための温度，湿度や明るさには一定の範囲があること。

　(ｲ)　飲料水や空気は，健康と密接な関わりがあること。また，飲料水や空気を衛生的に保つには，基準に適合するよう管理する必要があること。

　(ｳ)　人間の生活によって生じた廃棄物は，環境の保全に十分配慮し，環境を汚染しないように衛生的に処理する必要があること。

　イ　健康と環境に関する情報から課題を発見し，その解決に向けて思考し判断するとともに，それらを表現すること。

各内容の取り扱いについては，以下に配慮する。

(1)　内容の(1)のアの(ｱ)及び(ｲ)は第1学年，(1)のアの(ｳ)及び(ｴ)は第2学年，(1)のアの(ｵ)及び(ｶ)は第3学年で取り扱うものとし，(1)のイは全ての学年で取り扱うものとする。内容の(2)は第1学年，(3)は第2学年，(4)は第3学年で取り扱うものとする。

(2)　内容の(1)のアについては，健康の保持増進と疾病の予防に加えて，疾病の回復についても取り扱うものとする。

(3)　内容の(1)のアの(ｲ)及び(ｳ)については，食育の観点も踏まえつつ健康的な生活習慣の形成に結び付くように配慮するとともに，必要に応じて，コンピュータなどの情報機器の使用と健康との関わりについて取り扱うことにも配慮するものとする。また，がんについても取り扱うものとする。

(4)　内容の(1)のアの(ｴ)については，心身への急性影響及び依存性について取り扱うこと。また，薬物は，覚醒剤や大麻等を取り扱うものとする。

(5)　内容の(1)のアの(ｵ)については，後天性免疫不全症候群（エイズ）及び性感染症についても取り扱うものとする。

(6)　内容の(2)のアの(ｱ)については，呼吸器，循環器を中心に取り扱うものとする。

(7)　内容の(2)のアの(ｲ)については，妊娠や出産が可能となるような成熟が始まるという観点から，受精・妊娠を取り扱うものとし，妊娠の経過は取り扱わないものとする。また，身体の機能の成熟とともに，性衝動が生じたり，異性への関心が高まったりすることなどから，異性の尊重，情報への適切な対処や行動の選択が必要となることについて取り扱うものとする。

(8)　内容の(2)のアの(ｴ)については，体育分野の内容の「A 体つくり運動」の(1)のアの指導との関連を図って指導するものとする。

(9)　内容の(3)のアの(ｴ)については，包帯法，止血法など傷害時の応急手当も取り扱い，実習を行うものとする。また，効果的な指導を行うため，水泳など体育分野の内容との関連を図るものとする。

(10)　内容の(4)については，地域の実態に即して公害と健康との関係を取り扱うことにも配慮するものとする。また，生態系については，取り扱わないものとする。

(11)　保健分野の指導に際しては，自他の健康に関心をもてるようにし，健康に関する課題を解決する学習活動を取り入れるなどの指導方法の工夫を行うものとする。

3）高等学校

　高等学校における教科としての保健教育は，主として保健体育科の「科目保健」で実施される。高等学校での1単位時間は50分であり，35単位時間を1単位として，原則，入学年次およびその次の年次の2か年にわたり2単位を履修する。

学習内容は，小・中学校の内容を基礎として，(1)「現代社会と健康」，(2)「安全な社会生活」，(3)「生涯を通じる健康」，(4)「健康を支える環境づくり」の４領域で構成されている。

1999（平成11）年３月に告示された学習指導要領以降に示された学習内容の特徴は，1997（平成９）年の保健体育審議会答申とこの答申を受けての教育課程審議会答申「教育課程の基準の改善」にみることができる。同「改訂の基本方針」では，「近年の成育環境，生活行動，疾病構造等の変化にかかわって深刻化している心の健康，食生活をはじめとする生活習慣の乱れ，生活習慣病，薬物乱用，性に関する問題等について対応できるようにする」とされ，「健康に関する現代的課題への対応」として，①意志決定や行動選択の重視，②スキル（技能）の重視，③こころの健康とストレスへの対処といった内容が重視された。

指導では，小・中学校と同様に，実験や実習を積極的に取り入れたり，課題学習を行うなど，指導方法にも工夫が求められている。近年の研究成果から，セルフエスティーム（自尊感情）が低い者や自己主張ができない者は喫煙，飲酒，薬物乱用といった行動を起こしやすいとされており，これに対応した指導方法として，アサーショントレーニングやロール・プレイングなどが注目されている。これについては「学校保健教育の計画と実践」の項で詳しく述べる。

また，今期改訂で示された「高等学校教育の基本と教育課程の役割」には，次のように記載されている。

「学校における体育・健康に関する指導を，生徒の発達の段階を考慮して，学校の教育活動全体を通じて適切に行うことにより，健康で安全な生活と豊かなスポーツライフの実現を目指した教育の充実に努めること。特に，学校における食育の推進並びに体力の向上に関する指導，安全に関する指導及び心身の健康の保持増進に関する指導については，保健体育科，家庭科及び特別活動の時間はもとより，各教科・科目及び総合的な探究の時間などにおいてもそれぞれの特質に応じて適切に行うよう努めること。また，それらの指導を通して，家庭や地域社会との連携を図りながら，日常生活において適切な体育・健康に関する活動の実践を促し，生涯を通じて健康・安全で活力ある生活を送るための基礎が培われるよう配慮すること」とされ，これを実現するために，「豊かな創造性を備え持続可能な社会の創り手となることが期待される生徒に，生きる力を育むことを目指すに当たっては，学校教育全体及び各教科・科目等の指導を通してどのような資質・能力の育成を目指すのかを明確にしながら，教育活動の充実を図るものとする。その際，生徒の発達の段階や特性等を踏まえ」て，次の３点が示された。

（１）知識及び技能が習得されるようにすること。

（２）思考力，判断力，表現力等を育成すること。

（３）学びに向かう力，人間性等を涵養すること。

そして，各学校において「生徒や学校，地域の実態を適切に把握し，教育の目的や目標の実現に必要な教育の内容等を教科等横断的な視点で組み立てていくこと，教育課程の実施状況を評価してその改善を図っていくこと，教育課程の実施に必要な人的又は物的な体

制を確保するとともにその改善を図っていくことなどを通して，教育課程に基づき組織的かつ計画的に各学校の教育活動の質の向上を図っていくこと」，いわゆる「カリキュラム・マネジメント」によって，学校の機能を活性化することが求められた。

2018（平成30）年3月改訂の高等学校学習指導要領に示された「科目保健」の「目標と内容」は，以下のとおりである。

高 等 学 校

〔保健体育〕

第1款 目　標

　体育や保健の見方・考え方を働かせ，課題を発見し，合理的，計画的な解決に向けた学習過程を通して，心と体を一体として捉え，生涯にわたって心身の健康を保持増進し豊かなスポーツライフを継続するための資質・能力を次のとおり育成することを目指す。

(1) 各種の運動の特性に応じた技能等及び社会生活における健康・安全について理解するとともに，技能を身に付けるようにする。

(2) 運動や健康についての自他や社会の課題を発見し，合理的，計画的な解決に向けて思考し判断するとともに，他者に伝える力を養う。

(3) 生涯にわたって継続して運動に親しむとともに健康の保持増進と体力の向上を目指し，明るく豊かで活力ある生活を営む態度を養う。

第2款 各 科 目

第2 保　　健

1 目　標

　保健の見方・考え方を働かせ，合理的，計画的な解決に向けた学習過程を通して，生涯を通じて人々が自らの健康や環境を適切に管理し，改善していくための資質・能力を次のとおり育成する。

(1) 個人及び社会生活における健康・安全について理解を深めるとともに，技能を身に付けるようにする。

(2) 健康についての自他や社会の課題を発見し，合理的，計画的な解決に向けて思考し判断するとともに，目的や状況に応じて他者に伝える力を養う。

(3) 生涯を通じて自他の健康の保持増進やそれを支える環境づくりを目指し，明るく豊かで活力ある生活を営む態度を養う。

2 内　容

(1) 現代社会と健康

ア　現代社会と健康について理解を深めること。

(ア) 健康の考え方

　国民の健康課題や健康の考え方は，国民の健康水準の向上や疾病構造の変化に伴って変わってきていること。また，健康は，様々な要因の影響を受けながら，主体と環境の相互作用の下に成り立っていること。

　健康の保持増進には，ヘルスプロモーションの考え方を踏まえた個人の適切な意思決定や行動選択及び環境づくりが関わること。

(イ) 現代の感染症とその予防

　感染症の発生や流行には，時代や地域によって違いがみられること。その予防には，個人の取組及び社会的な対策を行う必要があること。

(ウ) 生活習慣病などの予防と回復

　健康の保持増進と生活習慣病などの予防と回復には，運動，食事，休養及び睡眠の調和のとれた

生活の実践や疾病の早期発見，及び社会的な対策が必要であること。

(エ) 喫煙，飲酒，薬物乱用と健康

喫煙と飲酒は，生活習慣病などの要因になること。また，薬物乱用は，心身の健康や社会に深刻な影響を与えることから行ってはならないこと。それらの対策には，個人や社会環境への対策が必要であること。

(オ) 精神疾患の予防と回復

精神疾患の予防と回復には，運動，食事，休養及び睡眠の調和のとれた生活を実践するとともに，心身の不調に気付くことが重要であること。また，疾病の早期発見及び社会的な対策が必要であること。

イ 現代社会と健康について，課題を発見し，健康や安全に関する原則や概念に着目して解決の方法を思考し判断するとともに，それらを表現すること。

(2) 安全な社会生活

ア 安全な社会生活について理解を深めるとともに，応急手当を適切にすること。

(ア) 安全な社会づくり

安全な社会づくりには，環境の整備とそれに応じた個人の取組が必要であること。また，交通事故を防止するには，車両の特性の理解，安全な運転や歩行など適切な行動，自他の生命を尊重する態度，交通環境の整備が関わること。交通事故には補償をはじめとした責任が生じること。

(イ) 応急手当

適切な応急手当は，傷害や疾病の悪化を軽減できること。応急手当には，正しい手順や方法があること。また，応急手当は，傷害や疾病によって身体が時間の経過とともに損なわれていく場合があることから，速やかに行う必要があること。心肺蘇生法などの応急手当を適切に行うこと。

イ 安全な社会生活について，安全に関する原則や概念に着目して危険の予測やその回避の方法を考え，それらを表現すること。

(3) 生涯を通じる健康

ア 生涯を通じる健康について理解を深めること。

(ア) 生涯の各段階における健康

生涯を通じる健康の保持増進や回復には，生涯の各段階の健康課題に応じた自己の健康管理及び環境づくりが関わっていること。

(イ) 労働と健康

労働災害の防止には，労働環境の変化に起因する傷害や職業病などを踏まえた適切な健康管理及び安全管理をする必要があること。

イ 生涯を通じる健康に関する情報から課題を発見し，健康に関する原則や概念に着目して解決の方法を思考し判断するとともに，それらを表現すること。

(4) 健康を支える環境づくり

ア 健康を支える環境づくりについて理解を深めること。

(ア) 環境と健康

人間の生活や産業活動が，自然環境を汚染し健康に影響を及ぼすことがあること。それらを防ぐには，汚染の防止及び改善の対策をとる必要があること。また，環境衛生活動は，学校や地域の環境を健康に適したものとするよう基準が設定され，それに基づき行われていること。

(イ) 食品と健康

食品の安全性を確保することは健康を保持増進する上で重要であること。また，食品衛生活動は，食品の安全性を確保するよう基準が設定され，それに基づき行われていること。

(ウ) 保健・医療制度及び地域の保健・医療機関生涯を通じて健康を保持増進するには，保健・医療制

度や地域の保健所，保健センター，医療機関などを適切に活用することが必要であること。

また，医薬品は，有効性や安全性が審査されており，販売には制限があること。疾病からの回復や悪化の防止には，医薬品を正しく使用することが有効であること。

(エ) 様々な保健活動や社会的対策

我が国や世界では，健康課題に対応して様々な保健活動や社会的対策などが行われていること。

(オ) 健康に関する環境づくりと社会参加

自他の健康を保持増進するには，ヘルスプロモーションの考え方を生かした健康に関する環境づくりが重要であり，それに積極的に参加していくことが必要であること。また，それらを実現するには，適切な健康情報の活用が有効であること。

イ 健康を支える環境づくりに関する情報から課題を発見し，健康に関する原則や概念に着目して解決の方法を思考し判断するとともに，それらを表現すること。

各内容の取り扱い事項は，次のとおりである。

(1) 内容の(1)のアの(ウ)及び(4)のアの(イ)については，食育の観点を踏まえつつ，健康的な生活習慣の形成に結び付くよう配慮するものとする。また(1)のアの(ウ)については，がんについても取り扱うものとする。

(2) 内容の(1)のアの(ウ)及び(4)のアの(ウ)については，健康とスポーツの関連について取り扱うものとする。

(3) 内容の(1)のアの(エ)については，疾病との関連，社会への影響などについて総合的に取り扱い，薬物については，麻薬，覚醒剤，大麻等を取り扱うものとする。

(4) 内容の(1)のアの(オ)については，大脳の機能，神経系及び内分泌系の機能について必要に応じ関連付けて扱う程度とする。また，「体育」の「A 体つくり運動」における体ほぐしの運動との関連を図るよう配慮するものとする。

(5) 内容の(2)のアの(ア)については，犯罪や自然災害などによる傷害の防止についても，必要に応じ関連付けて扱うよう配慮するものとする。また，交通安全については，二輪車や自動車を中心に取り上げるものとする。

(6) 内容の(2)のアの(イ)については，実習を行うものとし，呼吸器系及び循環器系の機能については，必要に応じ関連付けて扱う程度とする。また，効果的な指導を行うため，「体育」の「D 水泳」などとの関連を図るよう配慮するものとする。

(7) 内容の(3)のアの(ア)については，思春期と健康，結婚生活と健康及び加齢と健康を取り扱うものとする。また，生殖に関する機能については，必要に応じ関連付けて扱う程度とする。責任感を涵養することや異性を尊重する態度が必要であること，及び性に関する情報等への適切な対処についても扱うよう配慮するものとする。

(8) 内容の(4)のアの(ア)については，廃棄物の処理と健康についても触れるものとする。

(9) 指導に際しては，自他の健康やそれを支える環境づくりに関心をもてるようにし，健康に関する課題を解決する学習活動を取り入れるなどの指導方法の工夫を行うものとする。

§3. 特別活動における保健の指導と日常生活における指導及び子供の実態に応じた個別指導（health guidance）の内容

　これまでの**保健指導**は，児童生徒の実態から「当面する健康課題を中心として，健康の保持増進に関するより実践的な能力や態度，さらには望ましい習慣の形成を目指して」，教育活動全体を通して行われるとされていた。

　そして，保健指導の機会は，特定の集団を対象として行われる**集団的保健指導**と児童生徒一人ひとりの健康状態や生活に即して行われる**個別的保健指導**に分けられていた。しかし，2018年より行政用語として，前者を「**特別活動における保健の指導**」，後者を「**日常における指導及び子供の実態に応じた個別指導**」と呼び改められる。

　また，保健指導は，保健管理とかかわって，図5-2，あるいは図5-3のようにとらえることもある。小倉学が示したこれらの構成図は，保健指導の形態や指導内容の特性に注目しながら，学校保健を保健学習，保健指導，保健管理の3分野に再構成したものである。保健指導は保健学習と保健管理の中間に位置づけられ，両者の不可分な関係を取りもつ一分野として保健指導を強調している。

1．集団的な保健の指導（特別活動）

　集団的な保健の指導は，教育課程に位置づけられた特別活動として，**学級活動**（高等学校ではホームルーム），**児童会活動**（中・高等学校では生徒会活動），**クラブ活動**（小学校のみ），**学校行事**の機会に実施される。

1）学級活動（ホームルーム）における保健の指導

　学級における保健の指導は，学級を特定の集団（単位）として，主に学級担任が指導に

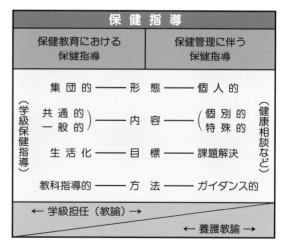

図5-2　学校保健の構成と保健指導　　　図5-3　2つの保健指導の比較
（小倉　学：学校保健，光生館，1983，p.8を一部改変）　（小倉　学：学校保健，光生館，1983，p.8を一部改変）

あたる。健康課題の内容によっては，より専門的知識をもつ養護教諭や栄養教諭が T. T. （ティームティーチング）でかかわる場合もある。

　インフルエンザなどの感染症が流行する時期に予防を目的として指導を行ったり，歯みがき指導や食生活指導，安全指導など，集団の健康習慣や特徴，時期を考慮し実施される。

　学級活動は，児童生徒一人ひとりが学級内の組織づくりや役割分担を通して自主的に問題解決をはかる活動であることから，指導に際して，児童生徒の自主的活動に配慮する。

　1単位時間の学級活動のほかに，「朝の会」や「帰りの会」を活用して行うこともある。

2）児童会活動（生徒会活動）における保健の指導

　児童会（生徒会）活動における保健の指導は，児童生徒が保健委員会，環境・美化委員会，生活委員会，給食委員会，体育委員会などの各委員会活動を通して，自分たちの学校を健康でより豊かにしていく活動に対して行う支援・指導である。

　学級活動のような同年齢集団の活動とは異なり，異年齢集団での活動となる。こうした機会にくり広げられる学びは，構成員一人ひとりがさまざまな経験や異なった経験の差異から学びを生成する機会として設けられている。児童会活動における保健の指導では，多学年の参加（participation）や異年齢集団の協力的活動といった特徴に考慮して指導を行う。

3）クラブ活動における保健の指導

　クラブ活動は，児童会活動と同様に学年や学級の異なった児童により組織され，さらに共通の興味・関心をもった児童により構成された活動となる。

　クラブの設置は各学校や地域の状況に応じてさまざまであるが，一般的に小学校第4学年以上の同好の児童をもって組織され，体育系クラブ，科学クラブ，家庭クラブ，園芸クラブ，料理クラブ，美化クラブなどの活動を通して，心身の健康，生活環境，食品・栄養等の現代の健康問題にアプローチする。教師はこの活動に対する支援と指導を行う。クラブ活動も児童会活動と同様に，自発的，自治的な活動としての営みに配慮する。

4）学校行事における保健の指導

　学校行事における保健の指導は，健康安全・体育的行事として，健康診断，病気の予防等に関する行事，交通安全指導，避難訓練，運動会，水泳大会などの際に行う指導である。

　遠足・集団宿泊的行事では，遠足へ参加する児童生徒（集団）に対して，旅行中の生活リズムや衣類による温度調節など，健康に配慮する事項について指導を行う。

　学校行事は，学級活動（ホームルーム），児童会（生徒会）活動，クラブ活動とは異なり，全校または学年という大きな集団による活動となる。

2．個別的な保健の指導（日常生活における指導及び子供の実態に応じた個別指導）

　個別的な保健の指導は，校内のあらゆる場において個人を対象に行う指導であり，教育課程には位置づけられない場面において，児童生徒一人ひとりを指導し，ケア（care）する重要な役割をもっている。個別指導の対象は大きく分ければ次のようになる[1]。

① **健康状態についての指導**
 ・健康診断で発見された疾病・異常についての指導
 ・授業中よく頭痛や腹痛をおこしやすい児童の指導
 ・日常の食べ物の選び方や健康に適した食事についての指導など
② **体や衣服の清潔についての指導**
 ・顔や手足がいつも汚れている児童や衣服の不潔が目立つものの指導など
③ **環境の清潔についての指導**
 ・机やロッカーの中などの整頓ができない児童の指導
 ・手洗い場や便所の清潔が保てないものの指導など
④ **行動上の問題についての指導**
 ・情緒不安定や行動上の異常など心の健康に問題のある児童の指導
 ・その他行動上の問題をもつものについての指導など

　個別的な保健の指導は，健康診断やその他の調査結果に基づいて行う場合や始業前，休憩時間，放課後などに保健室にくる児童生徒を対象にした場合など，即応的な対応となる。

　児童生徒への対応は，一人ひとりの発達的特徴，個人差を考慮しながら，その時々の状況や様子に合わせて指導を行う。

　休憩時間中の児童生徒の表情や行動は授業時間内とは異なった面がみられることから，休憩時間の過ごし方や，家庭や地域における行動の実態と関連して指導が必要となる。

　以上に示した機会による保健の指導はその時点で即，問題の解決を迫られることが多いが，将来の健康課題に対する主体の形成に配慮して指導を行う必要もある。

§4．関連する教科，総合的な学習の時間の保健教育活動

　保健教育活動は，各教科で実施される保健の学習と特別活動を中心に実施される保健の指導以外に，**特別の教科 道徳**と**総合的な学習の時間**（periods for integrated study）でも行われる。

　道徳教育は，小・中学校において学校の教育活動全体をとおして行うとされており，保健に関連した内容・教材には，「生命の尊重」，「健康の増進」，「環境の清潔」などがある。

　総合的な学習の時間は，小学校第3学年以上と中学校においては2002（平成14）年から，高等学校においては2003（平成15）年から新たに教育課程に導入された。

　2017（平成29）年3月に告示された新学習指導要領では，総合的な学習の時間の目標は，以下のように示されている（目標については，小・中学校とも同様である）。

総合的な学習の時間

第1　目　標
　探究的な見方・考え方を働かせ，横断的・総合的な学習を行うことを通して，よりよく課題を解決し，自己の生き方を考えていくための資質・能力を次のとおり育成することを目指す。
　(1)　探究的な学習の過程において，課題の解決に必要な知識及び技能を身に付け，課題に関わる概

念を形成し，探究的な学習のよさを理解するようにする。

(2) 実社会や実生活の中から問いを見いだし，自分で課題を立て，情報を集め，整理・分析して，まとめ・表現することができるようにする。

(3) 探究的な学習に主体的・協働的に取り組むとともに，互いのよさを生かしながら，積極的に社会に参画しようとする態度を養う。

第2　各学校において定める目標及び内容

1　目　標

各学校においては，第1の目標を踏まえ，各学校の総合的な学習の時間の目標を定める。

2　内　容

各学校においては，第1の目標を踏まえ，各学校の総合的な学習の時間の内容を定める。

　総合的な学習の時間の内容は，各学校において，「第1の目標を踏まえ，各学校の総合的な学習の時間の内容を定める」としている。

　指導計画の作成にあたっては，学校における全教育活動と関連をもちつつ，「地域や学校，児童の実態等に応じて，教科等の枠を超えた横断的・総合的な学習，探究的な学習，児童の興味・関心等に基づく学習など創意工夫を生かした教育活動を行うこと」，「日常生活や社会とのかかわりを重視すること」，「学習方法に関すること，自分自身に関すること，他者や社会とのかかわりに関することなどの視点を踏まえること」，「国際理解，情報，環境，福祉・健康などの横断的・総合的な課題についての学習活動，児童の興味・関心に基づく課題についての学習活動，地域の人々の暮らし，伝統と文化など地域や学校の特色に応じた課題についての学習活動などを行うこと」，「各教科，道徳，外国語活動及び特別活動で身に付けた知識や技能等を相互に関連付け，学習や生活において生かし，それらが総合的に働くようにすること」などの事項に配慮する。

　また，内容の取り扱いについては，「問題の解決や探究活動の過程においては，他者と協同して問題を解決しようとする学習活動や，言語により分析し，まとめたり表現したりするなどの学習活動が行われるようにすること」，「自然体験やボランティア活動などの社会体験，ものづくり，生産活動などの体験活動，観察・実験，見学や調査，発表や討論などの学習活動を積極的に取り入れること」，「体験活動については，（中略）問題の解決や探究活動の過程に適切に位置付けること」，「グループ学習や異年齢集団による学習などの多様な学習形態，地域の人々の協力も得つつ全教師が一体となって指導に当たるなどの指導体制について工夫を行うこと」，「学校図書館の活用，他の学校との連携，公民館，図書館，博物館等の社会教育施設や社会教育関係団体等の各種団体との連携，地域の教材や学習環境の積極的な活用などの工夫を行うこと」，「国際理解に関する学習を行う際には，問題の解決や探究活動に取り組むことを通して，諸外国の生活や文化などを体験したり調査したりするなどの学習活動が行われるようにすること」，「情報に関する学習を行う際には，問題の解決や探究活動に取り組むことを通して，情報を収集・整理・発信したり，情報が日常生活や社会に与える影響を考えたりするなどの学習活動が行われるようにすること」などの事項に配慮する。健康課題と関連した授業実践には，「いのちの授業」や「地産地消の食づくり」などがある。

78　第5章　学校保健教育

§5．学校保健教育の計画と実践

　本節では，1単位時間の保健教育（health instruction）について，保健授業が実践に移されるまでの道筋を，年間計画と本時の計画に分けて確認してみよう。

1．年間計画を立てる

　体育科，保健体育科の指導内容については，学習指導要領において内容と授業時数が決められているので，その範囲内で年間指導計画を立てる。その際に考慮すべきことは，関連教科である社会科，理科，生活科，家庭科，教科外である特別の教科 道徳，総合的な学習の時間，特別活動による保健の指導の内容と取り扱い時期，子どもの発達的特徴に配慮して計画する。

　年間計画に記載する内容は，一般的には，①学年，②指導の時期（月，週），③単元の名称，④配当時間数，⑤他教科との関連，⑥関連する保健・安全的行事，⑦個別的な保健の指導との関連，⑧運営上の補足事項や留意点など[2]である。

　③の単元（unit）とは，学習指導要領に記載されている内容，たとえば小学校体育科第3・4学年で学習する「健康な生活」や「体の発育・発達」といった内容のこととされている（p. 64，表5-1参照）。

　単元については，①単元名，②単元の目標，③単元の配当時間数，④単元内容の特徴と配列，⑤教材・教具の選定，⑥単元の評価規準などを考慮して年間計画を立てる。

2．指導案（授業案）を作成する

　1時間の指導案（授業案）は，年間指導計画に基づいて作成する。

　指導案の形式・様式は，学校や地域によってさまざまであるが，主として①日時，②学年・学級・人数，③授業者名，④単元名，⑤単元目標，⑥単元観（A：教材観，B：児童生徒観，C：指導観），⑦単元の指導計画，⑧本時の題材名，⑨本時の目標，⑩本時の指導過程（A：子どもの学習活動，B：話し言葉で書いた発問，C：指示や板書などを含めた教師の支援（指導）など），⑪本時の評価などを指導案の内容とする。

　実際の指導案作成と授業づくり（指導案づくり）のプロセスについて，次の例を参考にして作成プロセスを確認してみたい。

　藤岡信勝は「授業づくりの発想」[3]のなかで，教師が授業づくりをするうえで自覚的に区別すべき，次の4つの問題領域を設定している。

①	**教育内容**（何を教えるか）	
②	**教　　材**（どういう素材を使うか）	
③	**教授行為**（子どもにどのように働きかけるか）	
④	**学 習 者**（それによって子どもの状態はどうなるか）	

①から④のレベルの異なる領域は，授業が分節化できる構造をもっていることから各領域に分けて考えることができる。もちろん，授業は4つの領域がそれぞれ関連しているが，授業を考えるうえで，暫定的に4つの問題領域に分節化している[4]。

① **教育内容**（何を教えるか）　教育内容（何を教えるか）は，学習指導要領においてその内容が定められているが，その内容は，授業者の準備した教材を通して学習者に提示される。教材は，授業者が教えたい内容を学習者が探究し，学習する内容へ近づけるために用意されるものであり，学習者の発達段階を把握した教材化作業（教材研究）が必要となる。

② **教　材**（どういう素材を使うか）　教材と教育内容の違いについて，「感染症」の理解を例に確認してみよう。

「感染症」は寄生虫感染，細菌感染，ウイルス感染などを総称した抽象的な概念である。子どもたちに「感染症」といってもインフルエンザなどの具体的な「感染症」が認識されていなければ，抽象的でイメージされにくい。そこで「感染症」（教育内容）を理解するために，具体的に「結核，コレラ，麻疹，インフルエンザなど」（教材）を通して「感染症」を学習する。ここで例に出した「結核，コレラ，麻疹，インフルエンザなど」は「感染症」理解のための教材となる。学習者に提示する教材は，学習者の発達段階を考慮する必要があり，たとえば教材として「結核」を選択するのか，それとも「インフルエンザ」を選択するのか，学習者がイメージしやすい事例や経験に近いものを教材とするなど，教師の工夫と判断が必要になる。

教材づくりの成功事例では，次の4つのいずれかの形式で素材が組織されている[5]。この4つの形式を参考にして教材づくりの手がかりを得ることができるだろう。

(A) 子どもが自分の頭で考えてみたくなるような問題（または発問）の形をとっているもの（問題）
(B) 印象深い文章の形をとっているもの（文章）
(C) 視聴覚教具や実物教具の形をとっているもの（教具）
(D) 子ども自身の活発な活動を組織するなんらかの学習活動のなかで，結果的に目標とすることが学習されるようになっているもの（学習活動）

---

③ **教授行為**（子どもにどのように働きかけるか）　教授行為は，授業者による学習者への働きかけの方法である。その手法は多様であり，発問，指示，説明，話しかけるテンポなどの直接的働きかけから，集団組織の方法選択にまで及ぶ。

学習者集団の組織（学習スタイル）は，個別学習から集団による学習（グループ学習）まで，学習内容によって多様なスタイルが考えられる。「ディスカッション」，「ディベート（討論）」，「ロール・プレイング（役割演技法）」，「ブレインストーミング」，「パネル・ディスカッション」，「実験」，「実習」などはそれぞれの方法に特徴があり，授業ではその長所を生かした学習組織の方法が選択される。

ディスカッション（discussion）は，学習者が相互の意見を交流させながら展開し，個々の思考活動を促進させるところに特徴がある。「グループ・ディスカッション」や「学

級全体でのディスカッション」など，スタイルに柔軟性がある。

ディベート（academic debate；**討論**）は，ある課題や問題に対して立場を二分して討論する形式で，各立場（賛否）の討論機会や時間が決められたなかで進められる。「ディスカッション」と比較すると方法は定式化しており，主張と表現，論理性の探究，お互いの立場の相違点が明確にできるなどの特徴がみられる。

ロール・プレイング（role playing；**役割演技法**）は，実際場面を想定して役割を演じ，その体験により技術や能力の獲得をめざすシミュレーションである。「ロール・プレイング」には，シナリオを構成して行う「構成済ロール・プレイング」とその場で思いつくままを演じる「自発的ロール・プレイング」がある[6]。知識伝達型の授業とは異なり，実際場面に近い体験ができるところに特徴がある。

ブレインストーミング（brainstorming）は，集団の連想の働きを利用するもので，他者の意見から連鎖反応を巻き起こしながらよいアイディアや意見を生み出していく集団的思考法である[7]。問題解決をめざしながら，そのプロセスにおいて，創造的な態度や思考が育まれたり，集団の仲間意識や結束力が強化されるなどの特徴がみられる。

そのほか，学習組織の方法とかかわって，**発見学習**（discovery learning），**問題解決学習**（problem solving method），**観察学習**（observational learning），**協調学習**（collaborative learning）などの学習スタイルも考えられる。

授業者は教授行為として，「問い」ひとつをとっても，学習者との関係のなかで，いつ，どの段階で，どのように発問するのかを熟考し，選択している。教師は授業のなかで「状況との対話（conversation with situation）」を行い，「行為のなかで省察（reflection in action）」する。授業後は，自らの教授行為と学習者の学びの関係について「行為の後の省察（reflection after action）」，「行為についての省察（reflection on action）」を行いながら自らのデザインした授業について熟考し，授業の専門家（professional）[8]として学習者とともに成長する。

④ **学習者**（それによって子どもの状態はどうなるか）　①から③の営みは，授業者が授業における学習者の学びを想定してプラン，またはデザインされている。このことからもわかるとおり，学習者の学習または学びは常に授業づくりの中心にあるといってよい。授業で学習者が何を学んだのか，または何によって学びが閉ざされたのか，どういった条件が学びを阻害したのかについて確認することは，次の授業づくりへとつながる視点を提供してくれる[9]。フィードバックの方法は次項の評価で確認する。

3．授業の評価

授業の評価は，①授業において学習者（児童生徒）が何をどの程度学習したのかを確認するとともに，②授業者（教師）の授業計画や進行，教材，発問などが学習者に適切に提示されているかを問い，③次の学習や授業へフィードバックする意味をもっている。

教育活動を評価する場合には，「いつ」，「だれが」，「だれを」または「何に」対して，「どのように」評価するのかを明確にする。また，評価は目標が定められているからこそ，目標が達成されたかどうか評価することができる。したがって，目標や目的は明確にして

おく必要がある。

授業における評価は，授業前（事前的評価（診断的評価）），授業中（形成的評価），授業後（総括的評価（結果評価））といった評価の実施時期や，「知識・技能」，「思考力・判断力・表現力」，「主体的に学習に取り組む態度」といった観点別評価を行う場合など，それぞれ評価の実施時期（タイミング）や方法が異なる（体育科，保健体育科の保健の学習では「健康・安全への知識及び技能」，「健康・安全についての思考力・判断力・表現力」，「学びに向かう力，人間性等を涵養すること」の3つの目標に対応した観点から評価する）。また，評価規準を「(A)十分に満足できる」，「(B)おおむね満足できる」，「(C)努力を要する」など3段階評価とするのか，またはより細分化し，5段階評価とするのかについても検討が必要となる。

以上の評価は，授業づくりの過程を直線的に(1)「**計画**」，(2)「**実施**」，(3)「**評価**」の3段階に分けて考えている。こうした授業づくりの考えは，これまでの学校文化であたりまえのように強調されているが，計画段階の明確な教育目標とその結果の関係を科学的に調査・分析し，生産性と効率性の高い授業過程の統制が求められるモデル（**過程＝産出モデル**）である。

これに対して，近年の実践研究では，授業づくりを質的研究の知見から(1)「**デザイン**」，(2)「**実践**」，(3)「**反省**」の3段階でとらえる。この見方に従えば，授業は，計画によって過程を統制し（**program**），その価値を結果で評価するものとは異なる。授業を段階的過程としてとらえるのではなく，「デザイン」，「実践」，「反省」を往還的で循環的な過程と認識する（**project**）。授業はデザインされ，教室の活動で絶えず修正され，複雑な出来事の意味を省察し反省することによって，より意味ある経験へと創造されるモデルとしてとらえる。つまり，「過程＝産出モデル」において「ブラック・ボックス（暗箱）」とされていた教室の出来事や経験それ自体の意味を重視し，その出来事の省察や経験の反省によって授業実践を創造しようとする授業モデルである[10]。

このように，授業をプランニングするのか，それとも授業をデザインするのかによって授業評価のとらえ方も異なったものとなる。

●引用文献●
1 ）髙石昌弘：新版学校保健概説第3版，同文書院，2000，p.128
2 ）田村　誠：学校保健教育の計画，杉浦正輝監修，学校保健，建帛社，2000，pp.136〜140
3 ）藤岡信勝：授業づくりの発想，日本書籍，1989，pp.1〜4
4 ）具体的な事例については，七木田文彦：保健授業の挑戦—学びの創造とデザイン—，大修館書店，2021
5 ）藤岡信勝：教材づくりの発想，日本書籍，1991，pp.43〜44
6 ）高橋浩之：健康教育への招待，大修館書店，1996，pp.139〜153
7 ）皆川興栄：総合的学習でするライフスキルトレーニング，明治図書，1999，pp.59〜63
8 ）ドナルド・ショーン（佐藤学・秋田喜代美訳）：専門家の知恵，ゆみる出版，2001
9 ）前掲4 ）
10）佐藤　学：放送大学叢書011 教育の方法，左右社，2010，pp.116〜117

第 6 章

学校での健康づくり

> ❖ ポイント
> 1．学校において展開されるヘルスプロモーションの理念に基づいた健康教育活動の重要性について理解する。
> 2．夜型生活の現状をふまえ，家庭や地域との連携のもと，子ども自らが望ましい基本的生活習慣を身につけるための力を育むことの必要性について理解する。
> 3．ライフスキルの形成は学齢期における喫煙，飲酒，薬物乱用，早期の性行動などのさまざまな危険行動の防止において有効であることを学ぶ。
> 4．学校におけるがん教育の推進にあたっては，学校教育全体を通しての健康教育が重要であることを理解する。
> 5．子どもの体力・運動に関する現状について理解し，学校や家庭・地域で取り組むべき今日的課題と改善策について考える。

§1. 学校におけるヘルスプロモーションの展開

1. 学校におけるヘルスプロモーションの考え方

　ヘルスプロモーションとは 1986（昭和 61）年に WHO（オタワ憲章）が提唱した健康づくりの考え方であり，「人々が自らの健康をコントロールし，改善することができるようにするプロセス」と定義されている（第 1 章参照）。人々の生活を取り巻く社会情勢の大きな変化に伴い，2005（平成 17）年のバンコク憲章では「人々が自らの健康とその決定要因をコントロールし，改善することができるようにするプロセス」として新たに定義された（下線部は追記内容）。健康を生きる目的としてではなく毎日の生活を支える資源としてとらえ，だれもが豊かな人生を送ることができるようにするための健康戦略として展開される。

　日本学術会議健康・生活科学委員会（2010 年）は子どものヘルスプロモーションのいっそうの推進のため，「健康的公共政策の推進と体制整備」，「健康に関する支援的環境の創造」，「健康のための社会的ネットワークと地域活動の強化」，「個人的スキルや能力の強化」，「健康開発のための研究とその組織づくりの推進」，「学校を核とした地域のヘルスプロモーションの推進」の 6 方策を柱とする総合的・包括的取り組みが重要であるとし，生活環境，身体運動や心の健康など 16 分野にわたる具体的な提案を行っている。子どもの心身両面の健康づくりが大きな問題となっている現在，ヘルスプロモーションの理念に基づいた健康教育と健康管理の重要性は，ますます高まると考えられる。子どもの健康，生活，安全に関するさまざまな課題解決のため，学校，家庭，地域社会や関係機関が連携し，ヘルスプロモーションを組織的，継続的に実践・推進していくことが必要不可欠である。

2. 児童生徒の生活習慣と主体的能力の形成

　社会環境や生活の 24 時間化に伴い，**子どもの生活リズム**も夜型へ大きく変化している。すでに幼児期の段階で 4 人に 1 人は 22 時以降に就寝しており，就寝時刻の遅延や睡眠時間の短縮における低年齢化が進んでいる。登校後，強い眠気のために保健室で昼まで熟睡している子どももまれではない。このような子どもたちの生活背景から，昼間の元気な活動を支える十分な夜間の睡眠が確保できていない状況が推測される。児童期は家庭の生活リズムに沿って過ごすことが多いが，中高生になると自我の確立とともに自分の生活スタイルをもつようになる。今や高校生の 90 ％以上がスマートフォンや携帯電話を所有し，夜間のメールや SNS などの利用から，就寝時刻の遅延化はさらに進み，毎日寝不足のまま学校生活を過ごす生徒が増加している。このような子どもには生活リズムの乱れに起因すると思われる心身の不調の訴えも多い。

　子どもの健やかな成長には規則的な生活リズムを主軸とした基本的生活習慣の形成は欠かせない。**睡眠，身体活動，食事**は密接に関連しており，健康な生活リズムの確立にはこれらの規則正しい習慣の形成が基盤となる。子どもの生活実態やさまざまな心身の健康問題をふまえると，睡眠の重要性が今日より高まっているといえよう。家庭と学校の双方が

84　第 6 章　学校での健康づくり

連携し，子ども自らが望ましい基本的生活習慣を身につけ，継続して実践していく力を育んでいくことが求められている。

3．喫煙防止，飲酒・薬物乱用防止とスキル形成

　近年，自らの健康管理に必要な情報を積極的に収集して判断し，適切な健康行動を選択することを支援する**ライフスキル教育**が注目されている。「ライフスキル」とは WHO の定義によると「日常生活で生じるさまざまな問題や要求に対し，建設的かつ効果的に対処するために必要な心理社会能力」のことであり，ライフスキルの形成は喫煙，飲酒や薬物乱用といった思春期のさまざまな危険行動の防止において有効であるとされる。

　ライフスキルの学習ではよりよい生活に必要なスキルに関する知識を学び，実践を通して身につけていく。たとえば，**喫煙，飲酒，薬物乱用防止教育**では，これらを友人や家族から誘われた場合の対処（相手との人間関係を損なうことなく自分の考えを適切に伝える能力）や広告などのマスメディアの影響への対処（人を惹きつけるためのメディアの工夫やテクニックを分析する能力）など，さまざまな問題への対処能力であるライフスキルを実践できるように学習する。学習方法としては，ブレインストーミングやロール・プレイング，ディベートなどを取り入れた児童生徒が主体の**参加型学習**が多く活用されている。

4．性　教　育

　性教育は子どもの発達段階に応じて，心身の機能発達や性感染症予防など性に関する科学的知識の理解とともに，知識に基づいた行動選択ができることをねらいとして行われている。性に関する指導は保健体育科，体育科，特別活動や道徳などを中心に学校教育全体を通じて行われ，生命の尊厳，自尊感情や自己肯定感を高め，相手を思いやる心を醸成することにより，性にかかわる問題に対して適切な判断や対処する資質・能力が育まれる。

　子どもの性に関する現状として，著しい体格向上に伴う**性的成熟の早期化**がみられる。性行動の低年齢化・活発化，望まない妊娠，性感染症や性被害の増加などの問題も深刻化している。また，性情報の氾濫や性産業の拡大など若年層を取り巻く社会環境も大きく変化している。とくに，性情報源としてマンガや雑誌などのマスメディアや友人関係に加えてインターネットが急増しており，適切な性知識の獲得や行動選択のためのメディア・リテラシーの育成は急務である。一方，2000 年代以降では，高校生・大学生の性的関心や性交経験率が低下しており，学業・進路や学校生活を優先した結果として，**恋愛や性行動の消極化**が生じていることが指摘されている（第 7 回青少年の性行動全国調査，2011 年）。

　これらの現状から，性教育のよりいっそうの充実をはかるために全教職員が共通認識をもつとともに，日ごろより学校外の専門機関や地域との連携を取っておくことが重要である。また，指導においては個人差や家庭環境などへの配慮が大切であり，保護者の理解を得て家庭との連携のもと進めることが必要である。このため，教育課程のなかで主として展開される集団指導に加えて，ニーズに応じた個別指導のさらなる充実も求められている。

5．がん教育
1）日本におけるがん教育を取り巻く動向

　1981（昭和56）年以降，日本における死因の第1位はがん（悪性新生物）で，死因総数の約3割にものぼる。高齢化により，がんの死亡数や罹患数は増加傾向で，国民の2人に1人は生涯でがんに罹患するといわれている。この現状をふまえ，がんの予防・早期発見，がんに関する医療・研究の一層の推進をはかるため，「がん対策基本法」（平成18年法律第98号）が2007（平成19）年4月より施行された。本法に基づきがん対策を総合的・計画的に推進するため同年6月「がん対策推進基本計画」（第1期）が策定され，その後新たな課題に応じた内容の見直しがはかられ，2012（平成24）年「がん対策推進基本計画」（第2期）が策定され「がんの教育・啓発普及」が新たに追加された。

　さらに2016（平成28）年12月，「がん対策基本法」が一部改正され，基本的施策の拡充がはかられた。新設の「がんに関する教育の推進」（第23条）に「国及び地方公共団体は，国民が，がんに関する知識及びがん患者に関する理解を深めることができるよう，学校教育及び社会教育におけるがんに関する教育の推進のために必要な施策を講ずるものとする」と規定され，がん教育の充実がより求められるようになった。次いでがん対策をめぐる状況の変化をふまえ，2017（平成29）年に「がん患者を含めた国民が，がんを知り，がんの克服を目指す」ことを目標とした「がん対策推進基本計画」（第3期）が策定された。

2）学校教育におけるがん教育の推進

　学校における健康教育は児童生徒がいのちや自他の健康の大切さを知り，生涯を通して健康な生活を過ごすための資質・能力の基礎を育むことを目的として行われる。がん教育については，2014（平成26）年に「「がん教育」の在り方に関する検討会」が文部科学省に設置され，基本方針，教材開発や外部人材の活用法などが検討された。併せて全国26地域の約300校でモデル事業が展開され，教員対象の研修会や教材開発など具体的な取り組みについても検討されている。

　がん教育の目標と具体的な内容・留意点を表6-1に示す（文部科学省，2015年）。がんを通じて他のさまざまな疾病の予防や望ましい生活習慣の確立なども含めた健康教育の充実

表6－1　学校におけるがん教育の目標と具体的な内容および留意点

がん教育の目標	①がんについて正しく理解することができるようにする ②健康と命の大切さについて主体的に考えることができるようにする
がん教育の具体的な内容	ア　がんとは（がんの要因等）　　イ　がんの種類とその経過 ウ　我が国のがんの状況　　エ　がんの予防　　オ　がんの早期発見・がん検診 カ　がんの治療法　　キ　がん治療における緩和ケア　　ク　がん患者の生活の質 ケ　がん患者への理解と共生
留意点	①学校教育活動全体での推進　　②発達の段階を踏まえた指導 ③外部講師の参加・協力など関係諸機関との連携について ④がん教育で配慮が必要な事項について

（文部科学省：学校におけるがん教育の在り方について（報告），2015）

をはかることを目的とし，小児がんの当事者，家族にがん患者がいるか，がんで家族を亡くした児童生徒がいる場合には，授業展開に配慮を要する旨記載されている。

　文部科学省は，学校でのがん教育の実施にあたり，効果的な指導のために「がん教育推進のための教材」（2017年6月一部改訂，文部科学省）を作成し，がんの主要因，経過と種類，予防，早期発見とがん検診，治療法のほか，がん患者への理解と共生についても触れている。「がん教育推進のための教材　指導参考資料」（文部科学省，2017年）では，小学校版，中学校・高等学校版の映像やスライドなどの補助教材を作成している。また，「外部講師を用いたがん教育ガイドライン」（文部科学省，2016年）を作成し，地域や学校の実情に応じて，医療の専門家やがん経験者などの外部講師を活用する際の基本方針や手順，実施上の留意点などについて説明している。

　中学校学習指導要領保健体育編・保健分野（2017年3月告示）では，単元(1)「健康な生活と疾病の予防」に関する「内容の取り扱い」において，「また，がんについても取り扱うものとする」との記述が加わった。中学校学習指導要領解説保健体育編では，下記のとおり記載されている（文部科学省，2017年）。新たに明記されたことにより，がん予防の正しい知識の修得や望ましい健康な生活を送る態度の育成，早期発見につながる行動変容の促進など，より一層のがん教育の充実と推進が期待される。

【(1)　健康な生活と疾病の予防】〈ア　知識〉(ウ)　生活習慣病などの予防

　㋑がんの予防　　がんは，異常な細胞であるがん細胞が増殖する疾病であり，その要因には不適切な生活習慣をはじめ様々なものがあることを理解できるようにする。

　また，がんの予防には，生活習慣病の予防と同様に，適切な生活習慣を身に付けることなどが有効であることを理解できるようにする。

　なお，㋐，㋑の内容と関連させて，健康診断やがん検診などで早期に異常を発見できることなどを取り上げ，疾病の回復についても触れるように配慮するものとする。

注）㋐は「生活習慣病の予防」の内容である。

§2．学校における体力づくり

1．子どもの体力の考え方

1）体力低下の現状

　わが国の**子どもの体力・運動能力の低下**が指摘されて久しい。1964（昭和39）年より文部科学省が実施している**体力・運動能力調査**によると，子どもの基礎的運動能力は1985（昭和60）年にピークとなった後は，低下に転じたままである。一方，新体力テスト施行後の1998（平成10）年以降に注目すると，走能力（50m走・持久走），跳能力（立ち幅とび），投能力（ソフトボール投げ・ハンドボール投げ）などの運動能力に関する指標は，立ち幅とび（小学生男子）を除いて横ばいあるいは緩やかな向上傾向がみられる（平成28年度全国体力・運動能力，運動習慣等調査報告書，2016年）。また，上体起こしや反復横跳びなどの体力指標においても，同様の傾向がみられる。体力合計点（体力・運動能力の総合評価

指標）の年次推移においても，小学校高学年以上では緩やかな向上傾向がみられるが，高水準であった年代と比較すると基礎的運動能力は依然として低いのが現状である。

体力・運動能力の低下は日常的な身体活動の減少によるところが大きい。その背景要因のひとつとして，**三間不足**があげられる。子どもたちが安全に安心して外遊びや運動・スポーツをする**空間**（場所）が少なくなっていること，放課後は塾や習い事があるためからだを動かす**時間**がないこと，少子化により一緒に運動遊びをする**仲間**が周囲に少ないことなどの理由により，子どもの日常的な身体活動は減少する一方である。

また，運動・スポーツに関心をもち，積極的に活動する子どもとそうでない子どもの**二極化**が進んでいることも指摘されている。前述の平成28年度全国体力・運動能力，運動習慣等調査によると，1週間の総運動時間が60分未満である割合は小学校では男子6.5%，女子11.6%，中学校では男子6.8%，女子20.9%であり，日ごろ運動をしない傾向は女子でより顕著であった。1週間の総運動時間が60分未満の女子は運動部・地域スポーツクラブなどにほとんど所属しておらず，土・日曜の運動実施状況もきわめて低い（平成25年度全国体力・運動能力，運動習慣等調査報告書，2013年）。さらに，「運動やスポーツは体力向上のために大切である」，「食事や睡眠時間は体力向上につながる」と考える割合も，総運動時間が長い女子に比べて少なく，体力に関する認識が低い様子がうかがえる。

このような現状をふまえ，2012（平成24）年3月に策定された**スポーツ基本計画**（文部科学省）では，「子どものスポーツ機会の充実を目指し，学校や地域等において，すべての子どもがスポーツを楽しむことができる環境の整備を図る」ことが政策目標として設定されている。本計画は，現状の改善のためには子どもが積極的にスポーツに取り組む態度を育成することが必要であり，学校における体育に関する活動や地域スポーツを通してからだを十分に動かし，スポーツの楽しさや意義，価値を実感することができる環境の整備をはかることを柱としており，スポーツ推進の基本方針や具体的な施策が明記されている。

日常生活における身体活動の減少が肥満，代謝異常や高血圧などの**生活習慣病**の発症要因のひとつであることはよく知られている。日々の身体活動の実践は生活習慣病の発症リスクを低下させ，気分転換やストレス解消などのメンタルヘルス不調の予防策のひとつとしても有効である。子どもに運動・スポーツの楽しさや喜びを体験させ，生涯にわたりからだを動かすことに親しむ資質や能力を育成するための積極的な取り組みが求められている。

2）体力・運動能力低下に伴うケガの現状

日本スポーツ振興センターの報告によると，**学校管理下における負傷・疾病**に対する医療費の給付率は，近年小学校では減少し，中学校では横ばいが続いている（図6-1）。これらの傾向は，各自治体における卒業時までの医療費助成制度の拡大・利用を反映しているものと思われる。すなわち，小学校あるいは中学校卒業時まで助成制度を利用できるため，本給付を受けないケースが増えていることが一因として考えられる。一方，高等学校（全日制）および高等専門学校の給付率は増加傾向がみられる。負傷部位では，顔部や頭

図 6 — 1　学校管理下における負傷・疾病に対する医療費の給付率の推移

(子どものからだと心 白書2017・編集委員会：子どものからだと心 白書2017，p.106，子どものからだと心・連絡会議，2017)

部の発生件数が増加している。これらの背景には運動能力の低下や動きの未成熟さがあると考えられる。仲間との運動や外遊びの機会が減ることにより，つまづいたり転んだりする際にさっと身をかわしたり，すぐに手をついて身をかばったりするような動きの獲得が十分に行われず，その結果として顔面や頭部の負傷が増えていると考えられる。

　学齢期は将来の健康な生活を支える身体基盤をつくり上げ，整えていく時期である。体力・運動能力の向上やさまざまな動作の獲得や技能は，多様な身体活動を経験するなかでより確かなものとなっていく。したがって，日常生活における身体活動は成長過程における必須条件ということができる。運動能力低下や動きの未熟さなどの状況はすでに幼児期においてみられることが指摘されている。このため**体力づくり**は幼児期から継続的に取り組まれるべきであり，子どもたちが積極的にからだを動かすことのできる環境設定や支援がよりいっそう重要となっている。

2．学校生活のなかでの体力づくり

　子どもたちが日常生活の多くの時間を過ごす学校生活において，運動による体力づくりを中心となって担うのは**体育，保健体育の授業**である。放課後や休日は塾・習い事のため運動をする時間が少ない子どもにとって，授業における活動はより重要となる。とくに運動に苦手意識をもつ子どもにおいては，運動の楽しさを味わい，からだを動かすこと自体に興味・関心をもたせるような授業の工夫が必要である。

　スポーツ基本計画（文部科学省，2012年）では，「学校の体育に関する活動の充実」として，教員の指導力の向上やスポーツ指導者の活用などによる**体育・保健体育の授業の充実，運動部活動の活性化**などにより，学校の教育活動全体を通じて，児童生徒がスポーツの楽しさや喜びを味わえるようにするとともに，体力の向上をはかることが施策目標としてあげられている。授業や部活動はもちろんのこと，**始業前**や**昼休み**，**放課後**の時間帯を

活用することは体力づくりに有効である。たとえば，小学校の校庭の遊具を利用した楽しみながらからだを動かせるプログラムを考案し，これらの時間帯を活用して運動する機会を積極的に増やすことは身体活動の増加につながる。その際，教職員が子どもといっしょにからだを動かすことは子どもの運動意欲を高めたり，運動の楽しさを味わったりするために効果的である。中学校以降では，運動部への入部意欲を高めるような取り組みや部活動内容の充実をはかることは運動機会のきっかけづくりとなる。また，地域のスポーツ指導者や総合型地域スポーツクラブ，スポーツ少年団を積極的に活用するなど，学校と地域との連携や協力を促進するような取り組みも望まれる。

3．登下校，家庭での体力づくり

少子化や市町村合併により，小中学校の統廃合が近年加速化している。学校統廃合に伴い遠距離通学となり，スクールバスや車など徒歩以外での登下校が増えている。このような**低活動型の通学手段**への変更は，従来通学時間に確保していた徒歩による身体活動を大幅に減少させる可能性があり，体力低下の要因になりうる。徒歩や自転車で通学している子どもは，バス・車で通学している子どもよりも身体活動量やエネルギー消費量が多く，有酸素性作業能力（ねばり強さ）も高いことが報告されている。このため，登下校はできるだけ徒歩や自転車が望ましいが，環境面で通学路の安全確保が十分でない地域もある。徒歩や自転車での通学がむずかしい場合には，身体活動を十分に確保できるような学校内外での対策を講じることが必要である。

遠距離通学の増加や三間不足など，子どもを取り巻く環境は大きく変容している。このため，日常生活における運動機会の確保には，家庭や地域などの**学校以外の場における運動実践**が今や不可欠である。保護者が一緒に運動をする子どもはそうでない子どもより運動する機会が多く，子どもが運動するか否かは家庭生活を含めた環境に深くかかわっている。子どもの体力低下の改善や心身の健康の保持増進には，個々の運動実態をふまえつつ，積極的に運動を日常生活に取り入れていけるような仕組みが必要である。このほか，スポーツ大会などの地域の運動的行事への参加も体力づくりに有効である。地域住民との交流による社会性の発達など，心身の健全な発達も期待され，地域特性や学校規模に応じた教育実践が求められている。

子どもの運動意欲は睡眠や食事などの生活習慣と密接に関連している。生活の夜型化に伴う睡眠不足や朝食欠食などの生活習慣の乱れは不定愁訴や運動意欲の減退を引き起こし，結果として運動機会の減少や体力低下の一因となる。このため，望ましい生活習慣の定着に向けて，子どもにとってふさわしい生活や望ましい生活リズムとは何かを保護者と一緒に考え，家庭の生活スタイルの見直しをはかったり，保護者自身の意識・関心を高めたりするような家庭への働きかけも併せて必要である。

●参考文献●
- 島内憲夫，鈴木美奈子：ヘルスプロモーション WHO：バンコク憲章，垣内出版，2012
- 日本学術会議健康・生活科学委員会子どもの健康分科会：日本の子どものヘルスプロモー

ション，日本学術会議，2010
- 川畑徹朗，西岡伸紀，高石昌弘ほか監訳：WHO・ライフスキルプログラム，大修館書店，1997
- 日本性教育協会編：「若者の性」白書―第7回青少年の性行動全国調査報告―，小学館，2013
- 日本学校保健会：がんの教育に関する検討委員会報告書，2014
  http://www.gakkohoken.jp/book/ebook/ebook_H250020/H250020.pdf
- 文部科学省：学校におけるがん教育の在り方について（報告），2015
  http://www.mext.go.jp/a_menu/kenko/hoken/_icsFiles/afieldfile/2016/04/22/1369993_1_1.pdf
- 文部科学省：がん教育推進のための教材，2017
  http://www.mext.go.jp/a_menu/kenko/hoken/_icsFiles/afieldfile/2017/07/13/1369992_1.pdf
- 文部科学省：がん教育推進のための教材　指導参考資料，2017
  http://www.mext.go.jp/a_menu/kenko/hoken/1385781.htm
- 文部科学省：外部講師を用いたがん教育ガイドライン，2016
  http://www.mext.go.jp/a_menu/kenko/hoken/_icsFiles/afieldfile/2016/06/16/1369991.pdf
- 文部科学省：中学校学習指導要領解説保健体育編，2017
- 文部科学省：平成28年度全国体力・運動能力，運動習慣等調査報告書，2016
- 文部科学省：平成25年度全国体力・運動能力，運動習慣等調査報告書，2013
- 文部科学省：スポーツ基本計画，2012
- 子どものからだと心 白書2017・編集委員会：子どものからだと心 白書2017，子どものからだと心・連絡会議，2017
- 宮下充正：子どもに「体力」を取り戻そう，杏林書院，2007

第7章 学校安全

> ❖ ポイント
> 1. 安全とは危険性が極小化された状態であり，安全な状態を実現するためには事故発生や危険の存在，およびその防止の理論を理解する必要がある。
> 2. 学校安全には学校安全管理，学校安全教育，学校安全組織活動があり，家庭および地域の諸機関との連携のもとで事故防止と安全確保を行う点に学校安全の特徴がある。
> 3. 東日本大震災を機に防災教育の徹底と学校安全にかかわる取り組みの重要性について認識する必要がある。

§1．安全の考え方と学校安全

1．安全の考え方

　安全（safety）とは「人間の日々の生活において，自然的および人為的危害にさらされず，人間の生命およびその財産が保たれている状態」のことであり，これに対して，「人々の安全を損なう要因または状態」を**危険**または**危険源**（hazard；ハザード）と呼ぶ。危険源にその発生確率と発生によって生じる影響の程度を乗じた理論積を**危険性**（risk；リスク）という。そして，危険性によって実際に人間の生命や財産が何らかの危害をこうむった状態を**事故**（accident）といい，事故による人体の損傷を**傷害**（injury）という。

　安全ではない状態を考えるなかで，一定の発達を遂げた人間においては，「見える危険（**顕在危険**）」は回避しやすいが，「見えない危険（**潜在危険**）」は回避しにくく，しばしばこの見えない危険が事故の原因となる。事故防止の基本は，危険を事故の発生以前に発見し，これを除去することに尽きるといってもよい。

2．安全の理論

　安全を実現するために，私たちはどのようなことを実行すればよいか。これまで事故防止の観点からいくつかの基本的な安全に関する理論が検討されてきた。

1）ハインリッヒの法則

　安全理論あるいは事故防止の理論研究で最も有名な理論のひとつに，**ハインリッヒの法則**がある。この理論は主に産業安全の領域で提唱されたが，その後広くさまざまな領域での事故防止の理論として紹介されている。この法則は，アメリカの保険会社で調査関係の業務に従事していたハインリッヒ（H. W. Heinrich）によって提唱された。ハインリッヒは，労働災害約 75,000 件の事例分析によってそうした事故の背景にはさらに数千件にも及ぶ不安全行動と不安全状態が存在していることを明らかにした。そして彼は，その数千件の不安全行動，不安全状態のうち防止可能であるものは，「労働災害全体の 98％を占める」こと，また，「不安全行動は不安全状態の約 9 倍の頻度で出現している」ことを論じた。このことから，ハインリッヒは，労働管理下の傷害の防止は，第一に事故発生の防止であること，事故発生の防止には不安全行動・不安全状態の解消が重要であり，これらは日常の労働現場で実施可能であることを明らかにした。安全と事故防止の古典的かつ基本的理論として今日でも参照されている。

2）潜在危険論

　人間の行動や環境のなかに存在する事故を誘発する危険をさして**潜在危険**として安全理論の中心にすえて提唱したのが須藤春一である。須藤のいう潜在危険とは，**心身の状態，環境，行動，服装**の 4 つの要因において，それぞれ目に見えて危険性が認知されないが，状況によって事故の発生を誘発する条件が存在する場合，事故の蓋然性（確率）が高くな

るという考え方である。たとえば，交通事故において疲労や睡眠不足は心身の状態にかかわる潜在危険であり，雨天や夜間などは環境の潜在危険である。さらに，急用で道を急いでいるような場合は行動の潜在危険となり，サンダル履きでの運転は服装の潜在危険となり得る。雨天やサンダル履きなどは状況次第では事故に結びつかないが，自動車の運転という状況では潜在的に危険因子として存在する。須藤によれば，日常的な状況において「〜すぎる（長すぎる，短すぎる，寒すぎる，暑すぎるなど）」や「〜にくい（見えにくい，聞きにくい，もちにくいなど）」，「〜やすい（脱げやすい，取れやすい，はずれやすいなど）」と形容されるような状態はいずれも潜在危険として注意するべきであるとしている。

3）ハザード・リスクモデル

近年の安全工学や労働安全衛生の領域で主流となっている理論である。**危害**（harm ＝実際に生ずる損失）の発生につながる危険の概念を**危険源（ハザード）**と**危険性**（リスク）に分け，**危険性＝危険源の重大性×曝露確率**（出現する確率）と定義する考え方である。したがって，ハザードが存在しても曝露頻度や確率がきわめて低い場合や，曝露頻度が高くてもハザードそれ自体の重大性がきわめて小さい場合にはリスクは小さくなる。したがって，リスクのもつ重大性がきわめて高い場合には曝露確率が低くてもリスクは大きくなる。

このモデルにおいては，まずリスクの程度を見極める**リスク評価**，リスクの低減措置を講じる**リスク管理**，およびリスクの存在とその程度，リスクへの対応を周知する**リスクコミュニケーション**が必要とされ，この一連の体系を**リスクマネジメント**という。リスク評価においては，ハザードの特定化（リスト化など），リスクレベルの算定，リスクの評価，対策後の再評価などの過程を経る。この一連の過程を**リスクアセスメント**という。リスク管理においては，**リスクの回避**（ハザードの消去，他の条件・手段への代替，曝露確率の極小化），**リスクの低減**（構造的対策，工学的対策，管理的対策，個人的対策），**リスクの残置**（管理や対応が困難なリスクがある場合はそのまま残置し，緊急事態での防護措置や避難訓練などを徹底する）などの措置を行う。

3．災害と事故

災害（disaster）とは自然現象や人為的要因によって生じた危険によって，人命やからだ，あるいはその財産に何らかの傷害や損失が生じることを示す。災害は，大きく**自然災害**（気象災害，地震，火山，生物などによる）と**人為災害**（人災：生活災害，交通災害，労働災害，犯罪被害，戦災）に分けられる。近年の情報化社会に伴って**情報災害**（デマ，風評，報道によるプライバシーの侵害など）を含める場合もある。

とくに，自然災害については 2011（平成 23）年 3 月 11 日に発生した東日本大震災においては津波や地震により多くの学校が被災に遭ったが，想定された避難場所が危険であることを児童生徒自らが判断し，さらに安全な場所に自主的に避難して津波による危険を回避した学校があった一方で，避難すべき場所までの経路確保や指示が間に合わず被害が拡大してしまった学校もあった。「今までに経験したことがないから判断できない」という

のではなく，起こり得るすべての災害に対応できるよう，学校側として事前に**防災教育**を徹底し，東日本大震災を契機にした学校安全に関する重要事項のひとつとして取り組んでいかなければならない。

人為災害の多くは，**事故**によってもたらされる。事故は，大きく広義の**交通事故**（traffic accident）と**生活事故**（dailylife accident）に分けられる。広義の交通事故は自動車事故，鉄道事故，航空機事故，船舶事故に分けられるが，通常交通事故という場合には，自動車事故をさす場合が多い。

自動車事故は，車両対車両事故，人対車両事故，自損事故などに分けることができるが，車両中，軽車両は原動機を有しない車両をさし，**道路交通法**では「荷車その他人若しくは動物の力により，又は他の車両に牽引され，かつレールによらないで運転する車（そり及び牛馬を含む。）であって，身体障害者用の車いす，歩行補助車等及び小児用の車以外のもの」とされ，**自転車**も含んでいることに留意する必要がある。近年，年少者の自転車乗車による高齢者や幼児の衝突事故による死亡事故や傷害事故の問題が指摘されるようになり，児童生徒が被害者のみならず期せずして加害者の立場に置かれることが報告されている。児童生徒が被害者となる事故例では，路上への飛び出し，横断歩道外の道路横断中の衝突，路側帯における左折車の外輪差による巻き込まれ事故などが多い。

また，**学校生活**において**遭遇する生活事故**としては，階段や踊り場，ベランダやバルコニーから誤って転落する事故などがしばしば報告されており，学校内での安全管理において十分な注意が必要である。また，学校内の建築構造物や施設・設備の老朽化や管理の不備によって起こる事故も無視できない。防火シャッターの作動による児童の死亡事故が報告されている例もあり，学校の管理責任が問われる場合も否定できない。

4. 学 校 安 全

学校保健安全法（2008 年）の第 3 章（第 26～30 条）では，学校安全に関する学校の設置者の責務，学校安全計画の策定などが定められている。学校は，幼児，児童生徒，学生の学習と生活に関する場として，特段の安全が配慮されなければならない。とくに年少の幼児や児童生徒が通学する学校においては，自宅からの登校から下校し帰宅するまでの安全が総体的に確保されることが重要である。

とくに学校安全において重要な点は，通学から下校するまでの**学校管理下の事故**を限りなくゼロにすることを目標として種々の安全活動が展開されなければならない。「学校管理下における事故」は，各学校段階および年ごとにその状況は異なるが，小学校においては休憩時間中の事故が最も多く，中学校では課外指導中の事故，高等学校では課外時間中の事故が大きな割合を占める傾向にある。したがって，学校での安全管理においては，各教科の指導における安全への配慮にとどまらず，教職員の目が比較的届きにくい課外指導や休憩時間における対応を十分に検討する必要がある。

§2．学校安全活動の概要（3領域について）

1．学校安全管理

　学校での安全管理において，従来最も関心が払われてきたのは，**交通安全**である。高度経済成長期以降，自動車事故による死傷者の増加が社会問題化した。その犠牲者の多くが児童生徒であることから，学齢期の交通事故減少が安全指導の課題であり，また大きな内容上の比重を占めていた。最近においても通学路における暴走車両により児童生徒の命が奪われる痛ましい事故が多発している現状にある。安全指導の重要性は今も失われていないが，昨今では**交通事故以外の生活事故への対応**も安全管理上大きな課題となってきている。近年の学校建築は，衝撃緩衝材の導入やバリアフリー化をはかっている例が多いが，旧来の建築による校舎は，段差が多く存在したり，外窓にも転落防止措置がなされていない場合があったりと，潜在危険は未だ少なくない。

　とくに近年の課題として注目されている事項は，相次ぐ不審侵入者・徘徊者による児童生徒の死傷事件や登下校中の誘拐致死傷などによって被害を受ける事例によって喚起された防犯対策としての安全管理である。

　以下では，標準的な学校内での安全管理体制の概要を示す。

1）安全管理体制の整備

　まず，学校内では平常時および緊急時の安全管理体制を明確にし，それぞれの教職員の役割を明示し，平常時の点検や巡回，安全確認などの手順と記録化，緊急時の指揮命令体制の確立をはかる必要がある。それぞれの機能に関しては教職員に周知し，常に行動化がはかられていなければならない。とくに，学校長，副校長，教頭，事務長などの管理職や，主幹教諭，指導教諭，事務主査などのリーダー的教職員は，常に安全管理体制の検討と充実をはかっていなければならない。

2）学校生活における安全確保対策

　①　**登下校時の安全確保**　　登下校の交通災害の防止，犯罪被害の防止のために，登下校の際の教職員や保護者による要所警戒，低学年児童の集団登下校の引率など保護者と協力した安全確保体制は地域や学校の実情に応じて適切に整えられなければならない。

　②　**来校者への対応**　　学校に来校する人，車などが不審でないことを確認するシステムを，たとえば門衛でのチェック，記帳方式，記章・名札の明示などの方法によって確立しておくことが必要である。その場合には，「地域に開かれた学校」という理念と現実的な安全対策をどのように調和させるかが課題となる。

　③　**校内巡視体制の強化**　　校内の危険源の存在や不審者・不審行為等を早期に発見し，対応するために，始業前，課業中，放課後，下校時のそれぞれに授業のない教員や職員が常に校内を巡視する体制をとっておくことは望ましい。現実には定時巡回などで少なくとも1日に数回は校内を巡視する体制を確立するべきである。

④ **授業，特別活動，校外活動における安全確保**　理科，保健体育，技術・家庭など
の授業では不注意による事故や偶発的な事故が生じやすいため，指導計画および指導過程
のなかで十分な安全に関する配慮が必要である。また，クラブ活動（とくに運動部活動）
や学校行事（運動会，体育祭，遠足，宿泊学習，球技大会，長距離走大会，武道大会など）で
は事故が起きやすい環境における活動もあり得るので，安全確保と緊急対応のために計画
を綿密に立案しなければならない。

3）施設・設備の点検整備

① **効果的な施設の配置・点検・整備**　安全で快適な学校生活を実現するために，バ
リアフリー化や衝撃緩衝措置，転落防止措置など安全確保に必要な措置を実施しておく必
要がある。

② **緊急時における通報設備，安全設備等の整備**　火災報知器，緊急サイレン，緊急
放送，防火シャッター，昇降器などの安全設備が正常に作動するかどうかを常時点検し，
必要な整備を行うことが必要である。また，**AED**（automated external defibrillator，自動体
外式除細動器）の校内設置とその設置場所の全校生徒や教職員に把握させておくことも重
要である。

③ **施設の安全性を確保するための点検**　施設の安全性は日常的に常に点検されてい
なければならない。専門業者による定時点検はもとより，教職員によっても常に点検がな
されているべきである。

2．学校安全教育

　学校安全教育は，安全学習と安全指導とに分けられる。**安全学習**とは教科教育としての
保健体育科「保健」の領域・分野・科目において安全に関する内容を学習することであ
る。**安全指導**には，特別活動としての学級活動，児童会・生徒会活動，学校行事における
安全に関する指導やクラブ活動・部活動の指導における安全に関する指導，登下校などの
通学時の安全指導などの集団的安全指導と児童生徒に対して個別に行われる個別的安全指
導に分けられる。

　また，安全教育の一環として自然災害や火災などの人災，不審者乱入などの際に安全を
確保し，危険を回避する**避難訓練**や**防犯訓練**を定例化し，常に緊張感をもった訓練を実施
していくことで，児童生徒の安全に関する認識や安全意識をより高めることができる。安
全な行動を日常化するために教科や特別活動その他の教育活動において安全に対する知識
と行動を習得させることが必要となる。

3．学校安全組織活動

　学校安全活動の円滑な推進のためには，学校内の安全管理体制の構築とともに，家庭で
の安全への関心，地域の学校安全への協力・連携が不可欠である。学校安全は学校だけの
努力では達成できない。そのため，学校保健安全委員会において，安全に関する課題を整
理し，学校安全計画を作成して，保護者会・PTA，町内会・自治会，民生委員・児童委

員，地元警察，交通安全協会，防犯協会，消防団などの関連機関と常に緊密な連携関係を構築しておかなければならない。とくに，自然災害や大事故の発生，凶悪犯罪の発生と学校への影響が懸念される場合などにおける危機管理体制は，これらの関連機関との連携なしには築けない。常に安全のパートナーとして連絡調整を怠らないようにし，地域社会全体が安全な社会づくりをめざす安全文化を形成していく必要がある。学校の安全を確保していくことが子どもたちの健やかな成長と自己実現をめざして学習活動を行う学校本来の「学びの場」としてのあるべき姿につながる。

●参考文献●

- 衛藤　隆・岡田加奈子編著：学校保健マニュアル（改訂 8 版），南山堂，2013
- 斎藤歖能監修・渡邉正樹編著：学校安全と危機管理，大修館書店，2006
- 喜多明人・橋本恭宏編：提言・学校安全法，不磨書房，2005
- 川崎雅和：子どもの安全と健康を守る学校づくり─整備指針・衛生基準の改正を読み解く，学事出版，2005
- OECD 編（立田慶裕・安藤由紀訳）：学校の安全と危機管理─世界の事例と教訓に学ぶ─，明石書店，2005
- 石毛昭治：学校安全の研究，文化書房博文社，2004
- 文部科学省：学校安全の推進に関する計画について（http://www.mext.go.jp/a_menu/kenko/anzen/1320286.htm）

第 8 章

養護教諭と保健室

❖ ポイント

1. 養護教諭の歴史をふり返り，養護の概念やその発展過程について理解する。
2. 保健室・養護教諭に求められている役割や今日的な課題について理解する。
3. 養護教諭の実践とは何か，養護教諭としての資質の向上や力量形成に必要なものは何かを理解する。

§1. 養護と養護活動

1. 養護教諭の歴史

1）養護教諭の出発は学校看護婦

養護教諭という職種は，日本が独自に発展させてきた職種である。その前身は**学校看護婦**であり，出発においては欧米諸国と同じ公衆衛生看護の一端であった。しかし，欧米諸国がそのまま公衆衛生看護の立場で学校や子どもたちにかかわってきたのに対し，日本では教育職員として学校のなかに定着し，今日ではほぼすべての学校に配置され，特別支援学校や大規模校では複数配置がされている。この発展過程の違いは当然のことながら，子どもたちの健康問題への対応の仕方や学校保健活動へのかかわり方の違いとして現れてきている。

わが国初めての学校看護婦は，1905（明治38）年岐阜県の羽島郡竹鼻尋常高等小学校と笠松尋常高等小学校の2校に校費によって雇い入れられた。

日本では1872（明治5）年に「学制」が敷かれ，義務教育推進に力を入れた。ところが，当時蔓延し始めていたトラコーマ*1が学校内で子どもから子どもに感染し，罹患率を高める結果につながってしまった。

トラコーマの感染防止は当時，親たちだけでなく地域の教育関係者にとっても大きな問題であった。このような眼病対策に考えられたのが，近代看護の知識と技術を身につけ，当時人数も増えてきていた看護婦の活用であった。

1908（明治41）年に岐阜市の京町高等小学校に学校看護婦として派遣された広瀬ますは，日本で初めての市費による専任学校看護婦となりその後28年間にわたり同一校に勤務した。その間，単にトラコーマ対策のみならず学校衛生の充実や児童の保健養護活動のために献身的に働き，学校看護婦制度の確立に多大な役割を果たした。

> ＊1　**トラコーマ**：伝染性の慢性結膜炎で感染力が強い。病原体はクラミジアで，慢性化すると結膜の瘢痕を残し，視力障害や失明の原因となる疾患。

2）学校看護婦から養護訓導へ

杉浦守邦*2はその著書『養護教員の歴史』のなかで，欧米のスクールナースと日本の養護教諭の分岐点は，1922（大正11）年，大阪市済美地区内の全小学校に1校1名の学校看護婦が配置されたことに始まるとしている。大阪市では学校衛生婦という名称で呼び，学校長の監督の下に傷病児童への対応，教室および校舎内外の巡視による児童・学校の衛生的配慮，さらには家庭訪問や家庭看護法の指導を行った。これは，単にトラコーマの治療や予防にとどまらず，子どものからだや生活全体にかかわる仕事，さらには子どもたちが生活する学校環境への対応にまで広がり，今日の養護教諭の原型ともいえる職務内容が示されている。

> ＊2　**杉浦守邦**（1921〜2015）：元山形大学教授，医学博士。『養護教員の歴史』，『学校保健50年』など著書も多く，養護教諭の発展過程や学校保健に関する研究者。

当時，国民の大多数は貧しく，伝染病や栄養障害による子どもたちの死亡率も高く，学校看護婦への注目と期待は高まったが，身分的な保障はなく，仕事の内容や給与面で他の教師とは差別されていた。

1924（大正13）年に開催された文部省主催の第1回学校看護婦学校衛生講習会に参加した学校看護婦たちは「学校衛生婦会」を結成，その後「職制促進連盟」となり，活発に展開された職制運動の中心となる。この運動の成果と当時の国民の要求や国の施策のなかで，それまでばらばらであった身分の確立と一定の雇用条件が確保された。そして，1941（昭和16）年国民学校令の制定により**養護訓導**と改められた。この訓導という名称によって，学校看護婦から教育職員への位置づけが明確になった。

3）養護訓導から養護教諭へ

第二次世界大戦後，子どもたちの健康状態は悲惨で，とくに食糧難による栄養不良や不衛生な環境のなかでの伝染病の罹患など学校保健の課題も多く，養護訓導に対する期待も大きかった。

1947（昭和22）年，学校教育法により訓導が教諭と改められ養護訓導も**養護教諭**と改称された。文部省は大戦をはさんで減少していた養護教諭の大幅増員をめざしたが，養護教諭の免許制度は基礎資格として看護婦免許状を有していることが必須であった。そのため，養成は看護婦や保健婦の養成に依存しており，不足を補うために大量養成をすることは不可能であった。その後，各都道府県では国の援助を受けて養成所の設置を行い，養護教諭の養成を始めた。1951（昭和26）年に教育職員免許法が改正され看護婦資格とは無関係の養成コースが設けられることになり，各地で大学や短期大学での養成が始まった。

今日では主に教員養成系の大学と看護系の大学による養成が行われている。現在の養護教諭は学校教育法第37条によって学校に置かなければならない教育職員として位置づけられている。複数配置が進んでいる一方で，同法附則第7条の規定「小学校，中学校，義務教育学校及び中等教育学校には，第37条（第49条及び第49条の8において準用する場合を含む）及び第69条の規定にかかわらず，当分の間，養護教諭を置かないことができる」とあるために，すべての学校に配置されてはいない。

養護教諭の役割や配置，養成のあり方について1972（昭和47）年の保健体育審議会答申では児童生徒の健康の保持増進のために，日常の教育活動にも積極的に参加することがうたわれた。その後，1997（平成9）年の同答申では養護教諭の新たな役割として健康診断や保健指導，救急処置などの従来の職務に加えて養護教諭の専門性と保健室の機能を生かして「心の健康問題への対応」をすることや，1998（平成10）年には教育職員免許法が一部改正され，兼職発令を受けて「保健の授業を担当することができる」ようになった。さらに，2008（平成20）年1月の中教審答申[3]を受けて改正された学校保健安全法によると養護教諭の役割がさらに重視されてきている。

＊3　**中教審答申**：中央教育審議会答申2008年1月「子どもの心身の健康を守り，安全，安心を確保するために学校全体としての取組を進めるための方策」が出された。

2．養護の概念をめぐって

　明治期に学校教育の機能として**教授・訓練・養護**の3つがあげられていた。そのなかの「養護」は，虚弱や病弱な子どもたちへの対応とされており，この部分を当時の学校看護婦が担っていたことから「養護訓導」と呼ばれることになったといわれている。

　養護教諭にとって「養護」という言葉をどのように解釈するかということが，仕事の中身と深くかかわってくる。「養護」の概念については，その言葉のとおり成長・発達していく過程にある子どもたちを「養うこと」と「護ること」という解釈がされてきたが，小倉学[*4]は「養護」を①学校救急看護の機能，②集団の健康管理の機能，③教育保健における独自の専門的機能，④人間形成の教育（教職）機能の4つを重層構造としてとらえ，「養護」の概念のなかには教育的な機能が含まれていることを示した。このように，養護教諭の「養護」の概念には子どもの発育・発達を促していくための教育の機能をも含んでいるというとらえ方がされている。このとらえ方は，これまでの養護教諭の実践に基づいて出てきた概念であり，今後，子どもの健康問題の変化に合わせて，養護教諭の実践が新たに創造されていくなかでさらに追究されていくものでもある。

> ＊4　**小倉　学**（1924〜1990）：元茨城大学教授。「養護教諭の専門性」の追究に一生を費やし，養護教諭の「養護」の本質，教育と専門職の本質など，その職務を追究した。代表的な著書『養護教諭―その職務と専門性』東山書房

3．養護教諭と養護活動
1）養護活動とは

　養護教諭は学校教育法に基づいて配置されている教育職員ではあるが，その職務内容に関する規定は「児童生徒の養護をつかさどる」の一言である。この「養護をつかさどる」活動が**養護活動**であるととらえることができるが，具体的にはどんな活動をさすのか。

　1972（昭和47）年に出された保健体育審議会答申では「養護教諭は専門的立場から全ての児童生徒の健康を保持増進するための活動」とされている。さらに，子どもたちの間に不登校やいじめ，薬物乱用，性の逸脱行動などの問題が増加してくるなかで1997（平成9）年の同答申では新たな役割としてヘルスカウンセリングの機能を果たすことが示された。また，2009（平成21）年度から施行された学校保健安全法では，養護教諭による保健指導や相談活動が重視され，関係者や関係機関との「連携」を図って進めていくことを強調している。

　今日まで，養護教諭の仕事は常に子どもたちのからだや健康実態に基づき，子どもを丸ごととらえ，病気やけがの手当てだけでなく健康や発達を損なうような生活の改善指導も含めて多様な活動をしてきた。健康問題が変化すれば具体的な手立てや対応は変化するが，子どものからだや健康問題にかかわるということにおいては普遍的である。したがって，「養護活動」の中身は，普遍的なものをベースにしながらその時代の子どものニーズに合わせて変化していく活動でもある。そして，その目的とするところは，子どもたちのからだや健康の問題を切り口にしながら，子どもの生存権や学習権を保障し，よりよい成長・発達を遂げさせることをめざした教育実践[*5]である。たとえば，健康診断を例にとっ

てみると，健康診断は子どもの健康管理の中核として位置づけられているが，学校で行う健康診断はそれを通して子どもたちにどんな力をつけていくかということを明確にして取り組まなければならない。したがって，子どもが主体的に参加し学習できるような健康診断をつくり上げていくことが養護教諭の教育実践であり，それが「養護活動」の質とかかわってくる。

> ＊5 （養護教諭の）教育実践：子どもの健康を保護し発育・発達を保障していくための質を含んだ活動であり，その活動は目的が明確にされたうえで意識的に行われるものである。

2）これからの養護活動

今日の子どもたちの心身の健康問題は，ますます深刻化・複雑化してきている。また，学校教育自体のあり方も大きく変わろうとしている。2015（平成27）年12月の中央教育審議会答申を受け2016（平成28）年1月，文部科学省はこれからの学校運営を「チーム学校」として進めていく方針を打ち出した。「チーム学校」とは，教員以外の専門スタッフも導入し，それぞれが専門性を発揮し，連携しながら子どもたちの教育にあたることである。

このなかで養護教諭に期待されていることのひとつに，教員や専門スタッフとの連携と協働を進めるために，コーディネーターとして中心的な役割を担っていくこと。もうひとつは健康面だけでなく生徒指導に対しても積極的に役割を果たすことである。

これからの養護教諭は，自らの専門性を発揮して一人ひとりの子どもたちに丁寧にかかわり，子どもたちの健康問題に向き合うと同時に，組織の一員として子どもを取り巻く人たちと連携や協働を創造しながら，子どもの問題解決にあたっていくことが求められている。そのためには，変動する社会をしっかりとらえ，子どもたちに起きているさまざまな問題から教育の課題を読み取り，学校全体や地域に働きかけていく力が必要となる。

§2．保健室の教育的意義

1．保健室の歴史と法的根拠

保健室も養護教諭と同様に日本の学校制度のなかで独自に発展させてきたものであり，その前身は**衛生室**である。

1897（明治30）年ごろから全国的にトラコーマの流行が起こり，子どもたちの洗眼や点眼を学校で行うために学校看護婦が配置されたことと合わせて，その処置を行うための専用の場所が必要となった。そのために治療室・衛生室が設けられた。その後，医務室や養護室などの名前の下に専用の部屋を設置した地域もあったが，法的に義務づけられていたわけではない。『学校保健百年史』によると，校内で救急処置や内科的・外科的診療を行っているところでもそのための特別な場所がなく，廊下や教室の一部が使われていたところもあった。

衛生室について法的に定められたのは1934（昭和9）年に初めて，小学校令施行細則で小学校に衛生室を設けるように定められた。しかし，設備標準がなく，その設備内容はま

ちまちであった。その後 1941（昭和 16）年，文部大臣から諮問を受けていた学校衛生調査会が「衛生室の設備準則に関する事項」について答申[1]を出した。

この答申は，トイレの設置や医務室と休養室を別にすることという規定，さらに広さの規定など当時としてはかなり進んだ発想である。しかし，現在でも 2 分の 1 教室分くらいしかないところや日当たりの悪い校舎の隅っこに保健室が設置されている学校もあり，この答申がすべての学校に適用されたわけではないことは容易に推測される。

戦後，衛生室が保健室という名称に変わり今日に至っている。1954（昭和 29）年には保健室の設備基準が出されたが，基本的には先に出されたものと変わらなかった。今日の保健室については 1947（昭和 22）年の**学校教育法施行規則**や 1958（昭和 33）年に制定された**学校保健法**がその法的根拠となっている。さらに 2009（平成 21）年に改訂された**学校保健安全法**では第 7 条に保健室が位置づけられ，「学校には，健康診断，健康相談，保健指導，救急処置その他の保健に関する措置を行うため，保健室を設けるものとする」と規定されている。これも欧米諸国とは異なり，日本では学校が子どもの健康の保護と保障にほぼ全般的にかかわるという多様な機能をもっていることからも保健室の役割は重要である。

2．保健室の教育的機能

保健室の機能は，学校保健安全法に示されている①健康診断，②健康相談，③保健指導，④救急処置（休養を含む），⑤発育測定，⑥健康情報センター，⑦保健組織活動のセンターなどの機能があげられている[2]。なかでもとくに，今日的な機能として重視されてきたものが教育的な機能である。

いつの時代も保健室ではけがや病気の対応を通して単に手当てをするのみではなく，自分のからだや健康について学ぶ機会として働きかけがなされてきた。しかし，子どもたちの健康問題が変化し病気やけが以外に，多様な問題を抱えて来室する子どもが増えてきた。これらの問題は，医療的なケアよりも生活の仕方や子ども自身の自立を促すような教育的な働きかけが必要である。子どもたちの健康問題の質的な変化が，保健室が単にケアをする場所だけではなく，教育として子どもの人格形成を促していく働きかけをする場として，大きな役割をもつようになってきた。

数見は保健室の機能について次のように述べている[3]。

①子どもの健康を護る場，②子どものからだや心の内面をつかむ場，③生きる力を励ましはぐくむ場，④健康に生きる能力（認識や技）を身につけさせる場，④子どもたちによる保健委員会など自治的活動の場，⑤教師や父母との連帯をはかり，子育て・からだ育ての輪を広げる基地，の 5 項目であり，子ども自身に健康に生きる力をつけていくような教育的な機能がかなり強く意識されている。

個々への働きかけと合わせて，健康診断や各種の計測などを通して，子ども自身が主体的に自己のからだや健康と向き合えるような機会とする取り組み，児童生徒の保健委員会活動に代表されるような，子どもたち自らが自分たちの健康問題を考えその解決のために活動していく自治的な活動などがある。さらには，「総合的な学習の時間」で自ら選択した問題を学ぶ場として保健室を活用する子どももいる。子どもたちの自立を支えることは

学校教育全体の課題でもあるが，このように，保健室も学校という教育の場にあって，ただ単に受け入れるだけではなく，子どもの育ちを支援するということ，さらに，保健室でとらえた子どもの健康問題を教育の課題として提起し，全校の取り組みを組織していくような教育的な機能をもたせることが重要である。

3．保健室の構造
1）保健室の構造と設備
保健室の構造や設備・備品は保健室の機能と深くかかわってくる。今日的な機能を果たすためには，どのような構造・設備や備品を整えることが必要か。

保健室の位置や広さの基準については，1975（昭和50）年の学校施設設計指針に小中学校校舎補助基準によって算定基礎が示されている。その後，2003（平成15）年8月に**小学校施設整備指針**によって，今日的な問題や児童生徒の実態，地域社会の要望等を考えた指針が出されている。それによると保健室は，

① 各種業務に柔軟に対応し，ベッドを配置する空間を適切に区画することのできる面積，形状等とすることが重要である。
② 屋外と直接出入りすることのできる専用の出入口を設け，その近傍に手洗い，足洗い等の設備を設置する空間を確保することも有効である。
③ 必要に応じ養護教諭がカウンセリングを行うことのできる空間を保健室に隣接した位置又は保健室内に間仕切り等を設置して確保することも有効である。

とされていて，あくまで管理室としての機能を考慮したものである。

今日では健康教育や総合的な学習での活用も増えている。したがって，教育的な機能や児童生徒の委員会活動など，子どもたちに学びの場を保障できるような空間を確保することが望ましい。

場所的には，通風採光がよく校庭に面していることや，職員室や事務室など管理室に近いこと。また，校庭に面している窓の下部はすりガラスにしたり，カーテンを二重にするなど，外からの遮蔽ができ，しかも明るさを保てるような工夫が必要である。廊下側の出入り口は2か所必要である。室内の壁は落ち着いた暖色系の色で，床は木製のフローリングがよい。そのほか，空気清浄機や冷暖房機などの設備も欠かせない。

保健室の広さはおおむね1教室分かそれ以下のところが多いが，児童生徒数によって当然その広さを変えることが必要であると同時に，多様な子どもたちのニーズを考えたとき，2教室分の広さがないと十分な機能をもたせることはできない。

応急処置や休養など医学的な対応ができる空間と，相談活動ができる空間，さらに学習ができるような空間，執務空間をそれぞれ別途にもつことができれば理想的である。子どもたちが自分のからだに関心をもち，自ら管理できる能力をつけるためには，身長や体重，視力などはいつでも測定できるような測定コーナーを設けたり，保健室登校の子どもたちが安心していられるような場所の工夫も必要である。そのほか，シャワー室が設置されていることが望ましい（図8-1）。

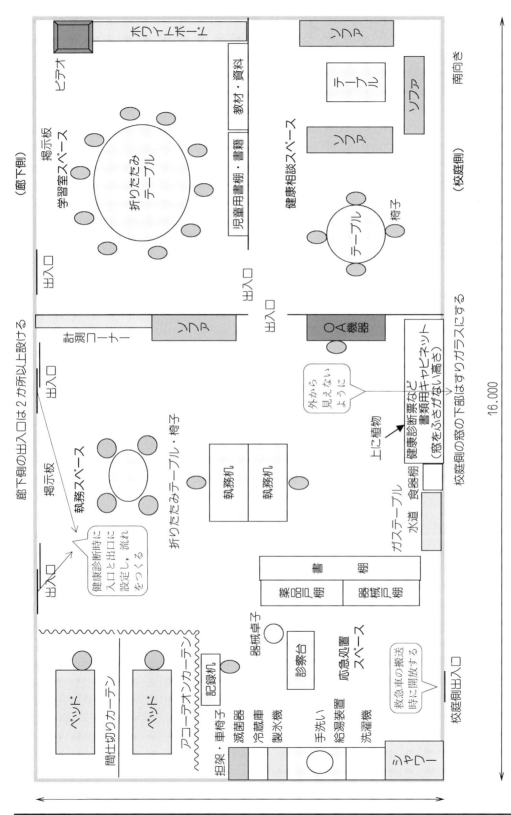

図 8−1 保健室および保健学習室・健康相談室（2教室分のスペース）

(参考：植田誠治監・石川県養護教諭研究会編：新版養護教諭執務のてびき，東山書房，2009, p.72)

106　第8章　養護教諭と保健室

2）保健室の備品

　保健室の備品については 1986（昭和 61）年の改正以後新しいものは示されていない。区分としては，一般備品，健康診断・健康相談に必要な備品，救急処置や疾病への対応に必要な備品，環境検査用備品等に分けられているが，なかには健康診断の改定や結核予防法などの改正により，必要がなくなったものもある（表 8-1 参照）。日本学校保健会の調査から，設置率の低い機器については表 8-1 に下線で示した。そのほか，救急処置用の備品についても，ディスポーザブルの用品が広く出まわっており，器具を消毒して使用するより使い捨てのもののほうが安全性も高く便利である。また，車椅子，外線に通じる電話，コンピュータやインターネットの接続，健康教育に必要なビデオ装置やホワイトボード，児童用の図書や書庫などは，これからの保健室の機能を十分に果たすためには必要な備品であり，最低基準のなかに入れることが望ましい。

表 8 — 1　保健室備品

一　般　備　品	机・いす（救急処置用，事務用），ベッド，寝具類および寝具入れ，救急処置用寝台および枕，脱衣かご，長いす（待合用），器械戸棚，器械卓子，万能つぼ，洗面器および洗面スタンド，薬品戸棚，書類戸棚，健康診断票格納庫，ついたて，湯沸器具，<u>ストップウオッチ</u>，黒板，<u>懐中電灯</u>，温湿計，冷蔵庫，各種保健教育資料
健康診断・健康相談用	身長計，体重計，巻尺，座高計，国際標準式視力表および照明装置，遮眼器，視力検査用指示棒，色覚異常検査表，<u>オージオメーター</u>，額帯鏡，<u>捲綿子，消息子，耳鏡，耳鼻科用ピンセット</u>，鼻鏡，咽頭捲綿子，舌圧子，歯鏡，<u>歯科用ピンセット，ツベルクリン反応測定板</u>，聴診器，<u>打診器</u>，肺活量計，握力計，背筋力計，血圧計，照明灯
救急処置・疾病の予防処置用	体温計，ピンセット，ピンセット立て，<u>剪刀，膿盆</u>，ガーゼ缶，消毒盤，毛抜き，副木，副子，携帯用救急器具，担架，<u>マウス・トウ・マウス用マスク，松葉杖</u>，救急処置用踏み台，<u>洗眼瓶，洗眼受水器</u>，滅菌器，汚物投入器，氷のう，氷まくら，<u>電気あんか</u>
環境衛生検査用	<u>アスマン通風乾湿計，カタ温度計，黒球温度計</u>，照度計，<u>ガス検知器，塵埃計，騒音計，黒板検査用色票</u>，水質検査用器具，プール用水温計，<u>プール水質検査用器具</u>

（文部省体育局長通達，1958，1986.4.1 改正）

　また，健康診断などに使用する器具については，各学校に準備され保健室で煮沸や乾熱滅菌器等で養護教諭が消毒をしているところが多いが，今日の感染症の動向を考えたとき，専門の業者による完全に滅菌された器具がその都度届けられるような行政的対応が望ましい。

4．保健室での養護教諭の実践
1）保健室の運営

　保健室は養護教諭が仕事をするうえでの活動拠点でもあるが，その学校の教育目標を具現化し実践していく場でもある。一般的には「保健室経営」という言葉が使われている

が，その内容は「経営」というより「運営」というほうがふさわしい。保健室に十分な機能をもたせるためには，次のことが大切である。

① 保健室運営の基本方針には養護教諭の子ども観や，保健室をどのように運営していくのかという保健室観が明確になっていること
② 学校の教育目標を受けて，保健室がどのような役割を担うのかを明確にしておくこと
③ その学校の子どもたちのからだや健康の実態や地域の実態に応じた運営計画が立てられていること
④ 実態を改善するための具体的な施策が明示されていること
⑤ これらの内容は，学校の教職員で協議され共通に理解されていること
⑥ 前年度の取り組みの成果と課題を明らかにして，それを次年度の計画に生かせるような仕組みになっていること

保健室の主役は子どもたちであり，こうした基本方針が子どもたちにどのような利益をもたらしたか，あるいはもたらすことを予測したかということが重要であり，その評価も常に「子どもたちにとってどうであったか」という視点を忘れてはならない。

2）保健室来室児童への対応

保健室は，病気やけがなどを理由に「いつでも」，「だれでも」利用できるというよさがある。子どもたちは保健室について「気軽に入りやすい」，「ほっとする」，「安心する」，「話を聞いてもらえる」とか「からだの苦痛を軽減してもらえる」など，受容や安心の場としてのイメージをもっている。

今日，いじめや不登校など深刻な問題が多いなかで，保健室は子どもたちにとって教室とは異なる空間として認識され利用されている。養護教諭は子どもの訴えを聞きながら，さまざまな観察を通して，緊急度や重症度を判断し，その子どもに必要な支援を考える。そのためには，子どもを深くつかむことと合わせて，専門的な知識や看護技術も必要であるが，日常の子どもたちの様子をよく知っていることは的確な判断や対応に役立ち，より適切で豊かな支援ができることにつながる。

保健室には**保健調査票**[6]やさまざまな記録も多く，これらも子ども理解を深めるために役立つが，日常的に担任や保護者との連携がよく取れていると，子どもの情報が集めやすく対応もしやすい。

＊6　**保健調査票**：学校保健安全法施行規則第11条で健康診断を的確，円滑に実施するために調査を行うとある。調査票は区市町村の教育委員会単位で統一されていることが多い。保健室には子どものプライバシーにかかわる情報がたくさんある。子どもたちの個人情報は「個人情報保護法」の観点からも鍵のかかるところに保管し，外にもれないように管理することが大切である。

保健室での子どもへの対応を通して子どもの問題を早期に発見し，「いのちや安全の保障」と，子どもたち自身に「健康に生きる力」をつけていく場として，機能できるようにしていくことが大切である。

今日，保健室で対応する問題はアレルギーやアナフィラキシー，虐待，妊娠，薬物など深刻な内容であることもあり，子どもの健康やいのちを守ることが最優先されなければならない。したがって，そのような問題に直面したとき子どもの了解を得る努力をすると同時に，学校内の教職員，保護者にどのように伝え協力し合って解決していくかも考えなければならない。また，これらの問題は，外部の専門機関や関係者との連携も重要である。

3）「保健室登校」と養護教諭

保健室が，子どもたちを受け止め支援し育てる場として機能するようになってきたなかで，日本独自の現象として**保健室登校**が生まれた。「保健室登校」とは，文部省（当時）が1989（平成元）年に行った「保健室利用状況調査」で次のように規定している。「保健室登校とは，常時保健室にいるか，特定の授業には出席できても学校にいる間は主として保健室にいる状態」と定義している。保健室登校についての2011（平成23）年に日本学校保健会が行った調査では，小学校28.5％，中学校41.6％，高等学校37.3％に「過去1年間に保健室登校の子どもがいた」と回答されていて，中学校が最も高い。

保健室登校には，「不登校になる前の状態として次第に教室にいられなくなったもの」，「不登校からの回復途中で保健室登校を始めたもの」，「教室にいられなくなって一時的に」のおおよそ3つのパターンがある。

保健室登校の子どもを受け入れるかどうかにあたっては，養護教諭自身の戸惑いも多く，なんとか受け止めて援助したいと考えても，果たして「受け入れて自分に何ができるのだろうか」とか，「保健室の指導だけではどうにもならないのではないだろうか」とか，「他の子どもたちとの関係でうまくいかないのではないか」などの理由で，受け入れを躊躇する人もいる。また，学校としても「このような状況を出席と認めていいのだろうか」といった不安や，学級担任の「自分の学級経営が悪いから子どもが教室に来られなくなってしまうのではないか」などの不安があり，子どもが安心して保健室にいられるようになるには一定の時間と，学校全体の理解を深めるための取り組みを要する。

いずれにしても，このような子どもたちを養護教諭のみが背負うのではなく，あくまで「保健室登校を必要としている子どもがいる学校」という見方のもとに，学校全体がその子どもにどのような支援ができるのかを検討し，そのなかで保健室・養護教諭が果たす役割を明確にして取り組むことが大切である。また，保健室登校の子どもに対して，その目標を"教室に戻すこと"にすると子どもも教員もきつくなる。教室に戻れるかどうかはあくまで結果であり，"保健室登校そのものがその子どもの発達や自立を支えること"という認識が必要である。

4）保健室と健康相談・健康相談活動

保健室で行う健康相談には，学校医および学校歯科医による健康相談と養護教諭による健康相談活動がある。学校医および学校歯科医による健康相談は，学校保健安全法第8条に規定されていて，大別すると疾病や異常をもつ子どもや保護者への健康管理上の相談と，保健指導なども含めた教育的な相談がある。これらの相談は，定期的に実施するもの

と必要に応じて随時実施するものとがある。

1997（平成9）年の保健体育審議会答申において，養護教諭の新たな役割として**健康相談活動**があげられた。また，2009（平成20）年の中教審答申では，保健室来室状況をふまえ健康相談活動がますます重要であることを指摘している。

養護教諭の行う相談活動は健康相談活動とされていて，基本的には健康診断や日常の健康観察の結果から継続して健康管理を必要とするものや，生活の改善を必要とするもの，あるいは体調不良を訴えて頻回に来室する者へのアドバイスを行うなどである。しかし，子どもたちの心身の健康問題が複雑で多様化するなかでさまざまな相談がもち込まれるようになった。

からだの訴えで来室してもその背景には家庭の問題や学習上の問題，あるいは友達関係，さらには子ども自身が発達上の課題をもち集団への不適応を呈することも多い。また，なかには虐待などの深刻な問題が隠されていたりすることもある。とくに，年齢が低ければ低いほど子どもたちは「相談がある」という認識やそれに基づいた要求は出せない。養護教諭は，子どもの身体的な訴えから子どものニーズを把握し，適切な支援を考えていくことが必要になる。

したがって，これからの健康相談活動は子どもたちへの直接な対応と合わせて，問題解決に必要な組織づくりや関係者との連携など相談活動が円滑に行われるためのコーディネートが重要になってくる。

養護教諭の健康相談活動は，問題の早期発見と子どもに必要な支援をどうつくり出していくかということと合わせて，さらに大切なことは健康づくりの視点から予防していくための活動を合わせて行っていくことである。

5）保健室・養護教諭と特別支援教育

従来の特殊教育が，発達障害をはじめとして，個別の教育的な支援を必要とする子どもたちを通常学校のなかで教育を受けさせようという**特別支援教育**に変わった。これまでも程度の差こそあれ，教室以外の場所に自分の居場所を求めて保健室に来る子どものなかに，広汎性発達障害や注意欠陥多動性障害（ADHD），学習障害など特別支援教育の対象となるような子どもたちも含まれていた。

養護教諭にとっては，障害の有無にかかわらず保健室に来室した子どもたちに必要な支援をしていくことには変わりがない。しかし，特別支援教育を進めていくなかで，保健室だけがその子どもたちの居場所であってはならない。これらの子どもを保健室で受け止めた後，どのような支援をつくり出していくかということは，特別支援教育を推進するための校内委員会で検討していくことが大切であり，養護教諭もその組織の一員として機能していく必要がある。とくに，保健室で把握した子どものニーズを，個別支援計画のなかに生かしていくことができるような働きかけが望まれる。養護教諭は全校の子どもやすべての教員にかかわる仕事を日常から行っているため，養護教諭のなかには，特別支援教育のコーディネーターとして活躍している人もいるが，かなり負担が大きい。

§3. 養護教諭の養成と研修制度

1. これからの養護教諭に求められる資質と力量

　2012（平成24）年に出された中央教育審議会答申では，これからの教員に求められる資質能力として，「学校現場の諸課題への対応を図るためには，社会からの尊敬・信頼を受ける教員，思考力・判断力・表現力等を育成する実践的指導力を有する教員，困難な課題に同僚と協働し，地域と連携して対応する教員が必要である」と述べている。こうした力をつけるための**養成制度やカリキュラムの内容**，また**現職研修のあり方**が課題になっている。

　大学での学びは，養護教諭としてはようやく入り口にたどり着いたという程度である。急激な社会の変化により，子どもたちの心身の健康問題はますます複雑で深刻になってきている。養護教諭は学校のなかでからだやこころの健康づくりを推進していくための中心的な役割を果たしていく立場にあり，養護教諭の存在は学校にとっても大きい。

　養護教諭のみでなく，すべての教員に研修は義務づけられているが[*7]，一人職種である養護教諭の資質や能力は全校に影響するので常に学び続けることが大切である。

　＊7　教員の研修：教育公務員特例法第21条では，「教育公務員は，その職責を遂行するために，絶えず研究と修養に努めなければならない」，「教育公務員の任命権者は，教育公務員の研修について，それに要する施設，研修を奨励するための方途その他研修に関する計画を樹立し，その実施に努めなければならない」とされている。

　研修の形態は大別すると，行政が実施する現職研修と自ら学ぶ自己研修がある。現職研修には，初任時に行う初任者研修と一定の経験を積んだ後に行う中堅者研修が実施されているが，都道府県によって若干の違いがある。一般的には初任者研修では，健康観察や救急処置，保健指導などの基礎的なことが中心になっている。大学での教育と現場をつなぐものであり，養護教諭として自立した仕事ができるようになることをめざす。また，中堅者研修は5年次研修，10年次研修などライフステージに応じた能力の形成をめざして行われる。たとえば，保健室経営のあり方や学校保健の推進のために，学校教育全体を把握したうえでより豊かな学校保健活動を推進することをめざした内容などがある。

　しかし，これらの研修はいずれもほぼ内容が決められていて，自分が求めるものを学べるとは限らない。実際に仕事をしているなかで直面する問題は一人ひとり異なる。自分の仕事のなかで何が課題かを自ら整理して，それに向かって学びの場を充実させることが必要である。それが自己研修である。自己研修の場は，与えられるものではないので自ら開拓する必要がある。多くの養護教諭グループや民間団体が多様な自己研修の機会をつくっているので，その情報を集めて自分が求める研修を積極的に受けていくことが重要である。

　なお，2008（平成20）年度より，教育職員免許法の改正によって，教員免許の10年更新制が導入され，10年ごとに特定の条件を満たす場合を除き，30時間の講習を受けることにより免許が更新されるようになった。

2．養護教諭と研究活動

養護教諭の仕事には，マニュアルに基づいてそのとおりにやればいいというものはほとんどない。目の前にいる子どもの違いや，地域や学校，教職員集団の違いを把握し，どのような仕事をしていけばいいのか。この，「どのような」というところが重要であり，まさに養護教諭の資質や能力にかかわるところである。これは自ら開拓し，つくり上げていくものであり，そのためには，1つ目は豊かな実践にたくさん出会うことである。しかし，人の実践をもち帰って，そのまま同じようにやってみるということは不可能である。なぜならば，対象も環境も異なるからである。人の実践から学ぶということは，その実践のエキスが何であるかをつかみ，それを自分の実践のなかに生かすことによって，何をどのように工夫すればいいのか考えることである。

2つ目は自分の仕事をふり返って，自ら課題を明らかにしその課題解決の方法を追究していくことである。そのために有効な方法は，自分自身の実践をまとめて記録してみること。さらに，まとめたものを報告する機会をもち，他者の批評を聞くことである。研究はそもそも自分の実践を豊かにするために行うものであり，研究のための研究ではない。何のために，ということを常に問いかけながら目的をもって研究することが大切である。

最近では養護教諭の研究活動も盛んになり，専門家集団としての学会等[8] も開催されるようになっている。自分のアンテナを高くして，能動的に学びの場をもち自らの資質や能力を高めていくことが望ましい。

> ＊8　**養護教諭に関連した学会**：日本養護教諭教育学会，日本学校保健学会，日本教育保健学会，日本健康相談活動学会，日本学校健康相談学会，日本学校救急看護学会など多数の学会があり，多くの養護教諭や学校保健研究者が活発に研究報告を行っている。

●引用文献●

1）日本学校保健会編：学校保健百年史，p.170，第一法規，1973
2）学校保健安全実務研究会編著：新訂版　学校保健実務必携，p.619，第一法規，2009
3）数見隆生：教育保健学への構図，pp.78～80，大修館書店，1994

●参考文献●

・植田誠治監修・石川県養護教育研究会編：新版・養護教諭執務のてびき，東山書房，2009
・大谷尚子・中桐佐智子編著：養護学概論，東山書房，2009
・数見隆生：教育保健学への構図，大修館書店，1994
・学校保健・安全実務研究会編著：新訂版学校保健実務必携，第一法規，2004
・国崎　弘編著：学校保健実務必携新訂版，第一法規，2003
・宍戸洲美編著：養護教諭の役割と教育実践，学事出版，2003
・杉浦守邦：養護教員の歴史，東山書房，1974
・日本教育保健学会数見隆生・藤田和也編：保健室登校で育つ子どもたち，農文協，2005
・藤田和也：養護教諭実践論，青木書店，1985
・文部省監修・日本学校保健会編：学校保健百年史，第一法規，1973
・森　昭三：学校保健の仕事に迫る―養護教諭へのメッセージ―，健学社，1998
・日本学校保健会：平成23年度調査結果「保健室利用状況に関する調査報告書」，2013

第 9 章

学校精神保健

> ❖ ポイント
> 1．児童生徒のこころの危機サイン，こころの健康問題や精神疾患を理解する。
> 2．学校における健康相談，カウンセリングの基礎を学ぶ。
> 3．児童相談所等の地域における精神保健活動関連機関について学ぶ。

§1. 児童生徒の精神疾患とこころの問題

人間のこころに生じる問題や症状は，その原因から大きく2つに分けることができる。
ひとつは，環境からこころが受ける影響により症状が生じている病態（**心因性の病態**）である。もうひとつは，精神の座としての**脳の働きそのものに異常**があり，その結果症状を生じている病態である。これには，脳腫瘍や脳炎のように臓器としての脳そのものに病変があるもの，脳以外のからだの病が脳に影響を与え症状が出るもの，覚醒剤や有機溶剤など体外から取り込まれた物質が脳に影響し症状が出るもの，先天的に脳の発育・発達に問題があるもの（発達障害），統合失調症や気分障害（うつ病および双極性障害）のように，詳しいメカニズムは未解明だが，何らかの素因に基づく脳の機能異常が想定されるものなどがあげられる。子どもにも，これらすべての精神疾患，精神障害が起こりうる。しかし，子どもの年齢，発達段階によって現れやすい病態や現れ方に違いがある。

次節では，1．心因性の問題，2．統合失調症と双極性障害 をとくに取り上げ，具体的にそれらがどのように現れてくるか（こころの危機サイン）について解説する。

§2. 子どものこころの危機サイン

1．心因性の問題
1）ストレッサーとストレス反応について

人間は常に環境からの刺激を受けている。こころやからだの安定に影響を与える外部からの刺激のことを**ストレッサー**といい，その刺激に対処，適応するために，心身に生じるさまざまな状態の変化を**ストレス**あるいは**ストレス反応**と呼ぶ。ただし，日常用語では「ストレッサー」の意味で「ストレス」という表現が使われることも多い（図9-1参照）。

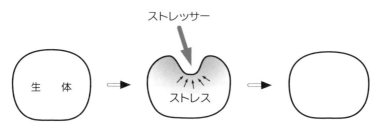

図9-1　ストレッサーとストレス

人間を含め，動物がストレッサーにさらされたときに体内で起こる反応は共通している。脳が危機状況を認識すると，交感神経系が興奮するとともに，特定のホルモン（**ストレスホルモン**）が分泌されることで，血圧の上昇，心拍数の増加，呼吸数の増加が起こる。これらはすべて，危機的状況から逃れる，あるいは危機となっている「敵」と生死をかけ

て闘うために必要な筋肉に，より多くの酸素を届けるために起こる反応（「**逃げるか闘うか**」**反応**）である。人間のように汗腺が発達した動物では，筋肉活動で生じる体温上昇を抑えるために発汗も促される。このとき，精神面には怒りや恐怖，興奮，緊張感などの情動が生じている。現代の人間は肉食獣に襲われるような危機状況には遭遇しなくなった代わりに，学業や仕事上の課題や重圧，親子関係，友人関係などの問題等々，文明社会が生み出した特有のストレス状況に数時間から数年というきわめて長時間さらされる。そのため，適応しきれなくなることも多く，さまざまな心身の異常を呈することになる。

2）ストレッサーへの反応パターン（図9-2参照）

人間の**ストレッサーへの反応パターン**は，大きく4つに分けることができる。①こころの状態に現れる反応（**こころの症状化**）　②からだに現れる反応（**身体化**）　③行動に現れる反応（**行動化**）　④言語によって表現される反応（**言語化**）である。子どもの精神保健にかかわる者は，これらの反応を的確にとらえることによって，子どもがストレスにさらされ危機的状況にあることを認識しなければならない。

① **こころの状態に現れる反応（こころの症状化）**　ストレス状況下では，子どものこころにもおとなと同様にさまざまな陰性感情が生起する。不安，緊張，イライラ，憂うつ，恐怖，嫌悪感，怒りなどである。しかし，それらが必ずしも素直に外に表現されるとは限らず，周囲のおとなは子どもの表情やしぐさ，日常の行動などから内面の感情を読み取る必要がある。一般的な感情状態の変化以外に，「強迫」や「解離」，「心的外傷」といった特殊な（病的な）こころの状態がみられることもある。これらについては後述する。

② **からだに現れる反応（身体化）**　ストレス状況への反応として，頭痛や腹痛，下痢，吐き気や嘔吐，食欲不振，倦怠感，発熱などの一般的なからだの症状が現れる。その多くに，疲労の蓄積と，前述したストレス反応としての交感神経系の興奮状態が関与している。筋肉の緊張が持続するため，子どもであっても肩や首に強い凝りがみられることもある。そのほかにも，発汗や呼吸の速さ，声のうわずりなどで他覚的に交感神経の興奮状態をとらえることができる。緊張の持続のため睡眠障害も起こりがちである。

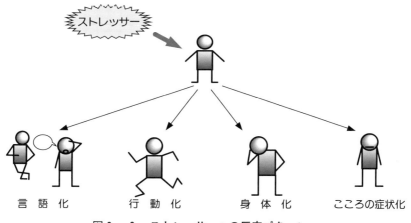

図9-2　ストレッサーへの反応パターン

③ **行動に現れる反応（行動化）**　ストレス反応の基本は「逃げるか闘うか」，すなわち「行動」である。したがって，ストレスに対し行動で反応するパターン（行動化）は最も基本的なもので，その内容はストレス状況から距離を取ろうとする（「逃げる」）パターンと，ストレス状況で攻撃性や衝動性が行動として現れる（「闘う」）パターンに大別される。不登校の多くには前者の要素が認められ，学校内外での人や物を対象とする暴力には後者の要素が認められることが多い。これらを「問題行動」として道徳的に非難する以前に，問題を呈する子どもの背景に強いストレス状況の存在を考えることが大切である。

④ **言語によって表現される反応（言語化）**　人間は個体としては弱い生物であり，集団で暮らし互いに助け合うように進化してきた。そのため，互いの考えや心身の状態を伝達する手段として言語によるコミュニケーションはきわめて重要な意味をもっている。ストレス状況下で，他者に愚痴を言ったり相談したりすることは，ストレス状況への反応であるとともに有効なストレス対処となる。したがって，子どもへの援助にあたっても，おとなは子どもからの言語による表現を期待しがちである。しかし，言語は生後長い時間をかけて学習により習得されるものであり，年齢が低いほど言語化能力は未熟であることを忘れてはならない。たとえ知的に高く語彙が豊富な子であっても，感情や心身の微妙な状態の正確な表現は必ずしも得意ではない。子どもの言語化能力の限界をわきまえ，むしろ身体化や行動化のなかに，危機状況にある子どもの叫びを聴き取ることが必要である。

3）代表的な心因性（ストレス関連性）の症状・疾患

① **チック**　学童期にしばしばみられるストレス関連の病態である。筋肉のすばやい動きにより，顔の一部をしかめたり，瞬きをしたり，口をとがらせたり，肩をすくめたり，首を曲げたりする。これらは意思の力で一時的に止めることもできるが，周囲が強く注意したりやめさせようとするとかえって症状が強まることが多い。子どもがストレス状況にあることの現れととらえ，可能な範囲で環境調整をしたうえで見守ることが大切である。ほとんどが1年以内で軽減，消失していくが，**チック**の特殊なタイプとして長期化，慢性化し薬物療法も必要となる病態（**トゥレット障害**）もあり，長期に持続する例では児童精神科など専門機関の受診が必要となる。

② **転換性障害**　脳や運動神経，感覚神経，筋肉や関節にまったく異常がないにもかかわらず，歩けなくなる，立てなくなる，声が出なくなるといった運動系の身体機能の障害や視覚・聴覚など感覚機能の障害が出てくる病態である。こころの問題が身体症状に置き換わって表現される身体化型の病理と考えられており，**転換性障害**と呼ばれる。

③ **過呼吸症候群**　思春期の女子に多い身体化型の病態である。ストレッサーに反応して呼吸がだんだん速くなり，コントロールできなくなる。その結果，**過換気状態**（低二酸化炭素血症）となった体内で二次的な生理的変化が生じ，しびれや筋肉のこわばり，めまいなどの随伴症状を呈することからさらに緊張が高まり，悪循環的に**過呼吸**が進行する。

④ **自傷行為（リストカット）**　思春期の女子に多い行動化型の病態である。こころの内側に湧いてくる不快な感情に対する対処行動として行われる。ため込んだまま処理できない陰性感情を，自らを傷つけることで発散するとともに，傷をつくることで無意識に

周囲のおとなの注意を引こうとする意味も含まれている。**自傷**することで一時的に感情は落ちつくが，本質的なストレス対処とはならないため，くり返されることが多い。

⑤ **神経性やせ症/神経性無食欲症**　　思春期の女子に多い。ダイエットから頑固な**拒食**に移行し，周囲の心配をよそにどんどん体重が減少し，月経は停止する。自分がやせ過ぎと認知できなくなること（**ボディーイメージの歪み**），標準体重マイナス30〜40％以上の極度のやせに至るにもかかわらず，むしろ活動性が亢進すること（**過活動**），ほんのわずかな体重増加も極度に恐れること（**肥満恐怖**）などが特徴である。病前適応はよい子が多いが，発症の背景には思春期の発達課題を越えることができないでいる深刻なストレス状況があると考えられる。

⑥ **強迫性障害**　　**強迫**とは，強い不安を背景にすべてを完璧にコントロールしておかないと気がすまずこだわりが強くなる状態である。戸締まりや自分の決めた日常生活の手順などを何度も確認しないと気がすまなくなる確認強迫や，長時間手を洗わないと気がすまなくなる不潔恐怖（手洗い強迫）などのかたちで現れる。

⑦ **解離状態，解離性障害**　　**解離**は，意識を変化させ，いわば「自分でなくなること」によりストレス状況から逃れようとする状態である。突然ボーっとして反応がなくなったり，急に顔つきが変わって興奮状態に陥ったりする。解離状態から抜けるとその間の記憶はあいまいか，まったく失われていることが特徴である。

⑧ **心的外傷記憶（トラウマ），PTSD（心的外傷後ストレス障害）**　　つらい体験をしても，一般にその記憶は時間とともに薄れ，「思い出」に変わっていく。しかし，事故や災害，暴力など極度のストレッサー（外傷体験）にさらされた場合，その体験記憶は薄れずにとどまり（**心的外傷記憶**），被害者を苦しめ続けることがある。外傷記憶は通常は無意識に置かれているが，外傷体験と関連した刺激を受けると瞬時によみがえり（**フラッシュバック**），そのたびに被害者は薄れることのない恐怖にさいなまれる。そのような刺激を避けるために特定の場所や状況を避けるようになったり，生活全般に消極的になったりしてしまう場合もある。このような病態を **PTSD：心的外傷後ストレス障害**と呼ぶ。

2．統合失調症，気分障害
1）統合失調症

統合失調症は，総人口の１％弱が一生のうちに発症する比較的頻度の高い精神疾患である。好発年齢が思春期以降であり，症状による本人および家族の苦痛が大きく，治療の成否に早期発見が重要であることなどから，学校精神保健において重要な精神疾患である。

主な症状として，幻覚と妄想がある。**幻覚**とは，「対象が実在しない知覚」である。統合失調症では「幻聴」が多く，患者への悪口や批判を話す声が聞こえていることが多い。**妄想**とは，「誤った，しかし確信を伴う訂正不能の思い込み」である。「つけ狙われている」，「見張られている」，「殺される」といった被害的な内容が多い。患者は幻覚や妄想を病気の症状と認識することができず，現実の世界が不気味に変化してしまったと感じるため，強い不安や恐怖をいだく。また，とくに思春期発症例では，発症から時間がたつにつれ，意欲の低下や感情の鈍麻が進行する例が多い。

2）気分障害（うつ病，双極性障害）

気分障害は，うつ病と双極性障害（躁うつ病）に分けられる。

うつ病は，気分の落ち込み，気力の低下，何事も楽しめなくなる，集中力や思考力，記憶力が低下する，食欲が落ちる，よく眠れなくなるといった症状を呈し，それらが数週間以上持続する。おとなに比べると子どものうつ病の頻度は高くないが，不登校などの不適応状態の背景にうつ病がある場合もある。また，子どもはおとなのように主観的な症状を訴えにくいため，学校適応の状態などから周囲が気づくことが大切である。

双極性障害（躁うつ病）は，「うつ」の波と，それとほぼ反対の状態を示す「躁」の波がくり返し現れてくる病態である。躁状態では，気分が高揚しおしゃべりとなり，活動性が増し，自信過剰となって，現実をきちんと見る力が弱まる。睡眠欲求が減り，寝ないで活動し続ける場合もある。

気分障害，とくに双極性障害の発症には，遺伝的要因が強く関与していると考えられており，発症年齢も早く，小学校年代で症状が現れることもある。

§3．健康相談とカウンセリング

1．学校医による健康相談

学校医は，小児科ないし一般内科が専門のことが多い。したがって，学校医による健康相談では，児童生徒が呈している身体症状の正確な評価による身体疾患の除外と，必要に応じて児童精神科や心療内科などのこころの問題の専門医への紹介が主な内容となる。拒食症のようにこころの問題であってもからだの状態が深刻な病態では，学校生活での過ごし方や緊急時の対処法について助言を求めることも大切である。

2．養護教諭による健康相談活動
1）精神療法としての健康相談活動

カウンセリング（精神療法）には，無数といっていいほどの方法論，流派がある。しかし，その共通部分を取り出すとしたら，「人と人とのかかわりを通じて，相手のこころの健康度をあげるいとなみ」ということができる。このように考えれば，養護教諭による健康相談活動も精神療法にほかならない。

精神療法が成立するためのかかわりの基本的条件としては，相手に，「一緒にいる」という感覚が生じること，同時に，「それが不快」という感覚が生じないこと，結果的に（最終的に），相手のこころの健康度が上がること，の3点があげられる。まず大切なのは，一見常識的なこのような関係を相談者との間に成立させるためのかかわり方を身につけることである。

実際にかかわる際の注意点として，相手から伝わってくる言語レベル，非言語レベルの情報に敏感であることがまずあげられる。話される言葉の内容のみでなく，声の大小や調子，話す速さや感情のこもり具合，表情とその変化，顔色，姿勢，落ち着きの程度やしぐ

さなどに豊富な情報が含まれている。なんとなく感じられる全体的雰囲気（冷たい・かたい・暗い・無理している感じ・疲れている・何か隠している・何か言いたそう等）をとらえることも重要である。そして，こちらから子どもに対しても同様に，言語レベルのみならず非言語レベルの情報が伝わっていることを忘れてはならない。言葉で話している内容と，口調や表情から伝わる雰囲気がずれていると相手は混乱しやすい。

　相手をサポートする方法にも，言語レベルと非言語レベルの両方があるのを意識しておくことが重要である。言語レベルでは，自分の言いたいことを「理解してもらった」，「的確にわかってもらった」といった感覚が相手に生じることが大きなサポートになる。非言語レベルでは「暖かさ」，「受容」，「はげまし」といったニュアンスの感覚が相手に伝わるのが大切である。

2）人の話を聴く技法

　健康相談活動（精神療法）の基本は，まず「よく聴くこと」である。自分の話をよく聴いてくれているという実感が相手に生じるような，「聴き入る姿勢」をもって聴くことが大切である。話の腰を折らず，適切なあいづちやうなずきによって言語表出をうながしていく。聴いていてよくわからない点や何らかの「ひっかかり」を感じたら，タイミングをみてそれを明らかにするような質問をしていく。

　質問に際しては，こちらの好奇心を満たすためではなく，相手を理解し，受容するための質問をする。緊張や拒絶感を高めないように，相手が答えやすい質問を工夫することが大切である。聞いてみて口ごもるようなら深追いはせず，こちらから選択肢を提示し選んでもらったり，Yes-No で答えられる質問に切り換えたりすることも有効である。また，基本的なこととして「なぜ？」，「どうして？」という問いかけ方は，なるべく避けることが望ましい。この問いかけ方は，聞かれた者が責められるニュアンスを感じやすいこと，一般に物事の真の原因を言語化することはそう簡単ではないことがその理由である。

　相手の話したことをこちらが正確に受け止めたことを示すためには，相手の言った言葉をこちらがくり返す（なぞる）ことが有効である。また，要所要所で，あるいはある程度話しを聴いたまとめとして，相手の話からこちらが理解したことをまとめて伝えることも大切である。ただし，ここでピントがずれていては逆効果となる。相手の反応をみながら，「この理解で大丈夫？」などと確認することが必要である。

　以上のような対応により，相談者の悩みや抱えている問題を明らかにし，思考を整理しながら情緒的な混乱をしずめ，相談者自身による問題解決の前提となる，こころの安定を取り戻すことが基本的な目標となる。

3）健康相談活動の特殊性

　養護教諭による健康相談活動は，精神科医や臨床心理士によるカウンセリングと異なり，多様かつ多忙な養護教諭としての日常業務の流れのなかで行われる。相談者と1対1の状況が必ずしもつくれるわけではないし，相談者の年齢や問題の現れ方も多様である。同じ子どもでも，来るときによってニーズが異なることもあるし，身体化や行動化が前面

§3. 健康相談とカウンセリング

に出ているときには，子ども自身が相談するニーズを意識していないこともある。時間も十分に確保できないことも多い。したがって，病院やクリニックの心理臨床のなかで発展してきた従来の精神療法の細かい流派や方法論をそのまま学び適用しようとしても限界がある。そのような学習も重要ではあるが，まずここにあげたような（広い意味での）精神療法の基本を身につけて実践することが大切である。

3．カウンセラーによる学校カウンセリング

　スクールカウンセラーは，1995（平成7）年の文部省（当時）による試験的活用以来，全国の公立中学を中心に配置が進んだ。近年，学校内でのいじめや自殺，災害や事件など心理的な対応を要する事例の増加，社会的関心の高まりなどから，スクールカウンセラー制度は拡大傾向にある。文部科学省のスクールカウンセラー事業における任用規程では，資格要件として**臨床心理士，精神科医，臨床心理に関して専門的知識と経験を有する大学教員**があげられているが，実際のスクールカウンセラーは臨床心理士であることが多い。職務内容としては，児童生徒との心理カウンセリング，保護者および教職員への助言・援助などの心理コンサルテーションとされている。

　スクールカウンセラーには，学校内の人間関係，教師による評価から独立した立場で，専門的知識と経験をもって相談活動にあたることができるという利点がある。一方で，従来の伝統的カウンセリング技法は病院やクリニック等での個室内での1対1の相談を主に発展してきており，学校という特殊な組織にカウンセラーが出向いて行うスクールカウンセリングの方法論はまだ確立したものとはいえないのも事実である。たとえば，通常のカウンセリングでは常識である守秘義務についても，学校内のカウンセリングでカウンセラーがそれをかたくなに守ろうとすると，学校全体でその児童生徒を見守り，問題解決にあたろうとする学校側の姿勢と対立し，結果的に児童生徒に不利益になることもあり得る。

　スクールカウンセラーと学校側が，あらかじめ学校内でのカウンセリング活動の基本的な方針，連携や情報共有の方法などを確認しておくことが大切であり，実際の運用にあたっては常に児童生徒の利益を考えた柔軟な対応が求められる。その際，教員集団の一員という立場で児童生徒の心身の健康問題に常に対応している養護教諭とスクールカウンセラーが良好な関係を築き，協力し補い合いながら業務にあたることがとくに重要である。

§4．精神保健活動

　不登校や非行といった学校への不適応の問題，保護者の経済的問題の影響や虐待，重度の精神疾患など，学校内の支援だけでは対応が困難な児童生徒のこころの問題については，学外の関係機関と連携し，問題解決にあたる必要がある。そのために，活用できる地域の関係機関についてよく把握し，情報を収集しておくことが大切である。ここでは，児童相談所，およびその他の地域における精神保健活動に関与している主要な機関について取り上げる（表9-1参照）。

表 9 ― 1 　地域における精神保健活動関連機関

機　関　名	対応する主な問題	関係する専門職
児　童　相　談　所	虐待・養育困難発達障害・不登校・ひきこもり・非行等	児童福祉司・児童心理司等
教　育　セ　ン　タ　ー	不登校・ひきこもり・いじめ・学校生活上の問題・発達障害等	教育相談員（臨床心理士・学校心理士等）
精神保健福祉センター	精神疾患・精神疾患の疑い・薬物乱用・ひきこもり等	精神科医・精神保健福祉士・保健師・臨床心理士等
発達障害者支援センター	発達障害（広汎性発達障害・注意欠陥多動性障害・学習障害等）	臨床心理士・保健師・精神科医等
保健所・保健センター	虐待・養育困難・ひきこもり・精神疾患等	保健師・医師等

1．児童相談所による精神保健活動

　児童相談所とは，児童福祉法に基づき各都道府県および政令指定都市に設置される児童福祉の専門機関である。都道府県によっては，地域別に複数の児童相談所が設置されている。児童相談所の業務は，乳幼児健診から始まる発達障害への支援，不登校・非行などの相談対応など，子どもに関するあらゆる相談に応じることである。また，児童を保護する施設も併設されており，必要と判断されれば子どもの一時保護も行い，時には児童福祉施設等へ子どもを措置することもその業務に含まれる。ただし，近年の深刻な児童虐待ケースの増加に伴い，今日児童相談所の業務においては，虐待への対応に大きな比重が置かれるようになっている。

2．地域における精神保健活動

1）教育センター

　教育委員会の所管で地方公共団体ごとに設置されている。教育に関する調査研究，研修，学校支援等とともに教育相談事業を行っている。そこでは，就学前幼児や児童生徒で，特別な教育支援の必要な子どもについて，保護者や本人，教職員の申し込みにより，教育・養育上の指導助言を行う。心理相談員による児童生徒への心理面接や遊戯療法と，保護者への面接相談が並行して行われることも多い。電話相談も行われている。

2）精神保健福祉センター

　「精神保健及び精神障害者福祉に関する法律（精神保健福祉法）」に基づき設置される，精神保健の向上および精神障害者の福祉の増進をはかるための公的機関で，都道府県および政令指定都市に設置される。精神科医師，精神保健福祉士，臨床心理技術者，保健師，看護師，作業療法士等の職員で構成されている。精神保健福祉センターの主要業務のひとつとして，精神保健および精神障害者福祉に関する相談および指導がある。無料の電話相

談や面接相談があり，精神的な問題を生じている児童生徒への当面のかかわり方の助言
や，適切な医療機関の紹介などを受けることができる。保護者のみならず，学校からの相
談も受けつけてくれる。そのほかに，児童思春期の精神保健関連の研修会や講演会の開
催，デイケアやひきこもり支援など，各センターで独自の取り組みも数多く行われている。

3) 発達障害者支援センター

　発達障害者支援センターは発達障害者への支援を総合的に行うことを目的とした専門的
機関であり，2005（平成 17）年に施行された「発達障害者支援法」に基づき設置されてい
る。都道府県・政令指定都市自ら，または，都道府県知事等が指定した社会福祉法人，特
定非営利活動法人等が運営している。

　役割としては，①発達障害者およびその家族に対する相談，助言　②発達障害者に対す
る発達支援および就労支援　③発達障害にかかわる普及・啓発および関係者への研修　④
関係機関・団体との連絡・連携などを行うこと，とされている。

4) 保健所・保健センター

　保健所は，地域住民の健康や衛生を支える行政機関であり，精神保健福祉もその主要な
業務のひとつとなっている。地域保健法に基づき都道府県および政令指定都市に設置され
ており，地域保健における専門的，広域的な業務を担当している。**保健センター**は，市町
村に設置され，より地域住民に近い立場で健康相談，保健指導および健康診査，その他地
域保健に関し必要な事業を行っている。

　保健所・保健センターにおける精神保健関連の業務としては，保健師による面接相談や
家庭訪問，精神科医師による精神保健相談，持ち込まれた相談についての事例検討会や講
演会の開催など多彩な活動が行われている。近年，ひきこもりへの支援にも力が入れられ
ている。

●参考文献●
- ・中桐佐智子・岡田加奈子編：養護教諭のための保健・医療・福祉系実習ハンドブック，東
  山書房，2012
- ・神田橋條治：追補　精神科診断面接のコツ，岩崎学術出版社，1994
- ・かしまえりこ・神田橋條治：スクールカウンセリング　モデル 100 例，創元社，2006
- ・特集　学校における精神科臨床サービス，精神科臨床サービス，vol.7，星和書店，2007
- ・特集　児童相談所はいま，子育て支援と心理臨床，vol.7，福村出版，2013

第10章

特別な支援を要する子どもと学校保健

❖ ポ イ ン ト

1. 近年「特殊教育」から「特別支援教育」への転換がなされ，その背景には複数の障害を併せもつ重度・重複化が進んだこと，通常の学級に在籍する発達障害児の存在が明らかになったことなどがあげられる。
2. 特別支援学校における学校保健には，感覚機能の評価，肥満，偏食，睡眠，誤嚥，睡眠，てんかん，むし歯（う歯，う蝕）などの健康管理にかかわる問題が多数あり，それぞれ障害種やその程度に応じて配慮事項は異なる。
3. 通常の学級に在籍する発達障害児においては，睡眠障害とてんかんの合併が認められるとともに，障害の症状軽減のために薬物療法を用いることも多い。
4. 障害の重度・重複化により医療的な介護が必要な子どもが近年増えてきており，養護教諭は医療的ケアにかかわるコーディネーター的役割が求められている。

§1. 特別な支援を要する子どもとは

1. 特別支援教育への転換

　文部科学省により設置された調査研究協力者会議において，「21 世紀の特殊教育の在り方について―一人一人のニーズに応じた特別な支援の在り方について―（最終報告）」（2001年 1 月），「今後の特別支援教育の在り方について（最終報告）」（2003 年 3 月）が相次いで出され，従来の「特殊教育」から**特別支援教育**への転換が進められていった。その背景には，当時の養護学校や特殊学級に在籍する児童生徒数が増加傾向であったこと，複数の障害を併せもつ**重度・重複化**が進んだこと，そして通常の学級に在籍する**発達障害児**の存在が明らかになったことなどがあげられる。これらの報告を具体化するため，2005（平成17）年 12 月に中央教育審議会より「特別支援教育を推進するための制度の在り方について（答申）」が出され，これをふまえて 2006（平成 18）年 6 月に「学校教育法等の一部を改正する法律」が成立し，2007（平成 19）年 4 月より施行された。この法改正では，従来の盲学校，聾学校，および養護学校のような障害種別の学校制度から，障害種にとらわれずに柔軟に対応できる**特別支援学校**の設置が可能となり，通常の学級に在籍する発達障害の子どもたちも新たに特別な支援の対象となった。このように特別支援教育は近年大きな転換がなされ，これまで以上に一人ひとりの教育的ニーズに合わせて，適切かつ柔軟に行える教育システムをめざして制度化された。

2. 特別支援教育の対象となる子どもたち

　特別支援教育の対象となる子どもたちは，それぞれの教育的ニーズに応じて学びの場を選択することになる。特別支援学校では，視覚障害者，聴覚障害者，知的障害者，肢体不自由者，病弱者（身体虚弱者を含む）が対象となるが，その障害の程度は学校教育法施行令第 22 条の 3 において規定されている。なお，2013（平成 25）年 9 月に学校教育法施行令が一部改正され，特別支援学校の対象となる児童生徒であっても，保護者の意向を最大限に尊重し，就学先を小・中学校または特別支援学校のいずれかに選択できる制度となっている。

　一方，小・中学校では通常の学級に加えて，**特別支援学級**が設置されている場合が多い。学校教育法第 81 条第 2 項において，

① 　知的障害者
② 　肢体不自由者
③ 　身体虚弱者
④ 　弱視者
⑤ 　難聴者
⑥ 　その他障害のある者で，特別支援学級において教育を行うことが適当なもの[*1]

のいずれかに該当する児童生徒に対して，小学校，中学校，義務教育学校，高等学校および中等教育学校に特別支援学級の設置が認められている。特別支援学級の対象となる子どもたちは，文部科学省初等中等教育局長通知「障害のある児童生徒の就学について」（2002

年5月）および「「情緒障害者」を対象とする特別支援学級の名称について」(2009年2月)で示されている。障害の程度に決して軽重はないが，あえて理解しやすいためにいうとすれば，特別支援学校の子どもたちに比べ軽度な障害のある児童生徒が特別支援学級の対象となることが多い。

さらに，通常の学級に在籍しながら，一定時間だけ特別な指導を特別な場所（**通級指導教室**）で障害に応じた指導を行うことのできる「通級による指導」も認められている。通級による指導は，学校教育法施行規則第140条で小学校，中学校，義務教育学校または中等教育学校の前期課程の通常の学級に在籍している児童生徒のうち，

① 言語障害者
② 自閉症者
③ 情緒障害者
④ 弱視者
⑤ 難聴者
⑥ 学習障害者
⑦ 注意欠陥多動性障害者
⑧ その他障害のある者で，この条の規定により特別の教育課程による教育を行うことが適当なもの

のいずれかに該当する者に対して，通級による指導が認められている。

以上のように，特別支援教育の対象となる子どもたちの障害種別およびその程度は幅広く，個々のケースで健康の維持・増進のために留意しなければならない点も異なってくる。このように特別な支援を要する子どもの学校保健は多岐にわたっており，実際には個々の子どもの状態像に応じた対応が求められている。

＊1　その他として，言語障害と自閉症・情緒障害が設置されている。

§2. 特別支援学校における学校保健

1. 感覚機能評価
1）視　機　能

一般に**視機能**といった場合，視力を想像することが多いが，特別支援学校に在籍する児童生徒において視力は見る機能のひとつにすぎない。たとえば，視覚障害特別支援学校（盲学校）に通う児童生徒では，まったく見えない者から眼鏡やコンタクトレンズによる矯正をしても見えづらい者まで見えの程度は幅広く，まぶしさを感じたり（羞明），眼球が小刻みに揺れたり（眼振），視野が狭かったり（視野狭窄），視野中心部が欠損していたり（暗点）するなど，見えづらさを引き起こす要因も多種多様である。

普通学校の**視力検査**ではCの形状をした**ランドルト環**を用いることが多いが，知的障害児の場合には課題の意味が理解できずに計測ができないこともある。健常児の場合に

ランドルト環単独視標　　　　単独絵視標　　　　森実氏ドットカード

図10－1　視力検査視標

（注）ランドルト環や絵視標については図のように単独視標があり，5 m の距離から計測する。ランドルト環については 30 cm の近距離視標もある。森実氏ドットカードは 30 cm の距離から計測し，うさぎの目の大きさを変えることでドットの最小視認閾を測定し，視力に換算する。なお，図中では見やすいように視標の背景を灰色で示しているが実物は白色。いずれの視標も㈱半田屋商店製。

は，視力検査は眼疾患，とりわけ屈折異常の発見が主な目的になるが，知的障害児の場合には課題内容の理解や注意集中などの認知的要因も検査結果に含まれることになる。通常はすべてのランドルト環視標が配列されている並列視力表を用いるが，1つの視標のみで行うランドルト環単独視標を用いるだけでも子どもの反応は異なってくる（図10-1）。それでも視力検査がむずかしい場合には絵視標やドットカードなど子どもの能力や興味に合わせた検査法を用いて，子どもの視力を調べることが可能となる。

しかし，障害が重度・重複化すると，上記のような方法では反応が求められないことも多い。そのようなケースでは自覚的反応によらない他覚的反応に基づく検査が求められる。たとえば，複雑な模様に対して視線を向けやすい特性（**選好注視**）を利用して，縦縞模様への注視を確認することで視力を推定する Teller Acuity Card Ⅱ（米国 Stereo Optical Company 製）などが市販されている。

2）聴覚機能

学校保健において，聴覚機能はオージオメータによる**純音聴力検査**が実施されることが多い。しかし，視機能測定と同様に，純音聴力のみが聴覚機能のすべてではない。たとえば，**語音聴力検査**は数字，単音節，単語，文章など語音を呈示して，実際の日常で使用する言葉の聞き取り状態を調べることができる。この検査は補聴器がうまくフィットしているか確認する際にも使用される。

聞こえにくさの要因は，その障害部位によって**伝音難聴**と**感音難聴**に分けることができる。伝音難聴は外耳から中耳までに生じる障害であり，このレベルでの障害では軽度から中度の難聴を示すことが多い。一方，内耳以降で生じる障害は感音難聴と呼ばれ，内耳の段階で音の分析処理が始まっていくために，単に音が小さく聞こえるといった問題だけでなく，わずかな音の変化に対して過敏に反応したり，音が歪んで聞こえたりするなど多様な聞こえにくさを生じさせてしまう。前述の純音聴力検査では通常ヘッドフォンを使用して実施する気導聴力検査と耳介後ろにある頭蓋骨を振動させて直接内耳に音を呈示する骨

導聴力検査とを組み合わせることで，伝音難聴と感音難聴，あるいはそれらが合わさった**混合難聴**を鑑別することができる。

　一方で，知的障害がある場合には，音の聞こえについて自ら判断させること自体が困難となる場合も多く，一般的に視力検査に比べて聴力検査のほうが実施するのがむずかしい。すなわち，最小可聴値を調べるために，聞こえるか聞こえないかの判断をすることは知的障害児にとってむずかしく，聴力検査場面では普段から子どもの様子をよく知る教員が子どもの表情や様子などから聞こえの状態をうかがうことも多い。耳垢（あか）を取り除くことを嫌がる子どももいるため外耳に耳垢が溜まった状態になりやすく，発熱や痛みといった自覚症状が少ない滲（しん）出性中耳炎に罹患すると自ら訴えることも少ないため，聞こえにくい状態（伝音難聴）が続いてしまうことになる。したがって，日々の生活での様子から，周囲のおとなが聞こえにくさを発見することが重要となる。

　さらに，問いかけに対する反応自体が乏しいようなケースでは，視機能検査と同様に，自覚的反応ではなく他覚的反応による検査が求められる。聴覚機能の他覚的検査としては，耳音響放射[*2]（OAE：otoacoustic emission）や聴性脳幹反応[*3]（ABR：auditory brainstem response）があげられ，これらは新生児聴覚スクリーニング検査に用いられている。

> **＊2　耳音響放射**：外耳から音を呈示し，これにより内耳の外有毛細胞が収縮，伸展した際に生じた反響音を記録する。したがって，この検査により子どもの反応がなくても他覚的に内耳機能を評価することができる。
>
> **＊3　聴性脳幹反応**：脳波を計測しながら音を1,000〜2,000回呈示し，音の出現とともに発生する小さな波を記録する。記録された波形は7つのピークからなっており，内耳から聴皮質までの機能を評価することができる。

2．健 康 管 理

1）肥　　満

　現在，学齢期での**肥満**は微減傾向にあるものの，未だ10人に1人が肥満であるという現状を考えれば，憂慮すべき問題といえよう。その背景には夜型傾向の生活リズム，朝食の欠食，外食やファストフードの普及などといった食習慣の変化，運動不足などがあげられるが，知的障害のある子どもたちもこのような社会生活環境の影響を受ける。

　知的障害のある子どもは学齢期の同年代の健常児に比べて肥満傾向にあることは30年前の文献でも指摘されており，現在もなお知的障害児における肥満出現率は高い傾向にある[1]。肥満にはプラダー・ウィリー（Prader-Willi）症候群のように何らかの基礎疾患が原因で肥満症状が現れる**症候性肥満**と特定の疾患によらず過剰なエネルギー摂取により引き起こされる**単純性肥満**に分けることができ，知的障害児における肥満の多くは単純性肥満によると考えられている。肥満になる子どもの多くは小学部中学年段階で生じており，一度身についた食習慣はなかなか変えられないため，早めの指導介入が必要である。

2）偏　　食

　自閉症児のなかには，お米やパンなど白いものでないといっさい食べない，温かいもの

でないと食べない，などといった**偏食**がしばしばみられることは経験上よく知られている。たとえば，自閉症児を対象とした食行動の調査研究において，自閉症児における偏食の出現率は 40〜50 ％と高く，先にあげた事例のように温度，味，におい，舌触りなどに好き嫌いが現れ，目新しい食物に強い抵抗を示すことが明らかになっている[2]。さらに，最近では拒食や過食といった摂食障害と自閉症との関連も頻繁に報告されており，その背景にやせ願望や肥満恐怖といった心因性の問題だけでなく，必ずしも関連がわからないものまで多様である[3]。偏食の指導に関していえば，嫌いなものや目新しいものを徐々に混ぜていく，交互に提供していくなどスモールステップの原理で子どもの興味の範囲を広げていくことによって成功した事例もあるが[4]，基本的には無理に食べさせるなど強制的方法は避け，楽しい食事を心がけることが大切である。

3）誤　　嚥

食物や飲物が口腔内で咀嚼され，それらが食道を通って胃に至るまでの過程を**嚥下**と呼ぶが，**誤嚥**とは食物や飲物（唾液なども含む）が本来通過すべき食道ではなく，誤って気道に入ってしまうことをさす。通常であれば誤嚥しても咳反射により誤嚥物を吐き出すことができるが，咳反射が弱ければ最悪の場合には誤嚥性肺炎を引き起こし，死に至るケースもある。重度重複障害児の場合，咀嚼機能が十分に発達せず，嚥下反射も弱いことから，頻繁に誤嚥をくり返す子どもも少なくない。従来は，咀嚼機能が発達していないケースにおいて，食べ物をきざんで提供することも多かったが，現在では，「きざみ食」は食材がばらばらになりやすく，唾液と混ざって塊を形成しづらいため，むしろ誤嚥の原因になりやすい食形態であるとの指摘がある。なお，通常の経口栄養で誤嚥をくり返す場合は，管を通して食道に食物や飲物を直接流し込む経管栄養が選択される。

さらに，誤嚥の問題は重度重複障害児に限らず，知的障害児においても注意が必要である。たとえば，知的障害児のなかには噛む機能が十分にあるにもかかわらず，よく噛まずに丸飲みしてしまうケースも多い。あるいは，食べたいという気持ちから口のなかに次々と食物を詰め込んでしまうケースもある。いずれのケースも最悪の場合には食事中に窒息を引き起こすことがある。したがって，急いで食べる子どもにはゆっくり食べる食習慣をつけるなどの支援が必要で，緊急時への対応についても確認しておくことが大切である。

4）睡　　眠

睡眠は家庭の問題ともいえるが，実際には睡眠に問題が生じれば，昼間の活動にも影響を及ぼす。一方，昼間の活動が夜間の睡眠導入に影響を及ぼすことも考えられ，教育現場においても睡眠の問題はまったく関係がないと言い切ることはできない。

睡眠の問題はさまざまな障害種において指摘されている。たとえば，視覚障害児においては，睡眠の同調因子である光の受容が制限されるために，睡眠に何らかの問題を抱えているケースは多い[5]。知的障害児においても多くが睡眠に何らかの問題を抱えており[6]，前述したように知的障害児には肥満を示す子どもが多いことから，肥満を原因とする閉塞性睡眠時無呼吸により昼間に眠気を引き起こすケースも指摘されている。さらに，自閉症

児においては，就寝時刻が一定しない，入眠に時間がかかる，中途覚醒が多いなどといった睡眠にかかわる多くの問題が指摘されている[7]。重度重複障害児においては睡眠覚醒リズムが整わないことも多く，自発的な動きが少ない場合に昼間の睡眠（午睡）が多いことが報告されている[8]。

5）てんかん

知的障害，自閉症，脳性まひなど脳障害がある場合には，てんかんの合併率が高いことはよく知られている。てんかんは，脳内での電気回路のショートと考えるとわかりやすく，その際に発作としてさまざまな症状が現れる。**てんかん発作**には，全般発作と部分発作があり，脳全体にわたって広い領域でいっせいに電気ショートが生じる場合を全般発作，脳のある領域から局在性に電気ショートが発生する場合を部分発作と呼ぶ。さらに，部分発作で発作中に意識障害を伴わないものを単純部分発作，意識障害を伴うものを複雑部分発作として分類される。

てんかん発作の原因となる「てんかん」の分類は，てんかんの病巣が脳の一部である場合に「局在関連性てんかん」と呼び，脳全般に及ぶ場合には「全般てんかん」と呼ぶ。さらに，てんかんの原因として新生児仮死，知的障害，脳の形態異常など脳の形や働きに異常が推定される場合には「症候性」に分類され，原因がわからず遺伝性が強く疑われる場合には「特発性」として分類される。

てんかんの治療には上記のてんかんやその発作の種類によって抗てんかん薬が選択され，服用していくことで80％程度のてんかんは発作を抑えることができる。しかし，知的障害の程度が重いほど2種類以上の発作を伴うことが多く，発作症状に応じた治療薬の選択をむずかしくさせる。そのため，てんかん発作を抑えることができない難治性てんかんを示す場合も多い。

てんかん発作時の対応としては，特別なことをする必要はなく，楽な姿勢をとらせ，余計な刺激を与えないことが大切である。全身が硬直し，ガクガク震えるような大発作の場合には，発作の後に口内に溜まった唾液が出やすいように顔を横に向けておく。嘔吐を伴う場合にも誤嚥の可能性があるために上記の対応を行う。余裕がある場合には発作の様子や発作が起こった時間などを記録し，後に発作の様子を主治医に情報提供することで適切な治療計画を立てることの助けとなる。普段と異なる重い発作，あるいは，発作の時間が長く続く場合には救急車での搬送，あるいは主治医への連絡を直ちに行う。発作はリラックスした場合に起こりやすく，とくに危険なのは入浴中である。たとえ湯船の量が浅くても溺死した事例もあるため，一人での入浴は避ける必要がある。

6）むし歯（う歯，う蝕）

知的障害があると**むし歯**が多いと思われるかもしれないが，実際の罹患状況は健常者とさほど変わらないといわれている[9]。その背景には，知的障害児の歯磨き履行率の高さがあり[10]，身辺自立がむずかしいからこそ周囲の支援者がかかわることで規則正しい生活を送れているともいえる。しかし，歯磨きの履行率が高くとも十分に磨けていなければむし

歯を引き起こす可能性も高くなるため、歯磨きの量だけではなくその質も求められることとなる。いったん、むし歯になると、歯が痛くても痛いことを訴えられずにむし歯が進行してしまうケースがあり、歯磨きや飲食を嫌がることではじめてむし歯の存在に気づかれることもある。さらに、前述のようにてんかんを合併する障害児も多いが、抗てんかん薬（フェニトインやバルプロ酸ナトリウム）のなかには副作用として歯肉肥大を引き起こすことが知られている。しかし、歯肉肥大は歯肉炎が発端として起こることを考えれば、歯磨きによりそれを未然に防ぐことで歯肉肥大を抑えることが可能であろう。むし歯になれば障害に理解のある歯科医院は限定されるし、必要に応じて全身麻酔を行うなど治療者の負担も大きいことから、知的障害児においてもむし歯予防は大切である。

§3．通常の学級に在籍する発達障害児における学校保健

1．通常の学級に在籍する発達障害児

　近年、通常の学級に在籍する発達障害児への対応が喫緊の課題となっており、このことが特別支援教育への転換につながった一要因であろう。通常の学級に在籍する発達障害児とは、いわゆる知的障害のない発達障害であり、たとえば**学習障害**（LD：learning disabilities）、**注意欠陥多動性障害**（ADHD：attention deficit hyperactivity disorders）、**自閉症スペクトラム障害**（ASD：autism spectrum disorders）などである。文部科学省では 2002（平成 14）年に小中学校における通常の学級に在籍する児童生徒の実態調査を行い、上記の障害が想定される学習や行動面で著しい困難を示す子どもたちが 6.3 ％の割合で存在する可能性を明らかにした。さらに、10 年後の 2012（平成 24）年にも再調査を実施し、6.5 ％と前回調査とほぼ一致した結果となった。これらの発達障害はそれぞれ症状が重なり合うこともあり、診断された障害名よりも学習面や行動面で困難を示す要因を推定し、一人ひとりのニーズに合わせた教育的対応を行っていくことが大切である。上記の発達障害はいずれも中枢神経系に何らかの機能不全が推定されており、親の育て方などが障害の直接的要因になっていないことが共通している。文部科学省におけるそれぞれの発達障害の定義を表 10-1 に示す。

2．発達障害児における学校保健

1）発達障害と合併症

　通常の学級に在籍する発達障害児において、睡眠障害やてんかんの合併が認められることが明らかとなっている。たとえば、自閉症において睡眠障害が多いことはすでに述べたが、ADHD においても入眠や睡眠維持の困難、日中の眠気などが高率に認められることが知られている[11]。てんかんにおいても自閉症で高頻度に合併しており、知的障害を伴うほど合併率は高くなる。てんかんと ADHD との関連性も指摘されており、てんかんのある児童の 20 ％は ADHD 兆候を示すとの報告もある[12]。

130　第 10 章　特別な支援を要する子どもと学校保健

表10 ― 1　文部科学省における主な発達障害の定義

学習障害（LD）
学習障害とは，基本的には全般的な知的発達に遅れはないが，聞く，話す，読む，書く，計算する又は推論する能力のうち特定のものの習得と使用に著しい困難を示す様々な状態を指すものである。 　学習障害は，その原因として，中枢神経系に何らかの機能障害があると推定されるが，視覚障害，聴覚障害，知的障害，情緒障害などの障害や，環境的な要因が直接の原因となるものではない。 　　　　　　　　　　　　　　　（1999年7月「学習障害児に対する指導について（報告）」より）
注意欠陥多動性障害（ADHD）
ADHDとは，年齢あるいは発達に不釣り合いな注意力，及び/又は衝動性，多動性を特徴とする行動の障害で，社会的な活動や学業の機能に支障をきたすものである。 　また，7歳以前に現れ，その状態が継続し，中枢神経系に何らかの要因による機能不全があると推定される。 　　　　　　　　　　　　（2003年3月「今後の特別支援教育の在り方について（最終報告）」より）
高機能自閉症（High-Functioning Autism）
高機能自閉症とは，3歳位までに現れ，1他人との社会的関係の形成の困難さ，2言葉の発達の遅れ，3興味や関心が狭く特定のものにこだわることを特徴とする行動の障害である自閉症のうち，知的発達の遅れを伴わないものをいう。 　また，中枢神経系に何らかの要因による機能不全があると推定される。 　　　　　　　　　　　　（2003年3月「今後の特別支援教育の在り方について（最終報告）」より）

（注）文部科学省による注意欠陥多動性障害と高機能自閉症の定義はいずれもアメリカ精神医学会による診断基準であるDSM-Ⅳ（精神障害の診断と統計の手引き第4版：Diagnostic and Statistical Manual of Mental Disorders）を参考に作成されている。高機能自閉症とは知的障害の伴わない自閉症という意味であり，DSM-Ⅳの診断カテゴリーにはない。類似したものにアスペルガー障害があり，自閉症（自閉性障害）とともに広汎性発達障害の下位カテゴリーに位置していたが，2013年に改訂されたDSM-5では広汎性発達障害から自閉スペクトラム症（自閉症スペクトラム障害）に変更され，自閉性障害，アスペルガー障害，特定不能の広汎性発達障害といった細分類はなくなる。

（資料）文部科学省：学習障害児に対する指導について（報告），1999，文部科学省：今後の特別支援教育の在り方について（最終報告），2003より作成

2）発達障害と薬物療法

　発達障害児に対する治療として**薬物療法**があるが，薬物そのものに治療効果はなく，薬が効いている間に適切な支援を実施し，子ども自身の発達を促すことが重要となる。主要なものとして，多動性や衝動性を抑えるメチルフェニデート（薬品名）はADHDの治療薬としてよく知られており，コンサータ（商品名）というメチルフェニデート徐放剤を用いる。この薬は中枢神経刺激薬に属し，徐々に薬剤が放出されるため持続性があり，朝に服用すれば学校生活のなかで薬を服用する必要がない。一方，日本で認可されているもうひとつのADHD治療薬としてアトモキセチン（薬品名；商品名はストラテラ）がある。この薬は非中枢神経刺激薬であり，コンサータのように服用後すぐに効果は現れず，しばらく薬を服用してその効果を検証しなくてはならない。いずれの薬も服薬後の食欲不振など，副作用がみられるか注意深く観察する必要がある。

　さらに，自閉症スペクトラム障害において強迫症状など強いこだわりがみられる場合には，選択的セロトニン再取り込み阻害剤（SSRI：selective serotonin reuptake inhibitor）が用いられる。前述したてんかんを合併するADHDに対しては，抗てんかん薬としてバルプロ酸ナトリウムなどが処方されることが多く，ADHDの多動性や衝動性の改善にも効果があるとの報告もある[13]。

§4. 重い障害の子どもと学校保健

1. 医療的ケア

　複数の障害を併せもつ重度・重複化が進んだことで，日常生活場面で医療的な介護が必要な子どもたちの存在が明らかになっていった。さらに，医療技術の進展により，病院でなくとも医療的な介護が可能になった。このように治療を目的とした医療行為ではなく，日常生活の維持を目的とした家族等が行う介護・援助行為のことを**医療的ケア**と呼ぶ。教育現場においては，2004（平成16）年10月の文部科学省初等中等教育局長通知「盲・聾・養護学校におけるたんの吸引等の取扱いについて」で，看護師の配置など医療安全の確保が確実となる条件を満たせば，教員によって痰の咽頭手前の吸引，経管栄養，自己導尿の補助が認められるようになった。2005（平成17）年に自己導尿の補助が医療行為から外れたことで，現在はその他の2つの行為が医療的ケアの範囲となっている。2012（平成24）年における文部科学省の調査では，全国の公立特別支援学校で6.0％の児童生徒が医療的なケアを必要としており，公立の小中学校においても日常的に医療的ケアが必要な児童生徒が838人いることが明らかとなっている。特別支援学校において医療的ケアを受けている児童生徒の7割は通学生であり，医療的ケアを必要とする児童生徒の数は増加傾向にある（図10-2）。これに伴い配置される看護師の人数も増加しており，看護師との連携のなかで3,236人の教員が実際に医療的ケアに従事している。

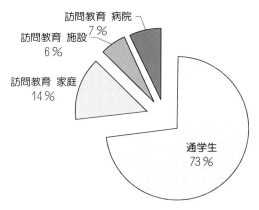

図10—2　特別支援学校における医療的ケアを受けている児童生徒の指導場所
　　（資料）文部科学省：平成24年度特別支援学校等の医療的ケアに関する調査
　　　　　結果について，2013より作成

　なお，2012（平成24）年4月に社会福祉士及び介護福祉士法の一部改正により，一定の条件のもとで介護職員等による医療的ケアが実施できるようになった。これを受けて，文部科学省初等中等教育局長通知「特別支援学校等における医療的ケアの今後の対応について」（2011年12月）により，特別支援学校の教員も医療的ケアを実施することが可能となった。すなわち，これまで教員が実施してきた医療的ケアは当面のやむを得ない措置とし

て容認されてきたものであったのに対して，教員も一定の研修を受けることで認定特定行
　為業務従事者として痰の吸引（口腔，鼻腔，気管カニューレ内）や経管栄養（経鼻，胃ろ
　う，腸ろう）といった医療的ケアを制度上実施できるようになった。

以下の各項目に規定する状態が6カ月以上継続する場合※1に，それぞれのスコアを合算する。

1．運動機能：座位まで
2．判定スコア　　　　　　　　　　　　　　　　　　　　　　　　　　　　　　（スコア）
　（1）　レスピレーター管理※2　　　　　　　　　　　　　　　　　　　＝10
　（2）　気管内挿管，気管切開　　　　　　　　　　　　　　　　　　　＝ 8
　（3）　鼻咽頭エアウェイ　　　　　　　　　　　　　　　　　　　　　＝ 5
　（4）　O₂吸入又はSpO₂ 90％以下の状態が10％以上　　　　　　　＝ 5
　（5）　1回/時間以上の頻回の吸引　　　　　　　　　　　　　　　　＝ 8
　　　　　6回/日以上の頻回の吸引　　　　　　　　　　　　　　　　　＝ 3
　（6）　ネブライザー6回/日以上または継続使用　　　　　　　　　　＝ 3
　（7）　IVH　　　　　　　　　　　　　　　　　　　　　　　　　　＝10
　（8）　経口摂取（全介助）※3　　　　　　　　　　　　　　　　　　＝ 3
　　　　　経管（経鼻・胃ろう含む）※3　　　　　　　　　　　　　　　＝ 5
　（9）　腸ろう・腸管栄養※3　　　　　　　　　　　　　　　　　　　＝ 8
　　　　　持続注入ポンプ使用（腸ろう・腸管栄養時）　　　　　　　　＝ 3
　（10）　手術・服薬にても改善しない過緊張で，
　　　　　発汗による更衣と姿勢修正を3回/日以上　　　　　　　　　＝ 3
　（11）　継続する透析（腹膜灌流を含む）　　　　　　　　　　　　　＝10
　（12）　定期導尿（3回/日以上）※4　　　　　　　　　　　　　　　＝ 5
　（13）　人工肛門　　　　　　　　　　　　　　　　　　　　　　　　＝ 5
　（14）　体位交換6回/日以上　　　　　　　　　　　　　　　　　　＝ 3

〈判定〉
1．の運動機能が座位までであり，かつ，2．の判定スコアの合計が25点以上の場合を超重症児（者），10
点以上25点未満である場合を準超重症児（者）とする。

　※1　新生児集中治療室を退室した児であって当該治療室での状態が引き続き継続する児については，当該
　　　状態が1か月以上継続する場合とする。ただし，新生児集中治療室を退室した後の症状増悪，又は新た
　　　な疾患の発生についてはその後の状態が6か月以上継続する場合とする。
　※2　毎日行う機械的気道加圧を要するカフマシン・NIPPV・CPAPなどは，レスピレーター管理に含む。
　※3　（8）（9）は経口摂取，経管，腸ろう・腸管栄養のいずれかを選択。
　※4　人工膀胱を含む。

図10－3　超重症児（者）・準超重症児（者）の判定基準
（資料）厚生労働省：基本診療料の施設基準等及びその届出に関する手続きの取扱いについて　別添6　別紙
　14，2010

2．超重症児

　医療的ケアの必要な子どもたちのなかでも，さらに濃厚な医療や介護を継続的に必要とする子どもたちがおり，彼らを**超重症児**と呼んでいる。超重症児の判定には，**超重症児スコア**が用いられている（図10-3）。スコア評価の前提として「運動機能は座位まで」に規定されており，そのうえで判定スコアにより「6か月以上継続する」慢性化した状態である各ケアの点数が加算されていく仕組みとなっている。判定スコアは食事機能や呼吸管理などからなり，25点以上の場合には「超重症児」，10〜24点を「準超重症児」として判定する。準超重症児を含む超重症児の推定発生率は2007（平成19）年の調査において1,000人に0.3人となっており，近年増加傾向を示している[14]。全国の肢体不自由および病弱特別支援学校を対象に実施した調査では，回答が得られた学校の半数以上（64.7％）に超重症児が在籍しており，1校あたりの平均在籍者数は5.21人となっている[15]。

3．医療的ケアにおける養護教諭の役割

　医療的ケアの実施に際して，医療に関する専門性の高い医師や看護師が行うことで安全性を確保することはできる。それでもなお医療的ケアが教員にも認められるようになったのは，子どもの状態をよく知っている教員が医療的ケアを実施することでより適切に処置できる場合もあるからであろう。現在では，学校現場で医療的ケアに対応するため，多くの看護師が特別支援学校に配置されており，看護師と教員との連携が強く求められている。そのようななかで学校保健にかかわる養護教諭としての役割は整理しておく必要があるだろう。個々の子どもに近い存在としての教員，そして医療的ケアの専門的知識を有する看護師の間で，養護教諭が医療的ケアに直接的に対応する役割は低いものと想定される。一方で，**医療的ケアにおける養護教諭の役割**に想定されるものとして，医療的ケアの全体管理（関係する物品や必要書類等の管理，研修体制の整備など），医療的ケアの情報提供（医療機関との連絡調整，教員や保護者への情報提供など），緊急時の対応があげられる。すなわち，養護教諭は医療的ケアにかかわるコーディネーター的役割が求められているといえよう[16]。

●引用文献●

1 ）我妻則明・伊藤明彦：知的障害児の肥満に関する研究の展望，特殊教育学研究，**39**（4），65〜72，2002

2 ）永井洋子：自閉症における食行動異常とその発生機構に関する研究，児童青年精神医学とその近接領域，**24**，260〜278，1983

3 ）水田一郎：広汎性発達障害と摂食障害のcomorbidity，児童青年精神医学とその近接領域，**52**，162〜177，2011

4 ）竹内衛三・有沢広香：知的障害児の偏食に関する一考察，高知大学教育学部研究報告　第1部，**52**，221〜225，1996

5 ）猪平眞理：視覚障害乳幼児の睡眠に関する研究，宮城教育大学紀要，**34**，157〜164，1999

6 ）Hayashi, E. and Katada, A.：Sleep in persons with intellectual disabilities：A questionnaire survey. *Japanese Journal of Special Education*, **39**(6)，91-101, 2002

7) Cotton, S. and Richdale, A.：Brief report：Parental descriptions of sleep problems in children with autism, Down syndrome, and Prader-Willi syndrome. *Research in Developmental Disabilities*, **27**, 151〜161, 2006

8) Hayashi E.：Daytime drowsiness and response to human stimuli in a child with severe intellectual and physical disabilities：Observation on eye-blink and daytime napping. *Sleep and Biological Rhythms*, **4**, 81〜83, 2006

9) 植松　宏：障害児の口腔衛生管理，総合リハビリテーション，**23**，771〜777，1995

10) 常岡亞希・寺田ハルカ・緒方克也：知的障害者における歯磨き習慣の定着状況について，障害者歯科，**24**，545〜551，2003

11) 亀井雄一・岩垂喜貴：児童精神科疾患に併存する睡眠障害の特徴，精神神經學雜誌，**112**，921〜927，2010

12) Tan, M. and Appleton, R.：Attention deficit and hyperactivity disorder, methylphenidate, and epilepsy. *Archives of Disease in Childhood*, **90**, 57〜59, 2005

13) Kanemura, H., Sano, F., Tando, T., Hosaka, H., Sugita, K., and Aihara, M.：EEG improvements with antiepileptic drug treatment can show a high correlation with behavioral recovery in children with ADHD. *Epilepsy & Behavior*, **27**, 443〜448, 2013

14) 杉本健郎編：「医療的ケア」はじめの一歩　介護職の「医療的ケア」マニュアル，クリエイツかもがわ，2011

15) 野崎義和・川住隆一：特別支援学校における超重症児の実態に関する調査―在籍状況の把握および具体的な状態像についての分析―，東北大学大学院教育学研究科研究年報，**59**，265〜280，2011

16) 丸山有希・村田惠子：養護学校における医療的ケア必要児の健康支援を巡る多職種間の役割と協働―看護師・養護教諭・一般教職員の役割に関する現実認知と理想認知―，小児保健研究，**65**，255〜264，2006

第11章

学校保健の組織と運営および学校保健組織活動

❖ ポイント

1. 学校保健組織活動は，学校保健管理と学校保健教育の両活動に代表される児童生徒に対する直接的な教育活動を系統的かつ効果的に推進していくために，各学校が独自にさまざまな学校保健に関する物的・人的・経済的・情報的資源を有機的に構造化して実施する連絡調整活動である。
2. 計画的で組織的な学校保健活動を推進するためには，各学校の学校保健活動を「学校保健計画」および「学校安全計画」に即して推進していくことが必要である。
3. 学校保健委員会は，学校保健活動を学校内のさまざまな教育活動を統合して児童生徒と教職員を含めた総合的な健康管理および健康教育として展開していく際の要となる組織であるとともに，それ自体が学校と地域がともに健康に発展していくヘルスプロモーション活動である。

§1．学校保健行政と学校保健組織活動

　学校保健の組織と運営は，行政レベルでは「学校保健行政」として，学校レベルでは「学校保健組織活動」として展開される。**学校保健行政**とは，学校保健に関する行政行為をいい，教育関連法規，保健医療関連法規を遵守しつつ，学校保健の目的に即して，行政の権力を行使することである。**学校保健組織活動**は，学校保健管理と学校保健教育の両活動に代表される児童生徒に対する直接的な教育活動を系統的かつ効果的に推進していくために，各学校が独自にさまざまな学校保健に関する物的・人的・経済的・情報的資源を有機的に構造化して実施する連絡調整活動である。

　学校保健組織活動は，学校保健管理や学校保健教育のように実施すべき内容が法令などによって明示されている活動を，各学校における児童生徒の実情や地域社会の状況に応じて主体的・創造的に計画化・組織化していく活動であるから，学校保健関係法令の規定と趣旨を理解しながら，それらを適切に各学校の教育実践として具体化していく独自の判断と対応を必要とする場合が多い。そこで，教育基本法や学校教育法，学校保健安全法などの法律や各政令，省令，通達などについて理解しながら，それらを状況に応じて適切に運用する経営感覚が不可欠である。

1．教育基本法および学校教育法と学校保健

　日本の教育は，**教育基本法**（昭和22年3月31日法律第25号，平成18年12月22日法律第120号により全部改正）の第1条において，「教育は，人格の完成を目指し，平和で民主的な国家及び社会の形成者として必要な資質を備えた心身ともに健康な国民の育成を期して行われなければならない」と規定された「教育の目的」に即して行われなければならない。この目的を達成するための第2条「教育の目標」に掲げられた5号にわたる目標のうち，4号までがいずれも学校保健と深い関連を有している目標である。すなわち，以下のように示されている。

　　1号「幅広い知識と教養を身に付け，真理を求める態度を養い，豊かな情操と道徳心を培うとともに，健やかな身体を養うこと」
　　2号「個人の価値を尊重して，その能力を伸ばし，創造性を培い，自主及び自律の精神を養うとともに，職業及び生活との関連を重視し，勤労を重んずる態度を養うこと」
　　3号「正義と責任，男女の平等，自他の敬愛と協力を重んずるとともに，公共の精神に基づき，主体的に社会の形成に参画し，その発展に寄与する態度を養うこと」
　　4号「生命を尊び，自然を大切にし，環境の保全に寄与する態度を養うこと」

　これらの教育の目標は，単に心身の健康のみにとどまらず，主体的な社会の形成や生命全般や自然・環境への配慮など，今日的な学校保健の課題を含んでいる。

　さらに，「学校教育法（昭和22年法律第26号3月31日施行，平成19年6月27日法律第96号，第98号により一部改正）」では，教育基本法の主旨を実現するための最も重要な施設としての学校の教育のあり方に関する基本的な事項を定めている。この法律においては，第

12条において「学校においては，別に法律で定めるところにより，幼児，児童，生徒及び学生並びに職員の健康の保持増進を図るため，健康診断を行い，その他その保健に必要な措置を講じなければならない」と規定し，学校保健活動の実施を義務づけている。また，第21条においては，義務教育としての普通教育の目標を掲げ，その8号において，「健康，安全で幸福な生活のために必要な習慣を養うとともに，運動を通じて体力を養い，心身の調和的発達を図ること」を掲げ，義務教育の目標のひとつとして，健康のための教育を示している。第23条では，幼稚園の目標として第1号に「健康，安全で幸福な生活のために必要な基本的な習慣を養い，身体諸機能の調和的発達を図ること」があげられている。さらに，第51条では高等学校の目標として第1号に「義務教育として行われる普通教育の成果を更に発展拡充させて，豊かな人間性，創造性及び健やかな身体を養い，国家及び社会の形成者として必要な資質を養うこと」があげられている。なお，第72条によって特別支援学校においては「幼稚園，小学校，中学校又は高等学校に準ずる教育を施すとともに，障害による学習上又は生活上の困難を克服し自立を図るために必要な知識技能を授けること」が定められ，特別支援学校においても他の学校種と同様の健康と安全に関する配慮と教育がなされる。

　また，同法の第37条では「小学校には，校長，教頭，教諭，養護教諭及び事務職員を置かなければならない」と定められている。同条の12項では，「養護教諭は，児童の養護をつかさどる」と規定され，13項では，「栄養教諭は，児童の栄養の指導及び管理をつかさどる」と規定されている。この条文は，中学校においても第49条で読み替え規定が設けられている。すなわち，小学校および中学校では児童生徒の養護が専門的になされなければならないこととされ，栄養指導・栄養管理はなされることが望ましいとされている。

2．学校保健安全法と学校保健組織活動

　学校保健安全法（昭和33年4月10日法律第56号，平成20年6月18日法律第73号により改正）は，全4章32条および附則からなる法律で，本則は「第一章　総則」，「第二章　学校保健」，「第三章　学校安全」，「第四章　雑則」に分かれる。

　同法の第1条では，法の目的を以下のように規定している。

> 　この法律は，学校における児童生徒等及び職員の健康の保持増進を図るため，学校における保健管理に関し必要な事項を定めるとともに，学校における教育活動が安全な環境において実施され，児童生徒等の安全の確保が図られるよう，学校における安全管理に関し必要な事項を定め，もつて学校教育の円滑な実施とその成果の確保に資することを目的とする

　また，第5条では「学校においては，児童生徒等及び職員の心身の健康の保持増進を図るため，児童生徒等及び職員の健康診断，環境衛生検査，児童生徒等に対する指導その他保健に関する事項について計画を策定し，これを実施しなければならない」として，**学校保健計画**の立案を義務づけている。また，第27条では，同様に**学校安全計画**の策定を義務づけている。これらによって，各学校は学校保健活動の推進にあたって学校保健・学校安全に関する体系的な計画を立案し，これを運営する義務を負っている。このことは，学

校保健が学校教育全体の目的や目標と乖離して運営されることがないように，学校教育の目的と目標および各学校の教育計画と有機的に関係づけられながら進められなければならないことを意味している。さらに第6条では，第1項で**学校環境衛生基準**について法定化し，第2項では「学校の設置者は，学校環境衛生基準に照らしてその設置する学校の適切な環境の維持に努めなければならない」とされ，学校環境の維持改善への努力義務を課している。また，第7条では，「学校には，健康診断，健康相談，保健指導，救急処置その他の保健に関する措置を行うため，保健室を設けるものとする」と学校保健の推進の場として保健室の設置を定めるとともに，第8条では健康相談，第9条では保健指導，第10条では地域の医療機関等との連携について規定している。

3．学校保健行政

　これまでみたような法律に基づいて，国においては**文部科学省**初等中等教育局健康教育・食育課によって**学校保健行政**が所管されている。都道府県や市町村においても，学校保健行政は各教育委員会保健体育所管部課がその自治体における学校保健行政の中心となっている。

　しかしながら，学校保健に関しては学校教育に関する事項のほかにも，保健医療に関する事項，とくに感染症や生活習慣病などの対応においては，保健所に代表される保健専門機関との連携，支援が不可欠である。したがって，国においては厚生労働省，地方自治体においては各自治体の保健，福祉などの関連部局と密接な連携のもとに行政行為がなされなければならない。

　さらに，国レベルでは，**日本学校保健会**が教育行政および学校保健行政と連携しながら，さまざまな調査研究，啓発活動および**学校保健センター**事業として家庭・学校・地域の連携による学校保健活動の推進を担っている。各都道府県にも学校保健会が設立され，国や都道府県の学校保健の推進に寄与している。

　また，学校安全，学校給食にかかわる衛生管理，義務教育諸学校・高等学校・高等専門学校，幼稚園および保育所の管理下における災害における災害共済給付に関しては，独立行政法人**日本スポーツ振興センター**が国の施策の方針に基づき，業務を所管している。

§2．学校保健組織活動の展開

1．学校保健計画・学校安全計画の意義

　学校保健安全法第5条では，「学校においては，児童生徒等及び職員の心身の健康の保持増進を図るため，児童生徒等及び職員の健康診断，環境衛生検査，児童生徒等に対する指導その他保健に関する事項について計画を策定し，これを実施しなければならない」とある。すなわち，学校における包括的な保健活動・安全活動の基本的目的，内容，方法等を定めた「学校保健計画」「学校安全計画」を立案し，実施することによって計画的で組織的な学校保健活動を推進することが求められている。したがって，各学校の学校保健活

動を「学校保健計画」，「学校安全計画」に即して推進していくことが学校保健組織活動の中核となる。それを基本としながら，教科や特別活動，さらには教育課程外，学校外のさまざまな活動を舞台として，地域や社会のさまざまな資源と連携した創造的で個性豊かな学校保健活動を創出することが，学校保健組織活動の真価を示す活動として期待される。

2．学校保健計画・学校安全計画の立案と運営

1）学校保健計画・学校安全計画の目標

学校保健計画・学校安全計画の立案にあたっては，その学校が掲げる教育目標に即して，健康・安全に関する目標が設定されることが最初になされるべき課題となる。当該学校の児童生徒の健康・安全に関する現状をもとに，健康水準に関する全国平均や各都道府県平均，各市町村平均を検討し，当該学校の実情と理想に即して具体的な目標が定められる必要がある。**目標の設定**にあたっては，前年度の成果を検討し，達成された目標項目と未達成の目標項目を精査し，達成できた要因と未達成に終わった要因を明確にしつつ，目標の重点化を行う必要がある。また，数値目標は達成の目安としやすいが，数値のみの目標にとどまらず，学校保健活動全体の質的な向上をも視野に収めるべきである。

2）学校保健計画・学校安全計画の内容と実施

学校保健計画・学校安全計画の内容としては，次の項目が含まれるべきである。

① 学校保健（安全）活動の理念，目的に関する事項
② 学校保健（安全）活動の推進体制（学校保健委員会など）に関する事項
③ 児童生徒の健康管理に関する事項（保健調査，健康診断，事後措置，相談指導体制など）
④ 疾病および傷害の予防・防止に関する事項（感染症，生活習慣病，外傷など）
⑤ 救急処置に関する事項（日常の救急連絡体制，緊急の救急対応のあり方など）
⑥ 学校環境衛生管理に関する事項
⑦ 児童生徒の健康・安全生活の指導に関する事項
⑧ 保健教育（保健学習・保健指導）または安全教育（安全学習・安全指導）に関する事項
⑨ 精神保健に関する事項
⑩ 健康相談活動に関する事項
⑪ 学校行事における保健・安全に関する事項
⑫ 学校給食および食育に関する事項
⑬ 地域社会との連携および学校全体を通した健康づくりに関する事項
⑭ その他の学校保健（安全）に関する事項

3）学校保健計画・学校安全計画の実施

学校保健計画・学校安全計画の実施にあたっては，まず年間目標と年間計画，次いで学期目標と学期計画，さらに月間目標と月間計画，そして週間目標と週間計画と中長期的計

画設定と短期的な計画運用をバランスよく調整していかなければならない。長期的視点のみでは，日々の実践において具体性を欠きがちになるし，日々の実践にのみ追われていると何を目的として活動しているのかが不明確になりやすい。

　以下に，各階梯での具体的目標設定と計画内容の例をあげる。

(1)　**年間目標・年間計画**
・学校保健安全委員会の定時開催と運営→年3回（各学期6月，11月，2月）
・学校環境の整備→前年度に決定した校地周辺の緑地帯化（当該年2月までに整備完了）など

(2)　**学期目標・学期計画**
・学期学校保健安全委員会の課題設定→健康診断結果の分析と事後措置の状況報告
・緑地帯の基本計画の確認と工事に伴う安全指導の課題（授業時・業間時・放課後）など

(3)　**月間目標・月間計画**
・健康診断の実施状況の管理と結果の逐次分析（月末での結果集約と統計処理）
・建設業者の資材搬入計画の点検と授業時および授業外活動時における指導上の留意など

(4)　**週間目標・週間計画**
・当該週の健康診断計画の実施およびその運営の円滑化に関する留意点の確認
・学級活動およびその他の機会を通じた建設業者資材搬入の児童生徒への説明・指導

　このように，各計画項目は年間計画にその達成が集約されるように構造的に立案し，運営される必要がある。また，予測しがたい事態によって計画に変更を加えざるを得ない場合には，速やかに各階梯における目標を再検討し，年間計画の達成に支障がないように，各階梯での修正を終末目標に合致させられるように調整することが求められる。

3．学校保健委員会の役割

　各学校における学校保健組織活動は，第二次世界大戦後の占領期にアメリカ合衆国の学校保健活動において実施されていた**学校保健委員会**（school health council）活動を導入した学校保健委員会（あるいは学校保健安全委員会，以下学校保健委員会）を中心に展開される。日本における学校保健委員会は，1949（昭和24）年に文部省（当時）から出された**中等学校保健計画実施要領**（試案）において，校長の職務の一環として「学校保健計画の諮問機関として学校保健委員会を組織する」と記述されたことに端を発する。その後，1958（昭和33）年の学校保健法公布と同時に出された文部省体育局長通達**学校保健法および同法施行令等の施行にともなう実施基準について**（昭和33年6月16日文体保第55号）において，「学校保健計画」の項のなかで，「法の運営をより効果的にさせるための諸活動たとえば学校保健委員会の開催およびその活動の計画なども含むものであつて，年間計画および月間計画を立てこれを実施すべきものである」と，具体的に学校保健委員会の開催や活動について明示された。

　さらに，1972（昭和47）年12月の**保健体育審議会答申**においては，「学校における健康問題を研究協議し，それを推進するための学校保健委員会の設置を促進し，その運営の強化を図ることが必要である」とされ，学校長の諮問機関としての性格から学校全体をあげての研究協議機関としての性格づけがなされた。

そして，1997（平成9）年9月の保健体育審議会答申においては，学校保健委員会の役割について，次のように示されている。

> **学校保健委員会の役割**
>
> 　学校における健康問題を研究協議・推進する組織である学校保健委員会について，学校における健康教育の推進の観点から，運営の強化を図ることが必要である。その際，校内の協力体制はもとより，外部の専門家の協力を得るとともに，家庭・地域社会の教育力を充実する観点から，学校と家庭・地域社会を結ぶ組織として学校保健委員会を機能させる必要がある。
>
> 　さらに，地域にある幼稚園や小・中・高等学校の保健委員会が連携して，地域の子どもたちの健康問題の協議等を行うため，地域学校保健委員会の設置の促進に努めることが必要である。

　このように，学校保健委員会は，学校保健活動を学校内のさまざまな教育活動を統合して児童生徒と教職員を含めた総合的な健康管理および健康教育として展開していく際の要となる組織であるとともに，それは単に1校のみの活動にとどまるものではなく，当該学校が存在する周辺地域の学校の活動をも包括するものであり，それ自体が学校と地域がともに健康に発展していくヘルスプロモーション活動にほかならない。

　学校保健委員会の構成員は，学校長，教頭などの管理職，保健主事，養護教諭，栄養教諭などの学校保健関連教職員，学校医，学校歯科医，学校薬剤師などの非常勤学校保健専門職員，保健所や市町村保健センターの地域保健関連職員，保護者代表，児童生徒代表などである。学校保健委員会は学校教育にかかわる多様な人々が参加する全校的な学校保健推進組織として運営されなければならない。

　また，学校保健委員会は一校のみでとどまるものではなく，先にみた保健体育審議会答申でも触れられた，複数の近隣に位置する学校同士が地域の関係機関と連携しながら，広域的な学校保健課題を協議する地域学校保健委員会や，同一通学区に位置する小学校と中学校が合同で学校保健課題を協議する合同学校保健委員会が実施されるようになっている。これらの活動は，学校保健活動としての意義とともに地域の健康づくりに寄与する公衆衛生活動としても重要な試みといえる。

4．児童生徒保健委員会，PTA 保健委員会，教職員保健委員会

　学校保健組織活動の中心的な運営主体は学校保健委員会であるが，学校保健組織活動の総体はそれにとどまるものではない。

　以下では，児童生徒，保護者，教職員の保健活動について略述する。

1）児童生徒保健委員会

　児童生徒保健委員会は，多くの場合，教育課程上は特別活動（高等学校においては教科以外の教育活動）における児童会活動または生徒会活動の一環として行われる。この場合の児童生徒保健委員会活動は，生徒会活動の目的である「集団生活を通して心身の調和のとれた発達と個性の伸長を図るとともに，集団の一員としての自覚を深め，協力してよりよ

い生活を築こうとする自主的，実践的態度」を形成するために，校内における保健活動を実践する活動である。ときには児童会活動・生徒会活動とは相対的に区分されて組織される場合もある。いずれの場合も，児童生徒が主体的に自らの健康問題にかかわり，討議や調査研究などを通してその本質を理解し，実践的に問題を解決することをめざすことによって，将来の公民として健康に関する自治的能力の形成に資することをめざして指導・支援がなされなければならない。

2）PTA 保健委員会

PTA 活動は，第二次世界大戦後の教育改革のひとつとして導入された子どもの発達と教育を学校と家庭が連帯して取り組むための協同組織である。本来は学校の教職員と保護者との協同組織であるが，実態的には保護者が主体的に活動を進め，教職員がそれに支援・助言をする体制をとっていることが多い。PTA 活動は，総会のもとに会長や副会長などの執行部組織に加えて，広報，校外行事，文化，生活安全などの各種委員会を組織することが多い。そのなかに，多くの学校で保健委員会または厚生委員会が設置されている。**PTA 保健委員会**は，学校の教職員の支援や助言をもとに，学校保健委員会への参画，児童生徒保健委員会活動の側面的支援を行うほかに，PTA 保健委員会活動独自の調査研究活動や研修活動を行って，保護者としての健康に関する見識を高め，学校保健の推進に寄与している例も少なくない。

3）教職員保健委員会

教職員の保健委員会は必ずしも常設とはいえないが，多くの学校で校務分掌上厚生委員会（厚生部）や保健委員会（保健部）などを有している。

これらの組織は，学校保健委員会の運営を担うなどの校内の学校保健活動の連絡調整機能を有することが多い。また，労働安全衛生活動としての教職員の健康管理や安全管理を推進したり，児童生徒保健委員会活動や PTA 保健委員会活動の運営を支援したりするなど，学校保健全般の調整機能を担う。

5．「チーム学校」体制における学校保健組織活動

すでに第 1 章でも触れたように，2015（平成 27）年 12 月 21 日の中央教育審議会「チームとしての学校の在り方と今後の改善方策について」（答申）では，現在の学校が置かれた状況を「社会や経済の変化に伴い，子供や家庭，地域社会も変容し，生徒指導や特別支援教育等に関わる課題が複雑化・多様化しており，学校や教員だけが課題を抱えて対応するのでは，十分に解決することができない課題も増えている。また，我が国の子供の貧困の状況が先進国の中でも厳しいということも明らかとなっており，学校における対応が求められている」としている。そこで，これまでの学校教育を担ってきた校長をはじめとする教員集団と少数の事務職員（これをしばしば教職員集団と称する）だけでは今日の多様化し，複雑化する児童生徒の課題や地域からの学校への期待には対応しきれないという認識から，社会の変化に目を向け，柔軟に受け止めていく**「社会に開かれた教育課程」**，「アク

ティブ・ラーニング」の視点をふまえた不断の授業方法の見直し等による授業改善と「カリキュラム・マネジメント」を通した組織運営の改善，そして「学校が，複雑化・多様化した課題を解決し，子供に必要な資質・能力を育んでいくためには，学校のマネジメントを強化し，組織として教育活動に取り組む体制を創り上げるとともに，必要な指導体制を整備することが必要である」（答申骨子）とされるなかで，学校や教員が心理や福祉等の専門スタッフ等と連携・分担する体制を整備し，学校の機能を強化していくことが重要であるとして専門性に基づく「**チーム体制としての学校**」のあり方を求めている。

そこでは，次の３点が強調されている。

1　専門性に基づくチーム体制の構築

教員が，学校や子どもたちの実態をふまえ，学習指導や生徒指導等に取り組むため，指導体制の充実が必要である。加えて，心理や福祉等の専門スタッフについて，学校の職員として，職務内容等を明確化し，質の確保と配置の充実を進めるべきである。

2　学校のマネジメント機能の強化

専門性に基づく「チームとしての学校」が機能するためには，校長のリーダーシップが重要であり，学校のマネジメント機能を今まで以上に強化していくことが求められる。そのためには，優秀な管理職を確保するための取組や，主幹教諭の配置の促進や事務機能の強化など校長のマネジメント体制を支える仕組みを充実することが求められる。

3　教職員一人ひとりが力を発揮できる環境の整備

教職員がそれぞれの力を発揮し，伸ばしていくことができるようにするためには，人材育成の充実や業務改善の取組を進めることが重要である。

学校保健もまたこれまでの学校長，保健主事，養護教諭，学校三師という限られたスタッフでの運営から，まさしくチーム型の学校保健運営に転換していく必要に迫られている。特に養護教諭については，「養護教諭は，学校保健活動の中心となる保健室を運営し，専門家や専門機関との連携のコーディネーター的な役割を担っており」（答申本文）との現状認識のもとでさらなる専門スタッフとの協働が求められている。

学校マネジメント機能の強化が謳われるなかで，学校保健安全活動もまたより組織的で多角的な運営が必要とされている。

---

§3．学校保健の関係職員

1．学校保健の関係職員の職種と役割

学校保健の推進は，学校における教職員が一体となって行わなければならない。学校保健を担当する教職員には，次のような職種がある。常勤教職員としては，学校長，副校長，教頭，主幹，指導教諭，保健主事，養護教諭，教諭，栄養教諭，非常勤職員としては，学校医，学校歯科医，学校薬剤師があげられる。学校医，学校歯科医，学校薬剤師は「学校三師」と通称されることが多い。各職種の役割は，表11-1に示す。

ほかに，学校保健安全法には明記されていないが，スクールカウンセラーなどの心理専

144　第11章　学校保健の組織と運営および学校保健組織活動

表 11― 1　学校保健関連教職員の種類と役割
(学校教育法および学校保健安全法による)

	職　名	学 校 保 健 に お け る 役 割
常勤教職員	学 校 長	「校長(幼稚園においては園長,以下同じ)は校務をつかさどり,所属職員を監督する」と規定されているように,学校保健に関しても総括責任者として,その意欲と責任が求められる。 現実の学校保健活動は,校長の理解と熱意によって大きく影響される。
	副 校 長	「校長を助け,命を受けて校務をつかさどる」とされている。 校長の補佐的役割とともに,校務の円滑な推進のために総合的調整を行うことが役割として期待されている。
	教　　頭	「教頭は校長(副校長を置く場合には副校長を含む)を助け,校務を整理し,及び必要に応じ児童生徒の教育(幼稚園にあっては幼児保育,以下同じ)をつかさどる」と規定され,学校保健に関して,業務整理および連絡・調整の役割を負う。
	主　　幹	校長・副校長および教頭を助け,命を受けて校務・園務の一部を整理し,幼児・児童生徒の教育および養護または栄養の指導および管理をつかさどるとされる。
	指 導 教 諭	幼児の保育または児童生徒の教育をつかさどり,教諭その他の職員に対して,教育指導の改善および充実,保育の改善及び充実のために必要な指導及び助言を行うとされる。
	保 健 主 事	「校長の監督をうけ,保健に関する事項の管理にあたる」と規定され,教諭または養護教諭があてられることが望まれている。 基本的役割は,学校保健に関する計画の立案とその円滑な実施を図るための連絡調整にある。 教員としての十分な経験と資質・能力が求められる。
	養 護 教 諭	「養護教諭は児童の養護をつかさどる」とされ,児童生徒の養護を行うとともに,学校保健において学校長や他の職員と協議しながら中心的に専門的役割を担う。
	教　　諭	「教諭は,児童の教育をつかさどる」とされ,中学校や高等学校等にも準用される。学級担任,教科担任その他として保健学習や保健指導を行う。
	栄 養 教 諭	「栄養教諭は,児童の栄養の指導及び管理をつかさどる」とされ,給食指導,栄養指導,給食管理,食育の推進に従事する。 食を通した保健管理,保健教育の推進役である。
	事 務 職 員	高等学校には事務長,小学校,中学校等には事務主任を置くことができる。 学校保健に関する事務処理,連絡調整,予算,備品調達等に従事する。
非常勤職員	学 校 医	学校保健安全法により設置されている。 学校保健計画・学校安全計画の立案に参与し,健康診断,疾病予防,保健指導,健康相談,救急処置,学校環境衛生の維持及び改善の指導助言,学校における保健管理に関する専門的事項に関する技術および指導に従事する。
	学校歯科医	学校保健安全法により大学以外の学校に設置されている。 学校保健計画・学校安全計画の立案に参与し,歯に関する検査,事後措置や健康相談,保健管理に関する専門的事項に関する技術および指導に従事する。
	学校薬剤師	学校保健安全法により,大学以外の学校に設置されている。 学校保健計画・学校安全計画の立案に参与し,学校環境衛生検査,学校環境衛生の維持及び改善に関する指導・助言,学校で使用する医薬品,毒物,劇物並びに保健管理に必要な用具及び材料の管理に関し必要な指導と助言,必要に応じ試験,検査又は鑑定を行うことに任じ,また,学校における保健管理に関する専門的事項に関する技術及び指導に従事する。

(副校長,主幹,指導教諭については,2008(平成20)年4月1日より根拠となる法規定が施行されている)

門職が児童生徒のこころの健康にかかわり，心理相談などに従事している学校もある。

2. 学校保健安全と校務分掌

学校保健安全は，教育活動であるとともに校務である。校務とは，学校運営に必要なすべての仕事を包括的に示したものであり，内容的に「教育内容の管理」，「人的管理」，「物的管理」，「運営管理」に大別できる。なお，幼稚園における業務は，法令上，とくに園務という（学校教育法第81条第3項・第4項）。

校務の具体的内容としては，学校教育に関する事務，教職員の人事管理に関する事務，在学生（幼児・児童生徒・学生）の管理に関する事務，学校施設・学校設備の保全管理に関する事務，その他の学校運営に関する事務がある。

さらに具体的には，

① 総務・庶務（年間日程調整，式典（入学式・卒業式・始業式など）の企画，保護者団体（PTAや育友会など）・同窓会との連絡・調整，学校広報紙の作成，防・消火避難訓練の計画・実施など）

② 教務（学務）（教育課程（カリキュラム）の検討，時間割の作成，児童生徒の学籍・成績評価に関する事務処理，教科書に関する事務処理，定期考査の運営など）

③ 生活指導・生徒指導（児童生徒の生活態度の指導，校則などの検討，児童生徒の校内生活・校外生活上の指導指針の作成，補導，交通安全指導，拾得遺失物の管理など）

④ 特別活動指導〔生徒会・児童会（やこれら主体の学校行事の運営），部活動の統括など〕

⑤ 進路指導（進学・就職活動の支援，進学・就職情報の収集と広報，進路に関する統計，模擬試験・模擬面接の計画・実施など）

⑥ 教育相談（児童生徒および保護者との面談等による学習・生活上の相談）

⑦ 学校図書館・図書（学校図書館・図書室の管理・運営，読書指導，視聴覚器材の管理など）

⑧ 視聴覚教育・情報教育・情報システム（視聴覚教育の推進，情報機器・校内LANの管理，学校ホームページの作成など）

⑨ 各種教育課題の推進（人権教育，同和教育，男女共同参画教育，環境教育など）

⑩ 学校保健・保健体育（健康管理，健康診断，疾病予防，学校環境衛生，保健室の管理，健康・身体に関する統計，身体測定・各種検診の計画・実施，学校医との連絡・調整など）

⑪ 寮務（寮を有する場合，入寮，寮生活，寮管理など）

⑫ 学校事務学校施設・学校設備（人事・服務・労務・給与，収入・支出・財産，備品・消耗品，契約）

これらの校務は，学校教育法第37条第2項において校長（学校長）・学長・園長がつかさどるとされているが，実際には校長・学長・園長自身が校務のすべてを履行するわけではない。校長は，学校管理規則に則り，所属する教職員に校務を分掌させ（**校務分掌**），校務の統括者として副校長・教頭を通じて全般的な調整・統合を図ることで学校運営を行うと考えられる。もとより，全体の責任は公立においては教育委員会，私立においては学校法人が負う。

§4．学校における教職員の組織的活動の原理

　学校が一定の校務分掌に則って，児童生徒の健康と人間形成を目的とする合理的組織であることが前提であるならば，学校のひとつの機能的組織として合理的な組織行動をとることが求められる。教職員がひとつの目的に向かって調和的に行動することで，組織の目的と目標の統合的な達成が可能になる。

　組織があたかも生きた人間のように思考して行動することを前提とするとき，そこには組織行動が必然的に生じる。組織行動とは，組織のなかで働く（機能する）人々の行動特性とその影響の総体をいう。

　組織（学校）は個人（子ども，教職員）の行動の集積であるとともに，それ自体が一定の動態的（生きた）現象としてとらえることができる。すなわち，組織（学校）も生きているのである。学校保健安全の組織活動においてもこの点は同様である。

　組織行動論は，社会集団としての組織の構造や機能を問題とし，組織目標を達成するうえで，どのような組織構造がよいか，あるいはひとつの組織が他の組織との関係で生じ影響を検討する主に社会学的手法や行政学的手法によって分析される**マクロ組織論**と，組織内の成員の行動特性に分析の焦点をあて，主に心理学的手法や社会学的手法，教育学的手法を適用して，組織目標を達成するうえでどのように個人や組織内小集団に働きかけるかなどを検討する**ミクロ組織論**がある。

1．マクロ組織論からみた学校
1）官僚制論

　マクロ組織論の典型的な概念はマックス・ウェーバーの**官僚制論**である。ドイツの社会学者マックス・ウェーバーは政治，宗教，経済の諸現象を綿密に検討し，工業化された近代社会における究極的な組織形態は，官僚制（bureaucracy）であるとした。官僚制の特徴は，高度の階層性，上意下達，非人格性，文書主義による情報管理，業績に基づいた昇進，そして作業の専門分化であるとする。こうした特性により，高度の効率性を実現し，組織目的の達成を容易にするとされる。

　かつての理論では，学校は均質な職員集団を中核とする単層構造であり，民主的な同質集団として機能するという「単層構造」論と，校長を経営者とし教頭や主任を中間管理職とし一般教諭を実務層とする重層構造をもつとする「重層構造」であるとする理論が対抗的に議論されていたが，次第に主任制度への手当支給などによって，実質的な重層化が進行してきた。さらに，学校教育法の改正によって，主幹，指導教諭の職階を導入することにより，緩やかではあるが明確に官僚制が導入されたとみることができる。学校保健安全においても，校長・副校長→（教頭）→主幹教諭または保健主事→養護教諭という職階構造のなかで展開することが想定され，養護教諭や学校保健にかかわる一般教諭の役割をどのように考えるかの課題が生じている。

2）アンリ・ファヨールらの古典的組織管理論

マクロ組織論における**古典的組織管理論**として著名な理論が，H.ファヨールらによる組織管理論である。ファヨールは，「管理とは，計画し，組織し，指揮し，調整し，統制するプロセスである」として，組織管理を次の5原則によってとらえた。

① **スカラー（階層性）の原則**　ピラミッド型の組織においてトップから作業レベルまでの責任や権限を明確にする。その命令連鎖の一貫性を確保する。

② **命令一元化の原則**　複数の上司から命令を受けるべきではなく，一元的に行われるべきである。

③ **統制範囲の原則**　ひとりの上司が監督する部下の人数は，限界があるという監督範囲適正化の原則である。適正な人数は，3人から6人くらいといわれるが，上司の能力，部下の能力，仕事の性質などの組織の状況によってきめるべきである。

④ **専門化の原則**　組織の諸活動は，専門化することにより，効率的に行うことができ，分化した仕事に集中することにより，専門化が可能になる。

⑤ **権限委譲の原則**　反復的に生じる問題の決定や処理は，定型化された仕事として，ルーチンとして行われるべきであり，こうした意思決定は，部下に任せるべきである。上司は，重要な問題，非定型的問題についての意思決定に重点を置くべきである。

ファヨールらの組織管理論は，商品生産などの経済組織を前提として構築されたもので，学校のような非効率的活動を多く含む組織には必ずしも適用しない。

3）コンティンジェンシー理論

古典的な官僚制論や組織管理論に次いで，現代的なマクロ組織論として知られるようになった理論が，P. R.ローレンスとJ. W.ローシュによる**コンティンジェンシー理論**（contingency theory）である。これは，状況適合理論とも呼ばれ，組織とは不確実な状況に常に適応していくこと（**コンティンジェンシー：条件適応**）が不可欠であるという前提のもとで，外部環境が安定的で予測可能であれば（不確実性は低いので）合理的な計画や固定的な組織構造が適合し，外部環境が不安定で予測不能であれば（不確実性は高いので），環境の変化に対応できる柔軟な組織構造と，分散化された意思決定のあり方が適合すると考える理論である。

現代の組織が直面する環境は，常に不確実であるので，計画や組織構造を環境の変化に応じて常に柔軟に変更（再定義）できる組織が目的を達成できるとする。この理論では，①実証研究に基づいていること，②すべての組織を説明できる普遍的な理論の存在を否定し普遍理論を批判しつつこれまでの理論を統合する理論的枠組みを提供していること，③組織と環境の関係に注意を払っていることが特徴とされるが，いわゆる相対主義である点は否めない。ただし，学校のような生産性や効率性を至上命題としない組織やNPOなどのような成員同士が自由意思で結合している組織には適合性が高い。

2．ミクロ組織論

　ひとつの組織における組織行動の要因や特性を検討するミクロ組織論は，大きく9つの領域での理論展開がなされている。それは以下のように分類できる。

① **モチベーション論**　組織成員の業務に対する「やる気」や動機づけの課題。
② **組織コミットメント**　組織成員が所属する組織への愛着をもつこと。
③ **キャリア・マネジメント**　組織成員が自己の職務経験を通じて能力や資質を向上させること。
④ **チーム・マネジメント**　組織内のチーム活動を円滑に行うこと。
⑤ **リーダーシップ**　組織の牽引力となるリーダーの資質を形成すること。
⑥ **コミュニケーション**　組織内の成員同士の意思疎通をはかること。
⑦ **組織ストレス**　組織が人に与える圧力とその反動。
⑧ **組織文化**　組織自体がもつ業務の進め方の特徴。
⑨ **組織学習**　組織自体が学び，向上していくこと。

1）モチベーション論

　モチベーション（motivation）とは動機づけを意味し，「目標達成のために高レベルの努力を行おうとする個人の意思」と定義される。このモチベーション論においてとりわけ有名な事実が，「ホーソン実験」の名で知られるホーソン工場での実験である。この実験は1927〜1932年にE.メイヨーらによってウェスタン・エレクトリック社ホーソン工場で行われた。ホーソン実験の結果，当時の定説であった物理的作業条件をよくすれば，作業効率は上がるというF.テイラーにより定式化された「科学的管理法」に対して，職場の人間関係（インフォーマルな集団の役割など）や集団における人間的側面の重要性を指摘する新しい視点を導入した。

　① **マクレガーのX理論・Y理論**　モチベーションにかかわる理論において知られた理論のひとつは，「古典的モチベーション論」といえるもので，マズローの欲求階層説（自己実現理論）による理論であり，具体的には**マクレガーのX理論・Y理論**があげられる。**X理論**とは人間は生来働くことを好まず，責任を回避したり，大志をもたず，何より安全を希求したりするという前提のもとで人は命令や強制，処罰の脅威を与えなければならないと考える。一方，**Y理論**とは仕事で心身を使うのは人間の本性であり，尊厳や自己実現を重んじるとする前提で，人は管理より責任や賞賛，処遇を強調することによってより労働を充実させると考えるものである。

　② **ハーズバーグの動機づけ・衛生理論**　F.ハーズバーグによる理論であり，仕事への満足感は，一般的に仕事の内容に関連し，不満足感は仕事の環境に関係する。職務満足要因を**動機づけ要因**（仕事の達成，やりがいのある仕事，重い責任，業績が認められること），職務不満足要因を**衛生要因**（監督者・同僚・部下との関係，組織の政策と管理，給与，労働条件，職務安定性）とし，後者が人間の環境に関するものであり，仕事の不満を予防する働きをもつ要因であるのに対して，前者はより高い業績へと人々を動機づける要因として作用している。動機づけの二要因理論として理解されている。

§4．学校における教職員の組織的活動の原理

③　**現代的モチベーション論**　これらの古典的な2要因的理論を経て，**マクレランド
の欲求理論**（達成欲求→いい仕事したい・権力欲求→出世したい・親和欲求→楽しくやりた
い），**目標設定理論**（目標の困難度，目標具体性，成員の目標の受容，フィードバックの有無），
期待理論（仕事の魅力：個人がその職務で達成できると予想される結果にどれだけの重きを置い
ているか，業績と報酬の関係：個人がどの程度の仕事をすれば，望ましい結果を達成できると考
えているか，努力と業績の関係：個人がどの程度の努力を傾ければ業績につながる確率があるか）などの現代的なモチベーション論が議論されるようになった。さらに物質的・経済的
報酬などの外発的な理由ではなく，純粋な自発的な忠誠や活動それ自体のもつ魅力が動機
づけの源泉となるとする**「内発的動機づけ」理論**が注目を集めるようになる。その理論に
より，自身の活動を通じて自己の有能さ（**コンピテンシー**）や自己決定の感覚が得られる
場合に，動機づけが個人の内部に強く発生すると考える。

2）組織コミットメント

組織コミットメントとは，特定の組織に対する成員の一体感や関与の強さであり，どれ
だけ組織に深くかかわって，その組織の向上発展に貢献しようとしているかを意味する概
念である。一般に成員の組織コミットメントが高いと組織の目的達成度，生産性，創造性
は高まる。一方で，組織コミットメントへの偏りが強すぎると，偏狭な組織中心主義や滅
私奉公観を生みやすいと考えられる。

組織コミットメントの理論としては，組織の目標を信頼し受け入れることにより，組織
のために努力をしようとする意欲が高まり，組織にとどまりたいとする願望が生じるとい
う「態度的コミットメント」論が古くから論じられてきた。一方では，H. S. ベッカーによ
り，いまの組織を離れると，それに投資した時間や努力が無に帰し，現在あるいは将来手
にできるさまざまな価値を失うと予測されるので今の組織にとどまりたいとする意識がコ
ミットメントを高めるとする「サイドベット理論（受動的コミットメント）」が提唱され
た。さらに，「3次元モデル」と称される情動的コミットメント（この職場が好きだから組
織に属する），滞留的コミットメント（ここを離れると損だから在籍する），規範的コミット
メント（所属する以上はコミットすべきだからコミットする）に分類する考え方も存在して
いる。

学校という組織のコミットメントの特徴として，教職員のコミットメントはひとつの理
論モデルだけではその行動を説明できない。なぜならば，公立学校教員などの場合には定
期的な異動があるので，職務に対するコミットメントは高いが，特定の職場（学校）に対
する永続的なコミットメントは必ずしも高くないことが考えられる。それが，学校に組織
行動論が浸透していかない理由のひとつであると考えられる。

3）キャリア・マネジメント

キャリア・マネジメントとは，個人と組織の双方が，将来に向けてのキャリアを計画・
実行することをいう。さらにここでのキャリアとは，職務の遂行によって形成される職歴
とそれに伴う知識・能力・技能・資格・意欲の質であるといえる。一般に経営学では**バウ**

ンダリーレス・キャリア（境界のないキャリア，すなわち本人に蓄積されるキャリア）と**組織内キャリア**に分け，組織内キャリアを**垂直的キャリア形成**（昇進）と**水平的キャリア形成**（異動）に分けて考える。

　一般に勤務経験が長いと一定のキャリアが形成されるが，モチベーションやコミットメントの強さの度合いによって，勤務年数が長くても貧弱なキャリアしか形成されない者もいれば，短い勤務年数で豊かなキャリア形成を行い得る者もいる。組織の側は成員のキャリアを高めるように研修等を計画するが，成員のキャリアアップは，一方で転職やヘッドハンティングのリスクをもつが，学校社会ではあまり想定されていない。

　学校教員のキャリア・マネジメントとしては，公的キャリア・マネジメントとして，初任者研修，5年研修，10年研修，管理職研修，教員免許更新講習，大学院進学（教育公務員特例法第26条によるもの，休業制度）などがあげられ，自律的キャリア・マネジメントとしては，資格取得（職務関連，職務非関連），学会・研究会参加，スーパーバイジング，自己啓発的キャリア・マネジメントが考えられる。

　キャリア・マネジメントにおいて重要な概念は，「キャリア・アンカー」である。**キャリア・アンカー**とは，自らのキャリアを選択し形成する際に，最も大切な（どうしても犠牲にしたくない）価値観や欲求のことであり，周囲の環境が変化しても自己の内面で不動なものをいう。E.シャインは，キャリア・マネジメントにおいて重要なキャリア・アンカーとして次の8つをあげている。①管理能力（組織のなかで責任ある役割を担うこと）②技術的・機能的能力（自分の専門性や技術の向上）③安全性（安定的にひとつの組織に属すること）④創造性（クリエイティブに新しいことを生み出すこと）⑤自律と独立（自分で独立すること）⑥奉仕・社会貢献（社会をよくしたり他人に奉仕したりすること）⑦純粋な挑戦（解決困難な問題に挑戦すること）⑧ワーク・ライフバランス（個人的な仕事への欲求と家族とのバランス調整をすること）

　キャリア・アンカーはその人の人生観を表すとともに，組織は個人のキャリア・アンカーを想定しつつ，人事やキャリア教育を進める必要がある。

4）チーム・マネジメント

　チーム・マネジメントとはチーム（この場合は成員間の協働を通じて高い相乗効果を上げるために形成された複数の個人）の活動の効率性を向上させるための運営のあり方をさす。その前提となるのが「チームワーク」である。**チームワーク**とは，あるチームが共通の目的に向かって最善の成果を上げるために行動することをいう。多くの組織ではチームワークが前提となって組織活動が行われる。たとえば，部署，グループ，班などである。学校教員組織においては，校務分掌集団，学年担任団，研究班などが相当する。

　チーム・マネジメントの要素としては，チームの目標の共有化，チームの役割と個人の役割の認識，チームリーダーの存在（リーダーがいない場合でも暗黙のリーダーがいる場合もある），成員間の調整（役割，葛藤，情報共有，リスクヘッジ等），成果の確認と評価（業務と個人の両面にわたる），チームの維持と変容などがある。

§4．学校における教職員の組織的活動の原理

5）リーダーシップ論

チーム・マネジメントにおいて重要な条件は「リーダーシップ」である。**リーダーシップとは集団に目標達成を促すように他の成員に影響を与える能力である。**

リーダーシップの理論としては，かねてより，①資質理論（リーダーにはふさわしい資質をもった個人特性があるので，そうした個人を見い出し，ふさわしい地位で処遇することが組織の役割であるとする考え方），②行動理論（リーダーシップは個人特性というよりもリーダーにふさわしい行動を習得しているか否かにかかっているのでリーダーシップは教育できるとする考え方），③コンティンジェンシー（状況適応）理論（リーダーのもつパーソナリティ，とくに欲求構造とリーダーが特定の状況でどれだけ統制力や影響力を行使できるかという状況要因に依存するとする考え方）が知られている。

リーダーシップに関する有名な実証研究として，ミシガン研究とオハイオ研究がある。ミシガン研究は，R.リカートを中心とするミシガン大学によって実施されたリーダーシップと効率性に関する研究である。リカートは，組織をシステムとしてとらえ，リーダーシップにかかわる管理システムを4つに分類し，権威主義・専制型（システム1），温情・専制型（システム2），参画協調型（システム3），民主主義型（システム4）と規定し，業績効果の測定値に関係があるとみられるリーダーの行動的特徴を見い出すことを目的に研究を行った。生産志向のリーダーは，仕事の技術的あるいはタスク上の側面を重視し，従業員志向のリーダーは，部下のニーズに個人的関心を寄せ，メンバー間の個性の違いを受け入れた。ミシガン研究の結論は，従業員志向が好業績をもたらすリーダーシップであり，好ましいというものであった。生産指向は，緊張と圧力を生み出し，メンバーの満足を低下させ，離職を増大させるとした。結果として，リカートは民主主義型のシステム4を採用している経営組織の業績が最も高いと主張した。

一方，オハイオ研究とは，C.シャートルによって，ミシガン研究と同様のリーダーシップ分析を行った研究である。その結果として，業務，業務関係，目標を組織的にまとめようとする「構造化の行動」と相互信頼，尊重，リーダーとフォロワーの集団間の信頼ある温かさを示す行動で，親しみやすく，すべての部下を平等に扱う「配慮行動」の2つの次元がともに高いリーダーがそれ以外のリーダーよりもフォロワーの仕事達成と満足度はともに高いことが報告された。これらの研究から，リーダーシップは組織への信念の強固さと個人へのやさしさの双方が必要であるという知見として読み取ることができる。

6）コミュニケーション

組織におけるコミュニケーションとは，成員間の意思疎通のあり方であり，一般によく機能する組織は成員間のコミュニケーション水準が高く，機能不全組織のほとんどは成員間のコミュニケーション水準に問題がある。したがって，組織がよく機能するためには，種々のレベルでのコミュニケーション水準を良好に保つことが不可欠である。

組織内コミュニケーションの類型としては，①垂直的コミュニケーション（上司から部下への命令，指示，指導，助言の型を取り，多くは規範的で上意下達的，一般に反論や否定は許されないが形式的随従もある），②水平的コミュニケーション（同僚同士での情報交換・提供，

意思伝達，話題共有の型を取り，多くは対等であるが，経験や個人の関係によって垂直的な場合よりも強く機能することもある）の2つに分けられる。垂直的コミュニケーションの多くは文書やメール，口頭でも第三者がいる場合に行われる。不審な場合には公式であるか否かの確認を要するものである。一方，水平的コミュニケーションは，雑談や日常会話，メールなどでの情報のやりとりが中心となり，信憑性に問題のある場合も多いが，情報量が多く，組織内での情報交換としては大きな機能を示している。

7）組織ストレス

組織ストレスとは，組織特性と成員の個人特性との間に生じる関係の緊張と歪みをいう。一般的には，組織ストレスが高いと，組織行動の妨げとなり，組織の機能性や生産性を低下させる要因と考えられる。

しかしながら，ストレスが低すぎると，組織内の緊張感が低下し，過誤や怠業が容認され，組織の活動水準が低下することにつながる。適度なストレスがあり，それを調和する過程で組織の活性が維持され，check and balance が良好に機能すると考えられている。

組織ストレスを生み出す**組織内ストレッサー**としては，①職務内在要因（職場環境，過重労働，時間プレッシャー，物理的危険など），②組織内役割の不均衡（役割曖昧性，役割葛藤，他者への責任過重など），③キャリア不整合（能力以上の役割期待，能力に見合わない地位と権限，雇用不安，キャリア挫折など），④職場の人間関係（上司，同僚，部下との折り合いの悪さ，責任分担のむずかしさなど），⑤組織構造・組織風土（封建的，ワンマン体制，無責任体制，ハラスメントの土壌など）があげられる。組織外ストレッサーとしては，①家庭環境（家族の異変，家族の健康，教育・介護問題など），②社会環境（景気動向，職種への社会的圧力など）があげられる。とくに学校では学校への社会的批判の高まりなどは組織外ストレッサーとして強く作用する。

組織ストレスへの対処方法としては，配置転換（人間関係や役割葛藤への対処），職場内の相談体制（ラインによる相談，スタッフによる相談，ピアカウンセリング，専門的コンサルテーション），職場での権限行使（外的規制や賞罰の明確化），セルフマネジメント（ライフ・ワーク・バランス，趣味への取り組みなど）があげられる。組織内のストレスに有効に対処するためには，組織内でのストレス確認とその対処への取り組みを可視化することが重要である。

8）組織文化

組織文化とは，組織の独自性を形成するところの組織成員が共有している価値，規範，信念およびそれに基づく行動の体系をいう。E.シャインの定義によれば「ある特定の集団が外部への適応や内部統合の問題に対処する際に学習した，集団自身によって創られ，発見され，また発展させられた基本的仮定のパターンであり，それはよく機能して有効と認められ，したがって新しい成員にそうした問題に関しての知覚，指向，感覚の正しい方法として教えこまれるもの」とされる。すなわち，組織文化は組織集団が「学習」することによってつくられる点が重要である。ただし，「正しい方法として教え込まれる」とした

点は，ときに過度な強制による硬直した組織体質の形成を助長し，円滑な組織行動を妨げることにつながる。

E.シャインが示した組織文化の構成要因としては，人工物（建物の建て方，オフィスのレイアウト，服装），成員の行動様式，理念，行事，価値意識などがあげられる。一般的には，組織文化における価値や信念体系の共有の程度が一致しているほど強い（危機・変革に対応できる）組織になり，組織文化の弱さは，危機や変革に対応しきれない面をもつが，組織文化が強すぎると，組織が硬直化して柔軟な環境適応ができないことにつながる。

9）組織学習

組織学習とは，組織が変革の必要性を見い出し，よりいっそうの成功をもたらすと信ずる変革に着手しうる能力を取得し，発展させるために組織がその組織行動や組織文化を更新することである。組織学習は，組織を構成する成員一人ひとりの学習の成果の総和ではない。組織学習とは，組織全体が組織の学習経験（それは実際に起こる種々の出来事である）によってその組織自体の構造や機能を再定義しながら，問題への対応可能水準を高め，より高次の組織変革がなされていくことを意味するのである。

クラス全体に勉強する習慣が確立すると，勉強だけでなく，学校行事でも積極的な態度が形成されるような変化をイメージする。

組織学習には，「シングルループ学習」と「ダブルループ学習」の2様式がある。**シングルループ学習**とは，すでに備えている考え方や行動の枠組みに従って問題解決をはかっていく学習パターンであり，習得された型をどのように適応するかの能力が問われる。他方，**ダブルループ学習**とは，既存の枠組みを捨てて，新しい考え方や行動の枠組みを取り込む学習パターンであり，習得された型の意味を問い，異なる次元で問題をとらえ直し，問題解決をはかるものである。

組織がよりよい価値を求めて変化していくためには，組織学習が不可欠である。自分たちの属する組織の目的は何かを考えて，目的達成に向けた最善の行動をとることは，組織の命題である。そのための組織の行動が組織行動である。そのためには，目的に向けた組織の行動を促進するものは何か，妨げるものは何かを考える必要がある。それ自体がまさに組織学習である。組織変革のためには組織学習が不可欠である。

●参考文献●
- 吉田瑩一郎・武田壌壽編著：学校保健組織活動（現代学校保健全集第16巻），ぎょうせい，1982
- 江口篤壽・田中恒男編著：学校保健の計画と評価（現代学校保健全集第17巻），ぎょうせい，1983
- 日本学校保健会編：学校保健委員会マニュアル，日本学校保健会，2000
- 日本学校保健会編：学校保健活動推進マニュアル，日本学校保健会，2004
- 桑田耕太郎・田尾雅夫：組織論，有斐閣，1998
- 開本浩矢：入門 組織行動論，中央経済社，2007
- S. P.ロビンス：組織行動のマネジメント，ダイヤモンド社，1997

資　料

関係法規 および 付表

1. 学校保健安全法（抄）

（昭和33年4月10日法律第56号）

（最終改正：平成27年6月24日法律第46号）

第1章　総則（第1条—第3条）

第2章　学校保健

 第1節　学校の管理運営等（第4条—第7条）

 第2節　健康相談等（第8条—第10条）

 第3節　健康診断（第11条—第18条）

 第4節　感染症の予防（第19条—第21条）

 第5節　学校保健技師並びに学校医，学校歯科医及び学校薬剤師（第22条・第23条）

 第6節　地方公共団体の援助及び国の補助（第24条・第25条）

第3章　学校安全（第26条—第30条）

第4章　雑則（第31条・第32条）

附則

第1章　総　　則

（目　的）

第1条　この法律は，学校における児童生徒等及び職員の健康の保持増進を図るため，学校における保健管理に関し必要な事項を定めるとともに，学校における教育活動が安全な環境において実施され，児童生徒等の安全の確保が図られるよう，学校における安全管理に関し必要な事項を定め，もつて学校教育の円滑な実施とその成果の確保に資することを目的とする。

（定　義）

第2条　この法律において「学校」とは，学校教育法（昭和22年法律第26号）第1条に規定する学校をいう。

2　この法律において「児童生徒等」とは，学校に在学する幼児，児童，生徒又は学生をいう。

（国及び地方公共団体の責務）

第3条　国及び地方公共団体は，相互に連携を図り，各学校において保健及び安全に係る取組が確実かつ効果的に実施されるようにするため，学校における保健及び安全に関する最新の知見及び事例を踏まえつつ，財政上の措置その他の必要な施策を講ずるものとする。

2　国は，各学校における安全に係る取組を総合的かつ効果的に推進するため，学校安全の推進に関する計画の策定その他所要の措置を講ずるものとする。

3　地方公共団体は，国が講ずる前項の措置に準じた措置を講ずるように努めなければならない。

第2章　学校保健

第1節　学校の管理運営等

（学校保健に関する学校の設置者の責務）

第4条　学校の設置者は，その設置する学校の児童生徒等及び職員の心身の健康の保持増進を図るため，当該学校の施設及び設備並びに管理運営体制の整備充実その他の必要な措置を講ずるよう努めるものとする。

（学校保健計画の策定等）

第5条　学校においては，児童生徒等及び職員の心身の健康の保持増進を図るため，児童生徒等及び職員の健康診断，環境衛生検査，児童生徒等に対する指導その他保健に関する事項について計画を策定し，これを実施しなければならない。

（学校環境衛生基準）

第6条　文部科学大臣は，学校における換気，採光，照明，保温，清潔保持その他環境衛生に係る事項（学校給食法（昭和29年法律第160号）第9条第1項（夜間課程を置く高等学校における学校給食に関する法律（昭和31年法律第157号）第7条及び特別支援学校の幼稚部及び高等部における学校給食に関する法律（昭和32年法律第118号）第6条において準用する場合を含む。）に規定する事項を除く。）について，児童生徒等及び職員の健康を保護する上で維持されることが望ましい基準（以下この条において「学校環境衛生基準」という。）を定めるものとする。

2　学校の設置者は，学校環境衛生基準に照らしてその設置する学校の適切な環境の維持に努めなければならない。

3　校長は，学校環境衛生基準に照らし，学校の環境衛生に関し適正を欠く事項があると認めた場合には，遅滞なく，その改善のために必要な措置を講じ，又は当該措置を講ずることができないときは，当該学校の設置者に対し，その旨を申し出るものとする。

155

（保健室）

第7条 学校には、健康診断、健康相談、保健指導、救急処置その他の保健に関する措置を行うため、保健室を設けるものとする。

第2節　健康相談等

（健康相談）

第8条 学校においては、児童生徒等の心身の健康に関し、健康相談を行うものとする。

（保健指導）

第9条 養護教諭その他の職員は、相互に連携して、健康相談又は児童生徒等の健康状態の日常的な観察により、児童生徒等の心身の状況を把握し、健康上の問題があると認めるときは、遅滞なく、当該児童生徒等に対して必要な指導を行うとともに、必要に応じ、その保護者（学校教育法第16条に規定する保護者をいう。第24条及び第30条において同じ。）に対して必要な助言を行うものとする。

（地域の医療機関等との連携）

第10条 学校においては、救急処置、健康相談又は保健指導を行うに当たつては、必要に応じ、当該学校の所在する地域の医療機関その他の関係機関との連携を図るよう努めるものとする。

第3節　健康診断

（就学時の健康診断）

第11条 市（特別区を含む。以下同じ。）町村の教育委員会は、学校教育法第17条第1項の規定により翌学年の初めから同項に規定する学校に就学させるべき者で、当該市町村の区域内に住所を有するものの就学に当たつて、その健康診断を行わなければならない。

第12条 市町村の教育委員会は、前条の健康診断の結果に基づき、治療を勧告し、保健上必要な助言を行い、及び学校教育法第17条第1項に規定する義務の猶予若しくは免除又は特別支援学校への就学に関し指導を行う等適切な措置をとらなければならない。

（児童生徒等の健康診断）

第13条 学校においては、毎学年定期に、児童生徒等（通信による教育を受ける学生を除く。）の健康診断を行わなければならない。

2 学校においては、必要があるときは、臨時に、児童生徒等の健康診断を行うものとする。

第14条 学校においては、前条の健康診断の結果に基づき、疾病の予防処置を行い、又は治療を指示し、並びに運動及び作業を軽減する等適切な措置をとらなければならない。

（職員の健康診断）

第15条 学校の設置者は、毎学年定期に、学校の職員の健康診断を行わなければならない。

2 学校の設置者は、必要があるときは、臨時に、学校の職員の健康診断を行うものとする。

第16条 学校の設置者は、前条の健康診断の結果に基づき、治療を指示し、及び勤務を軽減する等適切な措置をとらなければならない。

（健康診断の方法及び技術的基準等）

第17条 健康診断の方法及び技術的基準については、文部科学省令で定める。

2 第11条から前条までに定めるもののほか、健康診断の時期及び検査の項目その他健康診断に関し必要な事項は、前項に規定するものを除き、第11条の健康診断に関するものについては政令で、第13条及び第15条の健康診断に関するものについては文部科学省令で定める。

3 前2項の文部科学省令は、健康増進法（平成14年法律第103号）第9条第1項に規定する健康診査等指針と調和が保たれたものでなければならない。

（保健所との連絡）

第18条 学校の設置者は、この法律の規定による健康診断を行おうとする場合その他政令で定める場合においては、保健所と連絡するものとする。

第4節　感染症の予防

（出席停止）

第19条 校長は、感染症にかかつており、かかつている疑いがあり、又はかかるおそれのある児童生徒等があるときは、政令で定めるところにより、出席を停止させることができる。

（臨時休業）

第20条 学校の設置者は、感染症の予防上必要があるときは、臨時に、学校の全部又は一部の休業を行うことができる。

（文部科学省令への委任）

第21条 前2条（第19条の規定に基づく政令を含む。）及び感染症の予防及び感染症の患者に対する医療に関する法律（平成10年法律第114号）その他感染症の予防に関して規定する法律（これらの法律に基づく命令を含む。）に定めるもののほか、学校における感染症の予防に関し必要な事項は、文部科学省令で定める。

第5節　学校保健技師並びに学校医、学校歯科医及び学校薬剤師

（学校保健技師）

第22条 都道府県の教育委員会の事務局に、学校保健技師を置くことができる。

2 学校保健技師は、学校における保健管理に関する専門的事項について学識経験がある者でなければならない。

3 学校保健技師は、上司の命を受け、学校における保健管理に関し、専門的技術的指導及び技術に従事する。

（学校医、学校歯科医及び学校薬剤師）

第23条 学校には、学校医を置くものとする。

2　大学以外の学校には，学校歯科医及び学校薬剤師を置くものとする。

3　学校医，学校歯科医及び学校薬剤師は，それぞれ医師，歯科医師又は薬剤師のうちから，任命し，又は委嘱する。

4　学校医，学校歯科医及び学校薬剤師は，学校における保健管理に関する専門的事項に関し，技術及び指導に従事する。

5　学校医，学校歯科医及び学校薬剤師の職務執行の準則は，文部科学省令で定める。

第6節　地方公共団体の援助及び国の補助

（地方公共団体の援助）

第24条　地方公共団体は，その設置する小学校，中学校，義務教育学校，中等教育学校の前期課程又は特別支援学校の小学部若しくは中学部の児童又は生徒が，感染性又は学習に支障を生ずるおそれのある疾病で政令で定めるものにかかり，学校において治療の指示を受けたときは，当該児童又は生徒の保護者で次の各号のいずれかに該当するものに対して，その疾病の治療のための医療に要する費用について必要な援助を行うものとする。

1　生活保護法（昭和25年法律第144号）第6条第2項に規定する要保護者

2　生活保護法第6条第2項に規定する要保護者に準ずる程度に困窮している者で政令で定めるもの

（国の補助）

第25条　国は，地方公共団体が前条の規定により同条第1号に掲げる者に対して援助を行う場合には，予算の範囲内において，その援助に要する経費の一部を補助することができる。

2　前項の規定により国が補助を行う場合の補助の基準については，政令で定める。

第3章　学 校 安 全

（学校安全に関する学校の設置者の責務）

第26条　学校の設置者は，児童生徒等の安全の確保を図るため，その設置する学校において，事故，加害行為，災害等（以下この条及び第29条第3項において「事故等」という。）により児童生徒等に生ずる危険を防止し，及び事故等により児童生徒等に危険又は危害が現に生じた場合（同条第1項及び第2項において「危険等発生時」という。）において適切に対処することができるよう，当該学校の施設及び設備並びに管理運営体制の整備充実その他の必要な措置を講ずるよう努めるものとする。

（学校安全計画の策定等）

第27条　学校においては，児童生徒等の安全の確保を図るため，当該学校の施設及び設備の安全点検，児童生徒等に対する通学を含めた学校生活その他の日常生活における安全に関する指導，職員の研修その他学校における安全に関する事項について計画を策定し，これを実施しなければならない。

（学校環境の安全の確保）

第28条　校長は，当該学校の施設又は設備について，児童生徒等の安全の確保を図る上で支障となる事項があると認めた場合には，遅滞なく，その改善を図るために必要な措置を講じ，又は当該措置を講ずることができないときは，当該学校の設置者に対し，その旨を申し出るものとする。

（危険等発生時対処要領の作成等）

第29条　学校においては，児童生徒等の安全の確保を図るため，当該学校の実情に応じて，危険等発生時において当該学校の職員がとるべき措置の具体的内容及び手順を定めた対処要領（次項において「危険等発生時対処要領」という。）を作成するものとする。

2　校長は，危険等発生時対処要領の職員に対する周知，訓練の実施その他の危険等発生時において職員が適切に対処するために必要な措置を講ずるものとする。

3　学校においては，事故等により児童生徒等に危害が生じた場合において，当該児童生徒等及び当該事故等により心理的外傷その他の心身の健康に対する影響を受けた児童生徒等その他の関係者の心身の健康を回復させるため，これらの者に対して必要な支援を行うものとする。この場合において，第10条の規定を準用する。

（地域の関係機関等との連携）

第30条　学校においては，児童生徒等の安全の確保を図るため，児童生徒等の保護者との連携を図るとともに，当該学校が所在する地域の実情に応じて，当該地域を管轄する警察署その他の関係機関，地域の安全を確保するための活動を行う団体その他の関係団体，当該地域の住民その他の関係者との連携を図るよう努めるものとする。

第4章　雑　　　則

（学校の設置者の事務の委任）

第31条　学校の設置者は，他の法律に特別の定めがある場合のほか，この法律に基づき処理すべき事務を校長に委任することができる。

（専修学校の保健管理等）

第32条　専修学校には，保健管理に関する専門的事項に関し，技術及び指導を行う医師を置くように努めなければならない。

2　専修学校には，健康診断，健康相談，保健指導，救急処置等を行うため，保健室を設けるように努めなければならない。

3　第3条から第6条まで，第8条から第10条まで，第13条から第21条まで及び第26条から前条までの

規定は，専修学校に準用する。
　附則抄（略）　　附則（略）

2. 学校保健安全法施行令（抄）

（昭和33年6月10日政令第174号）
（最終改正：平成27年12月6日政令第421号）

　内閣は，学校保健法（昭和33年法律第56号）第10条第2項，第12条，第17条，第18条第3項及び第20条の規定に基き，この政令を制定する。
（就学時の健康診断の時期）
第1条　学校保健安全法（昭和33年法律第56号。以下「法」という。）第11条の健康診断（以下「就学時の健康診断」という。）は，学校教育法施行令（昭和28年政令第340号）第2条の規定により学齢簿が作成された後翌学年の初めから四月前（同令第5条，第7条，第11条，第14条，第15条及び第18条の2に規定する就学に関する手続の実施に支障がない場合にあつては，三月前）までの間に行うものとする。
2　前項の規定にかかわらず，市町村の教育委員会は，同項の規定により定めた就学時の健康診断の実施日の翌日以後に当該市町村の教育委員会が作成した学齢簿に新たに就学予定者（学校教育法施行令第5条第1項に規定する就学予定者をいう。以下この項において同じ。）が記載された場合において，当該就学予定者が他の市町村の教育委員会が行う就学時の健康診断を受けていないときは，当該就学予定者について，速やかに就学時の健康診断を行うものとする。
（検査の項目）
第2条　就学時の健康診断における検査の項目は，次のとおりとする。
　1　栄養状態
　2　脊柱及び胸郭の疾病及び異常の有無
　3　視力及び聴力
　4　眼の疾病及び異常の有無
　5　耳鼻咽頭疾患及び皮膚疾患の有無
　6　歯及び口腔の疾病及び異常の有無
　7　その他の疾病及び異常の有無
（保護者への通知）
第3条　市（特別区を含む。以下同じ。）町村の教育委員会は，就学時の健康診断を行うに当たつて，あらかじめ，その日時，場所及び実施の要領等を法第11条に規定する者の学校教育法（昭和22年法律第26号）第16条に規定する保護者（以下「保護者」という。）に通知しなければならない。
（就学時健康診断票）
第4条　市町村の教育委員会は，就学時の健康診断を行つたときは，文部科学省令で定める様式により，就学

時健康診断票を作成しなければならない。
2　市町村の教育委員会は，翌学年の初めから十五日前までに，就学時健康診断票を就学時の健康診断を受けた者の入学する学校の校長に送付しなければならない。
（保健所と連絡すべき場合）
第5条　法第18条の政令で定める場合は，次に掲げる場合とする。
　1　法第19条の規定による出席停止が行われた場合
　2　法第20条の規定による学校の休業を行つた場合
（出席停止の指示）
第6条　校長は，法第19条の規定により出席を停止させようとするときは，その理由及び期間を明らかにして，幼児，児童又は生徒（高等学校（中等教育学校の後期課程及び特別支援学校の高等部を含む。以下同じ。）の生徒を除く。）にあつてはその保護者に，高等学校の生徒又は学生にあつては当該生徒又は学生にこれを指示しなければならない。
2　出席停止の期間は，感染症の種類等に応じて，文部科学省令で定める基準による。
（出席停止の報告）
第7条　校長は，前条第1項の規定による指示をしたときは，文部科学省令で定めるところにより，その旨を学校の設置者に報告しなければならない。
（感染性又は学習に支障を生ずるおそれのある疾病）
第8条　法第24条の政令で定める疾病は，次に掲げるものとする。
　1　トラコーマ及び結膜炎
　2　白癬，疥癬及び膿痂疹
　3　中耳炎
　4　慢性副鼻腔炎及びアデノイド
　5　齲歯
　6　寄生虫病（虫卵保有を含む。）
（要保護者に準ずる程度に困窮している者）
第9条　法第24条第2号の政令で定める者は，当該義務教育諸学校（小学校，中学校，義務教育学校，中等教育学校の前期課程又は特別支援学校の小学部若しくは中学部をいう。）を設置する地方公共団体の教育委員会が，生活保護法（昭和25年法律第144号）第6条第2項に規定する要保護者（以下「要保護者」という。）に準ずる程度に困窮していると認める者とする。
2　教育委員会は，前項に規定する認定を行うため必要があるときは，社会福祉法（昭和26年法律第45号）に定める福祉に関する事務所の長及び民生委員法（昭和23年法律第198号）に定める民生委員に対して，助言を求めることができる。
（補助の基準）
第10条　法第25条第1項の規定による国の補助は，法第24条の規定による同条第1号に掲げる者に対する

援助に要する経費の額の二分の一について行うものとする。ただし，小学校及び中学校及び義務教育学校並びに中等教育学校の前期課程又は特別支援学校の小学部及び中学部の別により，文部科学大臣が毎年度定める児童及び生徒一人一疾病当たりの医療費の平均額に，都道府県に係る場合にあつては次項の規定により文部科学大臣が当該都道府県に配分した児童及び生徒の被患者の延数をそれぞれ乗じて得た額，市町村に係る場合にあつては第3項の規定により都道府県の教育委員会が当該市町村に配分した児童及び生徒の被患者の延数をそれぞれ乗じて得た額の二分の一を限度とする。

　　2〜4　（略）

（専修学校への準用）

第11条　（略）

　　附則抄（略）　　附則（略）　　別表（略）

3.　学校保健安全法施行規則（抄）

　　　　　　　（昭和33年6月13日文部省令第18号）

（最終改正：令和2年3月22日文部科学省令第39号）

　学校保健法（昭和33年法律第56号）第10条，第14条及び第16条第5項並びに学校保健法施行令（昭和33年政令第174号）第4条第1項，第5条第2項，第6条及び第9条第3項の規定に基き，及び同法の規定を実施するため，学校保健法施行規則を次のように定める。

　　第1章　環境衛生検査等（第1条・第2条）

　　第2章　健康診断

　　　第1節　就学時の健康診断（第3条・第4条）

　　　第2節　児童生徒等の健康診断（第5条—第11条）

　　　第3節　職員の健康診断（第12条—第17条）

　　第3章　感染症の予防（第18条—第21条）

　　第4章　学校医，学校歯科医及び学校薬剤師の職務執
　　　　　　行の準則（第22条—第24条）

　　第5章　国の補助（第25条—第27条）

　　第6章　安全点検等（第28条・第29条）

　　第7章　雑則（第30条）

　　附則

第1章　環境衛生検査等

（環境衛生検査）

第1条　学校保健安全法（昭和33年法律第56号。以下「法」という。）第5条の環境衛生検査は，他の法令に基づくもののほか，毎学年定期に，法第6条に規定する学校環境衛生基準に基づき行わなければならない。

　　2　学校においては，必要があるときは，臨時に，環境衛生検査を行うものとする。

（日常における環境衛生）

第2条　学校においては，前条の環境衛生検査のほか，日常的な点検を行い，環境衛生の維持又は改善を図らなければならない。

第2章　健康診断

第1節　就学時の健康診断

（方法及び技術的基準）

第3条　法第11条の健康診断の方法及び技術的基準は，次の各号に掲げる検査の項目につき，当該各号に定めるとおりとする。

　1　栄養状態は，皮膚の色沢，皮下脂肪の充実，筋骨の発達，貧血の有無等について検査し，栄養不良又は肥満傾向で特に注意を要する者の発見につとめる。

　2　脊柱の疾病及び異常の有無は，形態等について検査し，側わん症等に注意する。

　3　胸郭の異常の有無は，形態及び発育について検査する。

　4　視力は，国際標準に準拠した視力表を用いて左右各別に裸眼視力を検査し，眼鏡を使用している者については，当該眼鏡を使用している場合の矯正視力についても検査する。

　5　聴力は，オージオメータを用いて検査し，左右各別に聴力障害の有無を明らかにする。

　6　眼の疾病及び異常の有無は，感染性眼疾患その他の外眼部疾患及び眼位の異常等に注意する。

　7　耳鼻咽頭疾患の有無は，耳疾患，鼻・副鼻腔疾患，口腔咽喉頭疾患及び音声言語異常等に注意する。

　8　皮膚疾患の有無は，感染性皮膚疾患，アレルギー疾患等による皮膚の状態に注意する。

　9　歯及び口腔の疾病及び異常の有無は，齲歯，歯周疾患，不正咬合その他の疾病及び異常について検査する。

　10　その他の疾病及び異常の有無は，知能及び呼吸器，循環器，消化器，神経系等について検査するものとし，知能については適切な検査によつて知的障害の発見につとめ，呼吸器，循環器，消化器，神経系等については臨床医学的検査その他の検査によつて結核疾患，心臓疾患，腎臓疾患，ヘルニア，言語障害，精神神経症その他の精神障害，骨，関節の異常及び四肢運動障害等の発見につとめる。

（就学時健康診断票）

第4条　学校保健安全法施行令（昭和33年政令第174号。以下「令」という。）第4条第1項に規定する就学時健康診断票の様式は，第1号様式とする。

資料　関係法規および付表　　159

第2節　児童生徒等の健康診断

（時　期）

第5条　法第13条第1項の健康診断は，毎学年，六月三十日までに行うものとする。ただし，疾病その他やむを得ない事由によつて当該期日に健康診断を受けることのできなかつた者に対しては，その事由のなくなつた後すみやかに健康診断を行うものとする。

2　第1項の健康診断における結核の有無の検査において結核発病のおそれがあると診断された者（第6条第3項第4号に該当する者に限る。）については，おおむね六か月の後に再度結核の有無の検査を行うものとする。

（検査の項目）

第6条　法第13条第1項の健康診断における検査の項目は，次のとおりとする。

1　身長及び体重
2　栄養状態
3　脊柱及び胸郭の疾病及び異常の有無並びに四肢の状態
4　視力及び聴力
5　眼の疾病及び異常の有無
6　耳鼻咽頭疾患及び皮膚疾患の有無
7　歯及び口腔の疾病及び異常の有無
8　結核の有無
9　心臓の疾病及び異常の有無
10　尿
11　その他の疾病及び異常の有無

2　前項各号に掲げるもののほか，胸囲及び肺活量，背筋力，握力等の機能を，検査の項目に加えることができる。

3　第1項第8号に掲げるものの検査は，次の各号に掲げる学年において行うものとする。

1　小学校（義務教育学校の前期課程及び特別支援学校の小学部を含む。以下この条，第7条第6項及び第11条において同じ。）の全学年
2　中学校（義務教育学校の後期課程，中等教育学校の前期課程及び特別支援学校の中学部を含む。以下この条，第7条第6項及び第11条において同じ。）の全学年
3　高等学校（中等教育学校の後期課程及び特別支援学校の高等部を含む。以下この条，第7条第6項及び第11条において同じ。）及び高等専門学校の第一学年
4　大学の第一学年

4　第1項各号に掲げる検査の項目のうち，小学校の第四学年及び第六学年，中学校及び高等学校の第二学年並びに高等専門学校の第二学年及び第四学年においては第4号に掲げるもののうち聴力を，大学においては第3号，第4号，第7号及び第10号に掲げるものを，

それぞれ検査の項目から除くことができる。

（方法及び技術的基準）

第7条　法第13条第1項の健康診断の方法及び技術的基準については，次項から第9項までに定めるもののほか，第3条の規定（同条第10号中知能に関する部分を除く。）を準用する。この場合において，同条第4号中「検査する。」とあるのは「検査する。ただし，眼鏡を使用している者の裸眼視力の検査はこれを除くことができる。」と読み替えるものとする。

2　前条第1項第1号の身長は，靴下等を脱ぎ，両かかとを密接し，背，臀部及びかかとを身長計の尺柱に接して直立し，両上肢を体側に垂れ，頭部を正位に保たせて測定する。

3　前条第1項第1号の体重は，衣服を脱ぎ，体重計のはかり台の中央に静止させて測定する。ただし，衣服を着たまま測定したときは，その衣服の重量を控除する。

4　前条第1項第3号の四肢の状態は，四肢の形態及び発育並びに運動器の機能の状態に注意する。

5　前条第1項第8号の結核の有無は，問診，胸部エックス線検査，喀痰検査，聴診，打診その他必要な検査によつて検査するものとし，その技術的基準は，次の各号に定めるとおりとする。

1　前条第3項第1号又は第2号に該当する者に対しては，問診を行うものとする。
2　前条第3項第3号又は第4号に該当する者（結核患者及び結核発病のおそれがあると診断されている者を除く。）に対しては，胸部エックス線検査を行うものとする。
3　第1号の問診を踏まえて学校医その他の担当の医師において必要と認める者であつて，当該者の在学する学校の設置者において必要と認めるものに対しては，胸部エックス線検査，喀痰検査その他の必要な検査を行うものとする。
4　第2号の胸部エックス線検査によつて病変の発見された者及びその疑いのある者，結核患者並びに結核発病のおそれがあると診断されている者に対しては，胸部エックス線検査及び喀痰検査を行い，更に必要に応じ聴診，打診その他必要な検査を行う。

6　前条第1項第9号の心臓の疾病及び異常の有無は，心電図検査その他の臨床医学的検査によつて検査するものとする。ただし，幼稚園（特別支援学校の幼稚部を含む。以下この条及び第11条において同じ。）の全幼児，小学校の第二学年以上の児童，中学校及び高等学校の第2学年以上の生徒，高等専門学校の第二学年以上の学生並びに大学の全学生については，心電図検査を除くことができる。

7　前条第1項第10号の尿は，尿中の蛋白，糖等につ

いて試験紙法により検査する。ただし，幼稚園においては，糖の検査を除くことができる。

8　身体計測，視力及び聴力の検査，問診，胸部エックス線検査，尿の検査その他の予診的事項に属する検査は，学校医又は学校歯科医による診断の前に実施するものとし，学校医又は学校歯科医は，それらの検査の結果及び第11条の保健調査を活用して診断に当たるものとする。

（健康診断票）

第8条　学校においては，法第13条第1項の健康診断を行つたときは，児童生徒等の健康診断票を作成しなければならない。

2　校長は，児童又は生徒が進学した場合においては，その作成に係る当該児童又は生徒の健康診断票を進学先の校長に送付しなければならない。

3　校長は，児童生徒等が転学した場合においては，その作成に係る当該児童生徒等の健康診断票を転学先の校長，保育所の長又は認定こども園の長に送付しなければならない。

4　児童生徒等の健康診断票は，五年間保存しなければならない。ただし，第2項の規定により送付を受けた児童又は生徒の健康診断票は，当該健康診断票に係る児童又は生徒が進学前の学校を卒業した日から五年間とする。

（事後措置）

第9条　学校においては，法第13条第1項の健康診断を行つたときは，二十一日以内にその結果を幼児，児童又は生徒にあつては当該幼児，児童又は生徒及びその保護者（学校教育法（昭和22年法律第26号）第16条に規定する保護者をいう。）に，学生にあつては当該学生に通知するとともに，次の各号に定める基準により，法第14条の措置をとらなければならない。

1　疾病の予防処置を行うこと。

2　必要な医療を受けるよう指示すること。

3　必要な検査，予防接種等を受けるよう指示すること。

4　療養のため必要な期間学校において学習しないよう指導すること。

5　特別支援学級への編入について指導及び助言を行うこと。

6　学習又は運動・作業の軽減，停止，変更等を行うこと。

7　修学旅行，対外運動競技等への参加を制限すること。

8　机又は腰掛の調整，座席の変更及び学級の編制の適正を図ること。

9　その他発育，健康状態等に応じて適当な保健指導を行うこと。

2　前項の場合において，結核の有無の検査の結果に基

づく措置については，当該健康診断に当たつた学校医その他の医師が別表第1に定める生活規正の面及び医療の面の区分を組み合わせて決定する指導区分に基づいて，とるものとする。

（臨時の健康診断）

第10条　法第13条第2項の健康診断は，次に掲げるような場合で必要があるときに，必要な検査の項目について行うものとする。

1　感染症又は食中毒の発生したとき。

2　風水害等により感染症の発生のおそれのあるとき。

3　夏季における休業日の直前又は直後。

4　結核，寄生虫病その他の疾病の有無について検査を行う必要のあるとき。

5　卒業のとき。

（保健調査）

第11条　法第13条の健康診断を的確かつ円滑に実施するため，当該健康診断を行うに当たつては，小学校，中学校，高等学校及び高等専門学校においては全学年において，幼稚園及び大学においては必要と認めるときに，あらかじめ児童生徒等の発育，健康状態等に関する調査を行うものとする。

第3節　職員の健康診断

（時　期）

第12条　法第15条第1項の健康診断の時期については，第5条の規定を準用する。この場合において，同条第1項中「六月三十日までに」とあるのは，「学校の設置者が定める適切な時期に」と読み替えるものとする。

（検査の項目）

第13条　法第15条第1項の健康診断における検査の項目は，次のとおりとする。

1　身長，体重及び腹囲

2　視力及び聴力　　　　3　結核の有無

4　血圧　　　　　　　　5　尿

6　胃の疾病及び異常の有無

7　貧血検査　　　　　　8　肝機能検査

9　血中脂質検査　　　　10　血糖検査

11　心電図検査

12　その他の疾病及び異常の有無

2　妊娠中の女性職員においては，前項第6号に掲げる検査の項目を除くものとする。

3　（略）

（方法及び技術的基準）

第14条　法第15条第1項の健康診断の方法及び技術的基準については，次項から第9項までに定めるもののほか，第3条（同条第10号中知能に関する部分を除く。）の規定を準用する。

2　前条第1項第2号の聴力は，千ヘルツ及び四千ヘルツの音に係る検査を行う。ただし，四十五歳未満の職

資料　関係法規および付表　**161**

員（三十五歳及び四十歳の職員を除く。）において
は，医師が適当と認める方法によって行うことができ
る。

3　前条第1項第3号の結核の有無は，胸部エックス線
検査により検査するものとし，胸部エックス線検査に
よつて病変の発見された者及びその疑いのある者，結
核患者並びに結核発病のおそれがあると診断されてい
る者に対しては，胸部エックス線検査及び喀痰検査を
行い，更に必要に応じ聴診，打診その他必要な検査を
行う。

4　前条第1項第4号の血圧は，血圧計を用いて測定す
るものとする。

5　前条第1項第5号の尿は，尿中の蛋白及び糖につい
て試験紙法により検査する。

6　前条第1項第6号の胃の疾病及び異常の有無は，胃
部エックス線検査その他医師が適当と認める方法によ
り検査するものとし，癌その他の疾病及び異常の発見
に努める。

7　前条第1項第7号の貧血検査は，血色素量及び赤血
球数の検査を行う。

8　前条第1項第8号の肝機能検査は，血清グルタミッ
クオキサロアセチックトランスアミナーゼ（GOT），
血清グルタミックピルビックトランスアミナーゼ
（GPT）及びガンマーグルタミルトランスペプチダー
ゼ（γ─GTP）の検査を行う。

9　前条第1項第9号の血中脂質検査は，低比重リポ蛋
白コレステロール（LDLコレステロール），高比重リ
ポ蛋白コレステロール（HDLコレステロール）及び
血清トリグリセライドの量の検査を行う。

（健康診断票）

第15条　学校の設置者は，法第15条第1項の健康診断
を行つたときは，第2号様式によつて，職員健康診
断票を作成しなければならない。

2　学校の設置者は，当該学校の職員がその管理する学
校から他の学校又は幼保連携型認定こども園へ移つた
場合においては，その作成に係る当該職員の健康診断
票を異動後の学校又は幼保連携型認定こども園の設置
者へ送付しなければならない。

3　職員健康診断票は，五年間保存しなければならない。

（事後措置）

第16条　法第15条第1項の健康診断に当たつた医師
は，健康に異常があると認めた職員については，検査
の結果を総合し，かつ，その職員の職務内容及び勤務
の強度を考慮して，別表第2に定める生活規正の面及
び医療の面の区分を組み合わせて指導区分を決定する
ものとする。

2　学校の設置者は，前項の規定により医師が行つた指
導区分に基づき，次の基準により，法第16条の措置
をとらなければならない。

「A」　休暇又は休職等の方法で療養のため必要な期間勤
務させないこと。

「B」　勤務場所又は職務の変更，休暇による勤務時間の
短縮等の方法で勤務を軽減し，かつ，深夜勤務，
超過勤務，休日勤務及び宿日直勤務をさせないこ
と。

「C」　超過勤務，休日勤務及び宿日直勤務をさせないか
又はこれらの勤務を制限すること。

「D」　勤務に制限を加えないこと。

「1」　必要な医療を受けるよう指示すること。

「2」　必要な検査，予防接種等を受けるよう指示するこ
と。

「3」　医療又は検査等の措置を必要としないこと。

（臨時の健康診断）

第17条　法第15条第2項の健康診断については，第
10条の規定を準用する。

第3章　感染症の予防

（感染症の種類）

第18条　学校において予防すべき感染症の種類は，次
のとおりとする。

1　第一種　エボラ出血熱，クリミア・コンゴ出血
熱，痘そう，南米出血熱，ペスト，マールブルグ
病，ラッサ熱，急性灰白髄炎，ジフテリア，重症
急性呼吸器症候群（病原体がベータコロナウイル
ス属SARSコロナウイルスであるものに限る。），
中東呼吸器症候群（病原体がベータコロナウイル
ス属MERSコロナウイルスであるものに限る。）
及び特定鳥インフルエンザ（感染症の予防及び感
染症の患者に対する医療に関する法律（平成10
年法律第114号）第6条第3項第6号に規定する
特定鳥インフルエンザをいう。次号及び第19条
第2号イにおいて同じ。）

2　第二種　インフルエンザ（特定鳥インフルエンザ
を除く。），百日咳，麻しん，流行性耳下腺炎，風
しん，水痘，咽頭結膜熱，結核及び髄膜炎菌性髄
膜炎

3　第三種　コレラ，細菌性赤痢，腸管出血性大腸菌
感染症，腸チフス，パラチフス，流行性角結膜
炎，急性出血性結膜炎その他の感染症

2　感染症の予防及び感染症の患者に対する医療に関す
る法律第6条第7項から第9項までに規定する新型イ
ンフルエンザ等感染症，指定感染症及び新感染症は，
前項の規定にかかわらず，第一種の感染症とみなす。

（出席停止の期間の基準）

第19条　令第6条第2項の出席停止の期間の基準は，
前条の感染症の種類に従い，次のとおりとする。

1　第一種の感染症にかかつた者については，治癒す
るまで。

2 第二種の感染症（結核及び髄膜炎菌性髄膜炎を除く。）にかかつた者については，次の期間。ただし，病状により学校医その他の医師において感染のおそれがないと認めたときは，この限りでない。

イ　インフルエンザ（特定鳥インフルエンザ及び新型インフルエンザ等感染症を除く。）にあつては，発症した後五日を経過し，かつ，解熱した後二日（幼児にあつては，三日）を経過するまで。

ロ　百日咳にあつては，特有の咳が消失するまで又は五日間の適正な抗菌性物質製剤による治療が終了するまで。

ハ　麻しんにあつては，解熱した後三日を経過するまで。

ニ　流行性耳下腺炎にあつては，耳下腺，顎下腺又は舌下腺の腫脹が発現した後五日を経過し，かつ，全身状態が良好になるまで。

ホ　風しんにあつては，発しんが消失するまで。

ヘ　水痘にあつては，すべての発しんが痂皮化するまで。

ト　咽頭結膜熱にあつては，主要症状が消退した後二日を経過するまで。

3 結核，髄膜炎菌性髄膜炎及び第三種の感染症にかかつた者については，病状により学校医その他の医師において感染のおそれがないと認めるまで。

4 第一種若しくは第二種の感染症患者のある家に居住する者又はこれらの感染症にかかつている疑いがある者については，予防処置の施行の状況その他の事情により学校医その他の医師において感染のおそれがないと認めるまで。

5 第一種又は第二種の感染症が発生した地域から通学する者については，その発生状況により必要と認めたとき，学校医の意見を聞いて適当と認める期間。

6 第一種又は第二種の感染症の流行地を旅行した者については，その状況により必要と認めたとき，学校医の意見を聞いて適当と認める期間。

（出席停止の報告事項）

第20条　令第7条の規定による報告は，次の事項を記載した書面をもつてするものとする。

1　学校の名称

2　出席を停止させた理由及び期間

3　出席停止を指示した年月日

4　出席を停止させた児童生徒等の学年別人員数

5　その他参考となる事項

（感染症の予防に関する細目）

第21条　校長は，学校内において，感染症にかかつており，又はかかつている疑いがある児童生徒等を発見した場合において，必要と認めるときは，学校医に診断させ，法第19条の規定による出席停止の指示をす

るほか，消毒その他適当な処置をするものとする。

2 校長は，学校内に，感染症の病毒に汚染し，又は汚染した疑いがある物件があるときは，消毒その他適当な処置をするものとする。

3 学校においては，その附近において，第一種又は第二種の感染症が発生したときは，その状況により適当な清潔方法を行うものとする。

第4章　学校医，学校歯科医及び学校薬剤師の職務執行の準則

（学校医の職務執行の準則）

第22条　（略）

（学校歯科医の職務執行の準則）

第23条　（略）

（学校薬剤師の職務執行の準則）

第24条　（略）

第5章　国の補助

（児童生徒数の配分の基礎となる資料の提出）

第25条　（略）

（児童生徒数の配分方法）

第26条　（略）

（配分した児童生徒数の通知）

第27条　（略）

第6章　安全点検等

（安全点検）

第28条　法第27条の安全点検は，他の法令に基づくもののほか，毎学期一回以上，児童生徒等が通常使用する施設及び設備の異常の有無について系統的に行わなければならない。

2 学校においては，必要があるときは，臨時に，安全点検を行うものとする。

（日常における環境の安全）

第29条　学校においては，前条の安全点検のほか，設備等について日常的な点検を行い，環境の安全の確保を図らなければならない。

第7章　雑則

（専修学校）

第30条　（略）

　　附則　（略）

別表第1　（略）

別表第2　（略）

付表　学校環境衛生基準

第1　教室等の環境に係る学校環境衛生基準　　　　平成21年4月1日施行，令和2年12月15日公布

	検　査　項　目	基　　　　準
換気及び保温等	(1)　換気	換気の基準として，二酸化炭素は，1500 ppm以下であることが望ましい。
	(2)　温度	17℃以上，28℃以下であることが望ましい。
	(3)　相対湿度	30％以上，80％以下であることが望ましい。
	(4)　浮遊粉じん	0.10 mg/m^{3}以下であること。
	(5)　気流	0.5 m/秒以下であることが望ましい。
	(6)　一酸化炭素	10 ppm以下であること。
	(7)　二酸化窒素	0.06 ppm以下であることが望ましい。
	(8)　揮発性有機化合物	
	ア．ホルムアルデヒド	100 μg/m^{3}以下であること。
	イ．トルエン	260 μg/m^{3}以下であること。
	ウ．キシレン	200 μg/m^{3}以下であること。
	エ．パラジクロロベンゼン	240 μg/m^{3}以下であること。
	オ．エチルベンゼン	3800 μg/m^{3}以下であること。
	カ．スチレン	220 μg/m^{3}以下であること。
	(9)　ダニ又はダニアレルゲン	100匹/m^{2}以下又はこれと同等のアレルゲン量以下であること。
採光及び照明	(10)　照度	(ア)　教室及びそれに準ずる場所の照度の下限値は，300 lx（ルクス）とする。また，教室及び黒板の照度は，500 lx以上であることが望ましい。 (イ)　教室及び黒板のそれぞれの最大照度と最小照度の比は，20：1を超えないこと。また，10：1を超えないことが望ましい。 (ウ)　コンピュータを使用する教室等の机上の照度は，500〜1000 lx程度が望ましい。 (エ)　テレビやコンピュータ等の画面の垂直面照度は，100〜500 lx程度が望ましい。 (オ)　その他の場所における照度は，産業標準化法（昭和24年法律第185号）に基づく日本産業規格（以下「日本産業規格」という。）Z 9110に規定する学校施設の人工照明の照度基準に適合すること。
	(11)　まぶしさ	(ア)　児童生徒等から見て，黒板の外側15°以内の範囲に輝きの強い光源（昼光の場合は窓）がないこと。 (イ)　見え方を妨害するような光沢が，黒板面及び机上面にないこと。 (ウ)　見え方を妨害するような電灯や明るい窓等が，テレビ及びコンピュータ等の画面に映じていないこと。
騒音	(12)　騒音レベル	教室内の等価騒音レベルは，窓を閉じているときはLAeq 50 dB（デシベル）以下，窓を開けているときはLAeq 55 dB以下であることが望ましい。

第2 飲料水等の水質及び施設・設備に係る学校環境衛生基準

検 査 項 目		基 　 準
(1) 水道水を水源とする飲料水（専用水道を除く。）の水質		
	ア．一般細菌	水質基準に関する省令（平成15年厚生労働省令第101号）の表の下欄に掲げる基準による。
	イ．大腸菌	
	ウ．塩化物イオン	
	エ．有機物（全有機炭素（TOC）の量）	
	オ．pH値	
	カ．味	
	キ．臭気	
	ク．色度	
	ケ．濁度	
	コ．遊離残留塩素	水道法施行規則（昭和32年厚生省令第45号）第17条第1項第3号に規定する遊離残留塩素の基準による。
(2) 専用水道に該当しない井戸水等を水源とする飲料水の水質		
	ア．専用水道（水道法（昭和32年法律第177号）第3条第6項に規定する「専用水道」をいう。以下同じ。）が実施すべき水質検査の項目	水質基準に関する省令の表の下欄に掲げる基準による。
	イ．遊離残留塩素	水道法施行規則第17条第1項第3号に規定する遊離残留塩素の基準による。
(3) 専用水道（水道水を水源とする場合を除く。）及び専用水道に該当しない井戸水等を水源とする飲料水の原水の水質		
	ア．一般細菌	水質基準に関する省令の表の下欄に掲げる基準による。
	イ．大腸菌	
	ウ．塩化物イオン	
	エ．有機物（全有機炭素（TOC）の量）	
	オ．pH値	
	カ．味	
	キ．臭気	
	ク．色度	
	ケ．濁度	
(4) 雑用水の水質		
	ア．pH値	5.8以上8.6以下であること。
	イ．臭気	異常でないこと。
	ウ．外観	ほとんど無色透明であること。
	エ．大腸菌	検出されないこと。
	オ．遊離残留塩素	0.1mg/L（結合残留塩素の場合は0.4mg/L）以上であること。

※左端に縦書きで「水」「質」の見出しあり

		検　査　項　目	基　　準
施設・設備	(5)	飲料水に関する施設・設備	
		ア．給水源の種類	上水道，簡易水道，専用水道，簡易専用水道及び井戸その他の別を調べる。
		イ．維持管理状況等	(ア)　配管，給水栓，給水ポンプ，貯水槽及び浄化設備等の給水施設・設備は，外部からの汚染を受けないように管理されていること。また，機能は適切に維持されていること。 (イ)　給水栓は吐水口空間が確保されていること。 (ウ)　井戸その他を給水源とする場合は，汚水等が浸透，流入せず，雨水又は異物等が入らないように適切に管理されていること。 (エ)　故障，破損，老朽又は漏水等の箇所がないこと。 (オ)　塩素消毒設備又は浄化設備を設置している場合は，その機能が適切に維持されていること。
		ウ．貯水槽の清潔状態	貯水槽の清掃は，定期的に行われていること。
	(6)	雑用水に関する施設・設備	(ア)　水管には，雨水等雑用水であることを表示していること。 (イ)　水栓を設ける場合は，誤飲防止の構造が維持され，飲用不可である旨表示していること。 (ウ)　飲料水による補給を行う場合は，逆流防止の構造が維持されていること。 (エ)　貯水槽は，破損等により外部からの汚染を受けず，その内部は清潔であること。 (オ)　水管は，漏水等の異常が認められないこと。

第3　学校の清潔，ネズミ，衛生害虫等及び教室等の備品の管理に係る学校環境衛生基準

		検　査　項　目	基　　準
学校の清潔	(1)	大掃除の実施	大掃除は，定期に行われていること。
	(2)	雨水の排水溝等	屋上等の雨水排水溝に，泥や砂等が堆積していないこと。また，雨水配水管の末端は，砂や泥等により管径が縮小していないこと。
	(3)	排水の施設・設備	汚水槽，雑排水槽等の施設・設備は，故障等がなく適切に機能していること。
ネズミ、衛生害虫等	(4)	ネズミ，衛生害虫等	校舎，校地内にネズミ，衛生害虫等の生息が認められないこと。
教室等の備品の管理	(5)	黒板面の色彩	(ア)　無彩色の黒板面の色彩は，明度が3を超えないこと。 (イ)　有彩色の黒板面の色彩は，明度及び彩度が4を超えないこと。

第4　水泳プールに係る学校環境衛生基準

<table>
<tr><th colspan="2">検　査　項　目</th><th>基　　　準</th></tr>
<tr><td rowspan="8">水質</td><td>(1)　遊離残留塩素</td><td>0.4 mg/L 以上であること。また，1.0 mg/L 以下であることが望ましい。</td></tr>
<tr><td>(2)　pH 値</td><td>5.8 以上 8.6 以下であること。</td></tr>
<tr><td>(3)　大腸菌</td><td>検出されないこと。</td></tr>
<tr><td>(4)　一般細菌</td><td>1 mL 中 200 コロニー以下であること。</td></tr>
<tr><td>(5)　有機物等（過マンガン酸カリウム消費量）</td><td>12 mg/L 以下であること。</td></tr>
<tr><td>(6)　濁度</td><td>2 度以下であること。</td></tr>
<tr><td>(7)　総トリハロメタン</td><td>0.2 mg/L 以下であることが望ましい。</td></tr>
<tr><td>(8)　循環ろ過装置の処理水</td><td>循環ろ過装置の出口における濁度は，0.5 度以下であること。また，0.1 度以下であることが望ましい。</td></tr>
<tr><td rowspan="7">施設・設備の衛生状態</td><td>(9)　プール本体の衛生状況等</td><td>(ア)　プール水は，定期的に全換水するとともに，清掃が行われていること。
(イ)　水位調整槽又は還水槽を設ける場合は，点検及び清掃を定期的に行うこと。</td></tr>
<tr><td>(10)　浄化設備及びその管理状況</td><td>(ア)　循環浄化式の場合は，ろ材の種類，ろ過装置の容量及びその運転時間が，プール容積及び利用者数に比して十分であり，その管理が確実に行われていること。
(イ)　オゾン処理設備又は紫外線処理設備を設ける場合は，その管理が確実に行われていること。</td></tr>
<tr><td>(11)　消毒設備及びその管理状況</td><td>(ア)　塩素剤の種類は，次亜塩素酸ナトリウム液，次亜塩素酸カルシウム又は塩素化イソシアヌル酸のいずれかであること。
(イ)　塩素剤の注入が連続注入式である場合は，その管理が確実に行われていること。</td></tr>
<tr><td>(12)　屋内プール</td><td></td></tr>
<tr><td>　ア．空気中の二酸化炭素</td><td>1500 ppm 以下が望ましい。</td></tr>
<tr><td>　イ．空気中の塩素ガス</td><td>0.5 ppm 以下が望ましい。</td></tr>
<tr><td>　ウ．水平面照度</td><td>200 lx 以上が望ましい。</td></tr>
</table>

備考
— 検査項目(9)については，浄化設備がない場合には，汚染を防止するため，1週間に1回以上換水し，換水時に清掃が行われていること。この場合，腰洗い槽を設置することが望ましい。
　　また，プール水等を排水する際には，事前に残留塩素を低濃度にし，その確認を行う等，適切な処理が行われていること。

第5　日常における環境衛生に係る学校環境衛生基準

<table>
<tr><th colspan="2">検　査　項　目</th><th>基　　　準</th></tr>
<tr><td rowspan="4">教室等の環境</td><td>(1)　換気</td><td>(ア)　外部から教室に入ったとき，不快な刺激や臭気がないこと。
(イ)　換気が適切に行われていること。</td></tr>
<tr><td>(2)　温度</td><td>17℃以上，28℃以下であることが望ましい。</td></tr>
<tr><td>(3)　明るさとまぶしさ</td><td>(ア)　黒板面や机上等の文字，図形等がよく見える明るさがあること。
(イ)　黒板面，机上面及びその周辺に見え方を邪魔するまぶしさがないこと。
(ウ)　黒板面に光るような箇所がないこと。</td></tr>
<tr><td>(4)　騒音</td><td>学習指導のための教師の声等が聞き取りにくいことがないこと。</td></tr>
</table>

飲料水等の水質及び施設・設備	(5) 飲料水の水質	(ア) 給水栓水については，遊離残留塩素が0.1mg/L以上保持されていること。ただし，水源が病原生物によって著しく汚染されるおそれのある場合には，遊離残留塩素が0.2mg/L以上保持されていること。 (イ) 給水栓水については，外観，臭気，味等に異常がないこと。 (ウ) 冷水器等飲料水を貯留する給水器具から供給されている水についても，給水栓水と同様に管理されていること。
	(6) 雑用水の水質	(ア) 給水栓水については，遊離残留塩素が0.1mg/L以上保持されていること。ただし，水源が病原生物によって著しく汚染されるおそれのある場合には，遊離残留塩素が0.2mg/L以上保持されていること。 (イ) 給水栓水については，外観，臭気に異常がないこと。
	(7) 飲料水等の施設・設備	(ア) 水飲み，洗口，手洗い場及び足洗い場並びにその周辺は，排水の状況がよく，清潔であり，その設備は破損や故障がないこと。 (イ) 配管，給水栓，給水ポンプ，貯水槽及び浄化設備等の給水施設・設備並びにその周辺は，清潔であること。
学校の清潔及びネズミ，衛生害虫等	(8) 学校の清潔	(ア) 教室，廊下等の施設及び机，いす，黒板等教室の備品等は，清潔であり，破損がないこと。 (イ) 運動場，砂場等は，清潔であり，ごみや動物の排泄物等がないこと。 (ウ) 便所の施設・設備は，清潔であり，破損や故障がないこと。 (エ) 排水溝及びその周辺は，泥や砂が堆積しておらず，悪臭がないこと。 (オ) 飼育動物の施設・設備は，清潔であり，破損がないこと。 (カ) ごみ集積場及びごみ容器等並びにその周辺は，清潔であること。
	(9) ネズミ，衛生害虫等	校舎，校地内にネズミ，衛生害虫等の生息が見られないこと。
水泳プールの管理	(10) プール水等	(ア) 水中に危険物や異常なものがないこと。 (イ) 遊離残留塩素は，プールの使用前及び使用中1時間ごとに1回以上測定し，その濃度は，どの部分でも0.4mg/L以上保持されていること。また，遊離残留塩素は1.0mg/L以下が望ましい。 (ウ) pH値は，プールの使用前に1回測定し，pH値が基準値程度に保たれていることを確認すること。 (エ) 透明度に常に留意し，プール水は，水中で3m離れた位置からプールの壁面が明確に見える程度に保たれていること。
	(11) 附属施設・設備等	プールの附属施設・設備，浄化設備及び消毒設備等は，清潔であり，破損や故障がないこと。

第6　雑則

1　学校においては，次のような場合，必要があるときは，臨時に必要な検査を行うものとする。
　(1)　感染症又は食中毒の発生のおそれがあり，また，発生したとき。
　(2)　風水害等により環境が不潔になり又は汚染され，感染症の発生のおそれがあるとき。
　(3)　新築，改築，改修等及び机，いす，コンピュータ等新たな学校用備品の搬入等により揮発性有機化合物の発生のおそれがあるとき。
　(4)　その他必要なとき。
2　臨時に行う検査は，定期に行う検査に準じた方法で行うものとする。
3　定期及び臨時に行う検査の結果に関する記録は，検査の日から5年間保存するものとする。また，毎授業日に行う点検の結果は記録するよう努めるとともに，その記録を点検日から3年間保存するよう努めるものとする。
4　検査に必要な施設・設備等の図面等の書類は，必要に応じて閲覧できるように保存するものとする。
（注）　検査回数，検査方法は省略。
（文部科学省：学校環境衛生基準，令和2年改正より作成）

さくいん

■ 欧　文

ADHD	26, 130
AED	97
ASD	26, 130
C（う蝕）	23
CO（要観察歯）	23
Covid-19	6
DMFT	23
GHQ	3
GO（歯周疾患用観察者）	23
HPS	9
LD	130
MIA	17
PHV 年齢	16
PTA 保健委員会	143
PTSD	117
SARS	31
T.T.	76
WHO	8

■ あ

アクティブ・ラーニング	143
アスペルガー症候群	26
アトピー性皮膚炎	24
アレルギー	24
安　全	93
安全管理体制	96
安全設備	97

■ い

一類感染症	31
医療的ケア	131
飲　酒	85
インスリン	27

インフルエンザ	31

■ う

ウイルス	31, 33, 80
う歯・う蝕	23, 36, 129
うつ病	118
運動機能	14
運動能力低下	87

■ え・お

衛生管理	55
衛生室	103
栄養教諭	54, 138
オージオメータ	126
オーバーユース症候群	19
オタワ憲章	7

■ か

解離性障害	117
カウンセラー	120
カウンセリング	118
過換気状態	116
学習指導要領	37, 61, 63
学習障害	26, 130
学　制	3
学生の健康診断	45, 48
過呼吸症候群	116
学級活動	75
学級閉鎖	35
学校安全	92, 95
学校安全管理	96
学校安全教育	97
学校安全計画	139
学校安全組織活動	97

学校医	48, 118
学校衛生	2
学校環境衛生	56, 58
学校環境衛生基準	56, 139
学校看護婦	100
学校管理下における負傷・疾病	88
学校管理下の事故	95
学校給食	51, 53, 66
学校給食摂取基準	54
学校給食法	53, 55
学校教育法	137
学校行事	76
学校歯科医	38
学校歯科保健	36
学校生活管理指導表	28
学校病	38
学校閉鎖	35
学校保健	1, 4, 9, 144
学校保健安全	146
学校保健安全法	3, 56, 95, 101, 104, 138
学校保健安全法施行規則	31, 57
学校保健委員会	141
学校保健活動	1, 4
学校保健管理	4, 44
学校保健教育	4, 60, 79
学校保健行政	137, 139
学校保健計画	139
学校保健組織活動	4, 137
学校保健法	3, 104
学校薬剤師	56
過程＝産出モデル	82
過敏性腸症候群	28

科目保健 63
カリキュラム・マネジメント 144
感覚機能評価 125
がん教育 86
環境管理 4,44
がん対策推進基本計画 86
観察学習 81
感受性者 35
間　食 52
完全給食 54
感染源・感染経路対策 35
感染症 31,80
感染症予防の三原則 35
関連教科 62

■ き
危険源・危険性 93
喫煙，飲酒，薬物乱用防止教育 85
気分障害 118
キャリア・アンカー 151
キャリア・マネジメント 150
給食センター方式 55
教育基本法 2,137
教育センター 121
教育保健 7
教　科 37,63
教　材 80
教室内（外）の学校環境衛生 58,59
教授行為 80
教職員保健委員会 143
協調学習 81
強迫性障害 117
起立性調節障害 25

■ く・け
クラブ活動 75
結　核 34
欠　食 51
幻　覚 117
健　康 2,7
健康管理 44,127

健康教育 20
健康教育推進学校 9
健康三原則 36
健康診断 38,45,47,52,66,107
健康増進 22
健康相談 48,109,118
健康リテラシー 62

■ こ
口腔の健康診断 38
高血圧 27
公衆衛生活動 6
交通事故 95
高等学校 70
校内巡視体制 96
校務分掌 146
誤　嚥 128
こころ 114
　——の危機サイン 114
　——の健康問題 25
骨年齢 17
コプリック斑 33
個別的保健指導 75,76
コミュニケーション 152
コミュニティ・エンパワメント 8
コレステロール 28

■ さ
サーカディアンリズム 50
災　害 94
最大発育 15
最大発育年齢 17
参加型学習 85
三間不足 88

■ し
自我同一性の確立 19
歯科保健 36
色覚異常 23
視機能 125
事　故 93,95
事後指導 47
事後措置 44
脂質異常症 28

思春期 15
思春期発育スパート 15
自傷行為 116
自然災害 94
指導案 79
児童会活動 75
児童期 13
児童生徒の健康診断 45,48
児童生徒保健委員会 142
児童相談所 121
自閉症 26
自閉症スペクトラム障害 26,130
社会に開かれた教育課程 143
就学時の健康診断 45,47
集団的な保健の指導 75
授　業 89,97
　——の評価 81
授業案 79
主体管理 4
出席停止 35
傷　害 93
小学校 63
小学校施設整備指針 105
情報災害 94
食育基本法 51
職員の健康診断 47,48
食　事 84
食生活 53
食中毒 55
食物アレルギー 54
初経年齢 17
視　力 23
視力検査 125
人為災害 94
心因性疾患 116
新型コロナウイルス感染症 6
神経性やせ症 117
神経性無食欲症 117
新公衆衛生運動 8
心疾患 28
腎疾患 28
身体活動 82
身体発育 14
身長の発育曲線 14

身長別標準体重 24
心的外傷記憶 117
心的外傷後ストレス障害 117
心理的発達の障害 26

す
睡 眠 50,84,128
スキャモンの発育曲線 12
スクールカウンセラー 120,144
ストレス 114,153
ストレッサー 114
スポーツ基本計画 88
スポーツ障害 19

せ
生活管理 4,44,50
生活事故 95
生活習慣病 20,22,23,27,88
生活リズム 50,84
性教育 85
精神疾患 27,114
精神保健活動 120
精神保健福祉センター 121
精神療法 118
成長ホルモン 50
青年期 20
潜在危険 93
喘 息 24

そ
躁うつ病 118
双極性障害 118
総合的な学習の時間 38,61,77
早 熟 16
痩身（やせ） 20,23,52
組織学習 154
組織コミットメント 150
組織ストレス 153
組織文化 153

た
ターナー 3
体育科 63
体育の授業 89

第一発育急進期 12
ダイエット 20
第二発育急進期 12
体力・運動能力調査 87
体力づくり 87
体力低下 87
単 元 79

ち
チーム学校 103,143
チームとしての学校の在り方と
　今後の改善方策について 5
チーム・マネジメント 151
チック 116
注意欠陥多動性障害 26,130
中学校 67
聴覚機能 126
超重症児 134
朝食の欠食 51
聴力障害 24

つ・て
通級指導教室 125
通報設備 97
ティームティーチング 75
定期検査 58
ディスカッション 80
ディベート 81
てんかん 129
転換性障害 116
デンタルフロス 39

と
登下校 90,96
統合失調症 117
糖尿病 27
動脈硬化性疾患 28
トゥレット障害 116
討 論 81
特別活動 37,61
特別支援学級 124
特別支援学校 124,132
特別支援教育 110,124
特別の教科 道徳 37,61,77

トラウマ 117
トラコーマ 100

な行
ナイチンゲール 2
難 聴 126
二次性徴 16
日常健康観察 53
日常点検 58
二峰性発熱 33
日本学校保健会 139
日本スポーツ振興センター 139
尿検査 28
二類感染症 31
年間計画 79

は
歯 14,36
　——の健康診断 38
ハインリッヒの法則 93
ハザード 93
ハザード・リスクモデル 94
はしか 33
8020 運動 36
発育（growth） 12
発育急進期 12
発育曲線 12,15
発育交叉現象 13
発見学習 81
発達（development） 12
発達障害 130
発達障害者支援センター 122
歯ブラシ 39
晩 熟 16

ひ
ひきこもり 25
避難訓練 97
肥 満 23,52,127
肥満度 24
標準体重 24
貧 血 25

ふ・へ

風疹	33
腹痛	28
フッ化物洗口	39
フランク（J.P.Frank）	2
ブレインストーミング	79
ヘルスプロモーション	7,60,84
ヘルスプロモーティングスクール	9
偏食	127

ほ

防犯訓練	97
ホームルーム	75
保健学習	4,61
保健室	103〜110
保健室登校	109
保健室における個別指導や日常 の学校生活での指導	62
保健室備品	107
保健室来室児童	108
保健指導	4,61,75
保健所	122
保健センター	122
保健体育	63,68,72
──の授業	89
保健調査票	108
保健分野	63,68
保健領域	63
補食給食	54

ま行

マクロ組織論	147
麻疹	33
ミクロ組織論	147,149
三島通良	3
ミルク給食	54
むし歯	23,36,129
妄想	117
モチベーション	149
問題解決学習	81
文部科学省	139

や行

薬物療法	131
薬物乱用防止	85
やせ（痩身）	20,23,52
養護	102
養護活動	102
養護教諭	48,100〜103, 109〜112,118,134,138
養護訓導	101
幼児の健康診断	45,48

ら行・わ

ライフスキル教育	85
螺旋型カリキュラム	68
ランドルト（氏）環	23,125
リーダーシップ	152
リスク	93
リストカット	116
臨時健康診断	47
連合国軍総司令部	3
ロール・プレイング	81
ワクチン	31,33

■ 編著者

瀧澤利行（たきざわとしゆき）　茨城大学 教授・医学博士・教育学博士

■ 著者（五十音順）

青柳直子（あおやぎなおこ）　茨城大学 教授・博士（教育学）

入澤裕樹（いりさわゆうき）　仙台大学 准教授

小浜明（こはまあきら）　仙台大学 教授・博士（学術）

小松正子（こまつしょうこ）　仙台大学 教授・医学博士

後和美朝（ごわよしあき）　大阪国際大学 教授・博士（医学）

宍戸洲美（ししどすみ）　帝京短期大学 教授

柴若光昭（しばわかてるあき）　元東京大学 准教授

勝二博亮（しょうじひろあき）　茨城大学 教授・博士（教育学）

高橋弘彦（たかはしひろひこ）　仙台大学 教授・博士（環境共生学）

中垣晴男（なかがきはるお）　愛知学院大学 名誉教授・歯学博士

七木田文彦（ななきだふみひこ）　埼玉大学 准教授・博士（教育学）

花澤寿（はなざわひさし）　千葉大学 教授・医学博士

横田正義（よこたまさよし）　北海道教育大学 名誉教授・博士（薬学）

吉田寿美子（よしだすみこ）　国立精神・神経医療研究センター病院臨床検査部
部長・医学博士

新版 基礎から学ぶ 学校保健〔第2版〕

2008 年（平成 20 年）	5 月 20 日	初版発行～第 4 刷
2014 年（平成 26 年）	5 月 15 日	新版発行～第 2 刷
2018 年（平成 30 年）	4 月 10 日	新版第 2 版発行
2021 年（令和 3 年）	11 月 25 日	新版第 2 版第 3 刷発行

編著者　瀧澤利行

発行者　筑紫和男

発行所　株式会社 建帛社
KENPAKUSHA

112-0011　東京都文京区千石 4 丁目 2 番 15 号
TEL（03）3944-2611
FAX（03）3946-4377
https://www.kenpakusha.co.jp/

ISBN 978-4-7679-1855-6　C 3077　　　壮光舎印刷/田部井手帳
© 瀧澤利行ほか，2008，2014，2018　　Printed in Japan
（定価はカバーに表示してあります）

本書の複製権・翻訳権・上映権・公衆送信権等は株式会社建帛社が保有します。

JCOPY 〈出版者著作権管理機構 委託出版物〉
本書の無断複製は著作権法上での例外を除き禁じられています。複製される
場合は，そのつど事前に，出版者著作権管理機構（TEL03-5244-5088,
FAX03-5244-5089, e-mail：info@jcopy.or.jp）の許諾を得て下さい。